Selections from the

NOTEBOOKS OF LEONARDO DA VINCI

Edited with Commentaries

by

Irma A. Richter

OXFORD UNIVERSITY PRESS

文化生活译丛

生活·讀書·新知三联书店

达·芬奇笔记

IRMA A.RICHTER

[英] 艾玛·阿·里斯特 编著

郑福洁 译

图书在版编目（CIP）数据

达·芬奇笔记/（英）里斯特编著；郑福洁译.—北京：生活·读书·新知三联书店，2007.1 （2007.7 重印）（2009.4 重印）（2013.1 重印）
（文化生活译丛）
ISBN 978-7-108-02597-5

Ⅰ.达… Ⅱ.①里…②郑… Ⅲ.散文-作品集-意大利-中世纪 Ⅳ.I546.63

中国版本图书馆 CIP 数据核字（2006）第 120773 号

责任编辑 樊燕华
封扉设计 罗 洪
责任印制 李思佳
出版发行 生活·讀書·新知 三联书店
（北京市东城区美术馆东街 22 号）
邮　　编 100010
经　　销 新华书店
印　　刷 北京市松源印刷有限公司
版　　次 2007 年 1 月北京第 1 版
2013 年 1 月北京第 4 次印刷
开　　本 880 毫米×1230 毫米 1/32 印张 11
印　　数 13,001－16,000 册
字　　数 247 千字
定　　价 23.00 元

莱奥纳多·达·芬奇1452年诞生于意大利的托斯卡纳，是佛罗伦萨一个公证人的私生子。他20岁时到佛罗伦萨加入画家联谊会，并拜维罗启奥为师。维罗启奥后来的画作中有一部分确实是出自达·芬奇之手。1482年，他离开佛罗伦萨去米兰，在米兰生活了将近17年。在这期间绘制了包括名画《最后的晚餐》在内的许多伟大作品。1500年，他回佛罗伦萨住了6年，此时，画了《蒙娜·丽莎》。他的晚年是在法国度过的，1519年在法国逝世。莱奥纳多既是优秀的音乐家又是伟大的艺术家。他以永不厌倦的兴趣探索着各门科学知识。他的笔记——画着花卉、云团、飞鸟和胎儿的素描，记载着飞行机、堡垒和航道的设计图稿——正是这位奇才以其超人的智慧不断探求自然奥秘的真实写照。

目　　录

序　　言

在文艺复兴时期的佛罗伦萨，年轻的莱奥纳多认为绘画是人类最高尚的职业并以极大的热忱投身于绘画。

绘画不仅要画出自然美，而且要表现出令画家神往的世界内在的精神状态。莱奥纳多把艺术家的灵感与科学家的求知欲紧密地结合起来，分析视觉的对象和视觉作用的方式，这就需要研究自然，研究自然的构造及其生命。他在这方面的研究越深，对自然科学的兴趣也就越浓。他坚持用科学的研究方法，目的在于弄清自然规律并把自然规律运用于自己的工作中。他研究自然不只是为了画好赞助人委托的作品，更重要的是获得创造能力。他的画像描绘出人物的精神状态和情感，人物的面部表情也与内心活动相一致。画中风景的一石一木都贯注着生命，画出了岩石的形成，植物的生长，流水的运动。

他经常把知识和经验应用于实际。所以，他既是一位非凡地创造了不少艺术精品的艺术家，又是科学新时代的先驱，而且是公共工程和军事工程的工程师。他的许多发明体现着现代机械学的基本原理。

正因为他是艺术家，他才获得这个成就。在他那个时代，没有从事实验的专门科学家；亚里士多德和其他古代哲学家遗传下来的观察自然现象的方法仍然被经院哲学家们当作权威信条的基础，他们把实验的方法鄙薄为具有破坏性的，而且是不学无术的。作为艺术家的莱奥纳多则沿着实在经验指引的方向奋勇前进，他天赋超人，精心探索。

有时，他觉得致命的灾难可能是通常的自然规律引起的；某些时候，他尖锐地批判人的邪恶和天生的自私自利。他对世界的态度渐渐变得像个异常冷漠的旁观者。当他对古代某些长期形成的信念发生疑问时，就在笔记里记下这些疑问。他既不是想要建立一个逻辑体系的抽象理论家，也不是专心致志于某一特殊研究领域的现代科学家；他只不过是文艺复兴时期进行艺术创作的一位“绝世的”奇才，他试图把自然科学建立在一个继承希腊和中古思想的可接受的哲学体系的基础上，这个哲学体系把宇宙看作与艺术作品一致的有机的谐和体；他将因此受益。

阅读他的笔记可透彻了解他的思想。他总随身带着笔记本，画下瞬间的印象，记下随时的感想——在散步和旅游时观察到的景物，对人与事的感触以及有关家庭、工作和日常生活的反映和思考等等。残存的部分手稿包括书信，想象的记述和寓言，水力论的原稿，绘画论，人体的运动和解剖学等。这仅仅是一些笔记。常常在同一页记着不同的论题，或者同一思想的论述出现在不同的页码中。在物理学手稿的扉页上有如下一段话说明他记述笔记的方法：

“我这里编辑的是取材于许多记录的一个无序的集子，本想往后能按论述的主题进行整理；我深知，我常常把同一问题重复论述好几次，读者请不要为此责备我，因为问题多且记不住，……更因为两次记述的时间间隔长。”

莱奥纳多整理笔记的打算一直未能实现。本书只按通常感兴趣的主题分类选编，在编选时对材料的取舍常常感到困难，因为许多问题与他的心情和处境有关，他常被众多的问题所吸引而精力分散。我们只选录主要论题的典型例子。前三章为科学和自然的内容，第四章收集了他的绘画论并讨论了他一直坚持的艺术问题，第五章包括文学方面的著作——故事，寓言，格言等，第六章则是有关人生的感想，最后一章按年谱形式编入了与生活情节一致的莱奥纳多的个人生活及其著作的像日记一样的内容。阳光照耀着他生活的环境，照耀着与他的事业有关的历史事件和人物。

读者切勿希望得到一个连贯的原本的论述式体系。教科书式的连贯性已被“间断”了。莱奥纳多未曾宣称要成为一个文人，也未曾像同时代的多数作者那样想成为精通古典文学的人。对于这些人他总谦虚地说他自己“不是文人”。尽管如此，他对自己的研究方法感到欣慰，因为他能说明在他的知识范围之外的事物，用意大利人有说服力的语言清楚地表达出来。

五百年后的今天，莱奥纳多的笔记被牛津大学出版社作为无价宝列入世界古典丛书之中。

读者能看到他力求在作品中表达自己的思想，人们将了解他，理解其内在的统一性。从多方面的观察了解高尚坚定的心灵。意大利文艺复兴时期的一位伟人用自己的言行极其清晰地描绘了自己的生活。

瓦萨里在艺术家传记前面这样说：有时候，上帝赐给我们的不仅是人而且是神，我们可以借他的思想和非凡的智慧升入天堂。接近崇高的思想就能得到最好的教益，获得幸福和欢乐。本书的目的就是给读者提供一个这样的机会。

第一章 真科学

在莱奥纳多看来，科学预示着当代批判性和创建性的方法。他提倡循序渐进地进行科学研究。(1) 以感官获得的有关周围世界的经验作为研究的出发点。(2) 理性和推想虽然与感性有关，却超出感性的知识，从暂时的个别的经验导出永恒的普遍规律。(3) 普遍的规律应当像数学定理那样表示一定的逻辑关系。而且 (4) 普遍的规律应当是经过实验检验的，可应用于预想的实际的生产工作和艺术工作中。莱奥纳多寻求知识的目的在于获得能力以便进行创作。真理是经得起检验的。他与脱离实际的哲学体系相对立。

一、经 验

读者想想，我们能完全信赖古人吗？他们试图规定什么是灵魂和生命——这是难以证明的，——其实，许多世纪以来，那些一目了然的且已被经验证明了的事情却一直不被人认识或遭到误解。

有些人自以为有充分理由责难我，他们断言我的观点与某些受人尊敬的人士的权威见解相反，而这些见解是脱离实际经验的。他们未曾想到，我的作品正是出自于简明易懂的经验，出自于真正的权威。

经验能使你从谬误中获得真理——它将引导人们只寻求可能的事情——禁止你使用无知的托词，无知将使你一无所获，也难免陷入悲观失望。

我很明白，由于我不是舞文弄墨的文人，可能使那些自以为是的人们贬低我是不学无术的。他们才是一群真正的蠢人！他们可曾料到，我可用马里乌斯对罗马贵族说的话回敬他们："你们拿别人的劳动成果装扮自己，却不允许我享受我自己的果实。"他们还会指责我没读过书，不能正确表达自己的思想——可是，他们不了解，我对他们说明的是经验而不是别人的言词。不管是谁写得多么好，经验才是最高的权威，我在任何情况下都要引用这权威。

虽然，我不能像他们那样引经据典，我依靠的却是更坚实而有价值的东西——经验，一切教师的教师。他们趾高气扬华而不实地自吹自擂，拿别人的劳动成果装扮自己，他们甚至不容许我享受我自己的成果。如果他们轻视我这个发明者，那么，不是更应鄙视那些不是发明者而只不过是别人作品的背诵者和鼓吹者吗！

自然和人类间的解释者和发明者与那些只是别人作品的背诵者和鼓吹者相对比，就像简单地把镜子前面的实物同镜子所成的像相对比一样，前者是事物本身的实在，后者只不过是虚幻的像：人于自然的债务微不足道，因为他们只是偶然被赋予人的形体，只是靠这一点，我能把他们同兽群区别开来。

因为比我先来的人已经给他们自己挑选了所有有用和必要的课题，我再也找不到任何很有价值的课题，只能像迟到集市的穷人那样，别无选择地弄些别人已挑剔过的且认为毫无价值的东西，把这些被购买者丢弃的剩余货物装入我的不大的包裹里，远离大城市，奔波于穷乡僻壤，倘若我给的东西被认为是有价值的，那就是对我的最好报酬。

（作品的）删节者[①]损害知识和爱好。对某事物的爱好产生于对该事物的理解。理解越透彻，爱好越热烈。理解的透彻性来源于对事物各组成部分的全面认识，事物的各组成部分本应受到重视的。

既然这样，如果他为了简略而删掉事物中能提供全面信息的主要部分，这样的简略又有何用。性急真是愚蠢的母亲，她赞成简略，就好像这些人没有充裕的时间来掌握一个像人体那样简单的问题似的。甚至当他们想领悟包围整个宇宙的上帝精神时，也得把整个宇宙分割成许许多多部分，就像原先已经肢解了似的。啊，生性多愚笨！你不觉得，你用毕生精力仍不能掌握事物的精髓，这是你愚笨吗？你同诡辩家一样，自欺欺人，轻视包含着研究对象真实信息的数学科学。你幻想奇迹并描述那些没有事实根据的虚幻的东西。当你损害某些具有纯真思想的作品时，自以为在创造奇迹，却没有觉察到自己犯了舍本求末的错误。像贾士廷斯[②]删节特罗古斯·庞贝的通史那样。特罗古斯·庞贝以令人佩服和严谨逼真的叙述，记载了祖先的伟大功绩。经贾士廷斯删节后的这部通史变成一部单调枯燥的作品，一部与他的急躁思想一致的著作。他认为研究自然

---

① “删节者”，指梵蒂冈档案馆的秘书。莱奥纳多在罗马停留期间所进行的解剖研究受到梵蒂冈的阻止。这里可能是指他们的妨碍。

② 贾士廷斯是第2世纪的罗马历史学家。是奥古斯都时代的特罗古斯·庞贝所著的通史的编选者。此书在中古通用。

作品和人物的功绩是浪费时间。

我们的一切知识来源于我们的感觉。

被称为人类灵魂之窗的眼睛，是人类最充分最完满地认识自然无限作品的主要传感器官。

经验决不错，可能的错误不是实验造成的，而只是你的判断。如果没有障碍存在，一定的初因必然得到其真实的后果。若有障碍存在，则障碍对后果的影响程度与其对初因作用的强弱成正比。经验不错，错只在于你的判断，只在于你对经验的臆断。人们错误地抱怨经验，严厉地指责经验把他们引入歧途。别怨恨经验，责备你自己的无知吧，正是由于你的虚荣和愚蠢的愿望，臆想从经验获得超出她的能力以外的事，才使你离开正道。人常说她是靠不住的。人们总是错误地指责无辜的经验，责怪经验常与证明相违背。

我以为，经验是所有确实性的母亲，凡是不产生于经验，并受经验检验的一切科学都是虚假的完全错误的；也就是说，虚伪的科学在其形成过程中无论在起始、中途或末尾都没经历任何感觉器官。如果我们怀疑经感觉器官检验的事物的确实性，不是更应当怀疑那些与感觉器官相背离的许多知识吗？例如，长期争论不休的关于上帝的本质、灵魂以及诸如此类的问题。缺乏理性的地方总是争长论短的，理真则服众。所以，哪里有争论，哪里就没有真正的科学；因为，真理只能有一种结论——真理一旦被理解，争论就永远停息，倘若争论再起，则结论必模糊不清，真理还未曾发现。

世界上所有真正的科学都是人们感官感受的经验结果，它使能言善辩者张口结舌。经验不以梦幻教养研究者，而总从确定了的第一原理出发，按照逻辑的程序逐步推得可靠的结论；正如初等数学那样……，在这里从来不发生二乘三大于或小于六，或一个三角形三角之和是大于或小于二直角的争论。在这里一切争论都被永恒的沉默所代替。热爱科学者可尽情地享受真科学的成果，骗人的纯思辨的科学则做不到这一点。

认清这些思辨家的说教，因为他们的理论未经经验证实。

二、理性和自然规律

感觉是大地，理性则是来源于大地的思考。

智慧是经验之女。①

经验，这位赋予自然界和人类之间的解释者指出，自然作品中，受必然性约束的人类只能按照理性行事，理性是指引工作方向的舵。

在我继续做下去之前，先要用实验验证，因为我的意图先考虑到经验，然后再论证何以非按照这经验做不可。这是分析自然效果必须遵循的正确规则：自然虽以原因开始，以经验结束，我们却需反向进行，即从经验开始，用经验检验原因。

必然性是何等的神奇啊！你以最高的理性统治一切效果，使其成为原因的直接结果，你以你的最权威的不可抗拒的法则使每个自然的行动依照最短可能过程服从你。

---

① 参看但丁《神曲·天堂篇》第二歌，“经验，是你们的艺术长河所从出的唯一源泉。”

自然不会毁损其法则；自然遵循其固有法则的逻辑必然性。

必然性是自然的向导和皇后。

必然性是自然的发明者和主题，是其永恒的缰绳和法则。

自然充满着从不出现在经验中的无数原因。

在自然中没有无因之果；知道了原因，你就无需实验。

三、数学论证

奥纳多分析其研究结果的方法符合欧几里德几何学。

论述应合逻辑程序。首先是“命题”的陈述；其次是“让步”或“请求”，即既不需又不易证明的且可作为理所当然的公理；随后，应是在研究中的问题的检证。

不是数学家请勿读我的基本著作。

连任何一种数学都不能应用，且与数学毫无联系的科学是没有任何确实性的。

谁要是非难数学，认为数学的最高确切性是依靠混乱，谁就永远堵不住惯使骗术的诡辩家抗辩的嘴。

科学是从研究构成事物的基本元素着手，除了基本元素外，在自然界里找不到任何东西构成事物的要素。以几何学的连续量为例，如果我们开始观察物体的表面，就知道，面是由其边界线构成的，但事情并非到此为止，线本身又是由点组成的，而点是不能再小的基本单元。因此，点是几何学的初源，无论是在自然界里或人的思想上都找不到任何构成点的元素。……人类的任何研究若不经数学的论证就不能称为真科学；如果你说，科学在思想上始终包含着真理，这是不能令人信服的，而且有许多理由证明，必须放弃这种说法。最主要的理由是这种主观的论说，经验未曾起作用，没有经验，任何东西也不能显示其确实性。

我的有关论述，在我的透视学证明中当作是理所当然的。我认为应当承认，所有光线都以相同的方式通过空气，并且从光源发出直线地传到被照射的物体上。

这里，你应有条不紊地进行，也就是，你应分清问题的各部分，使之不相互混淆，才能透彻理解。

在你引证某一著作的论点之前，应细看著作中所举的例子和证明。

四、实　验

在你将定律作为根据前，要先在同一情况下试验二、三次，看看试验是否产生同样效果。

实验应重复多次，以减少偶然误差影响证明，实验是否错误，取决于研究者是否误解。

当你综合研究水运动科学时，应注意其中各科目的用途，目的在于这些科学的应用。

科学是统帅，实践是战士。

啊，万事的空谈家，请谦虚地遵照事物的原本特性吧；当你获得那些事物的预期结果时，该会多么欢快呀！

热爱实践而脱离科学理论的人，就像水手登上一条既无舵又无指南针的船一样，永远把握不住航行的方向。

力学是数学科学的天堂，因为，我们在这里获得数学的成果。

五、探求真知识

炼金术　莱奥纳多告诫炼金术士们，与其一味寻找金子，倒不如深入考察自然过程。旧时化学家留传下来的大量文献正是那个时代的无知和轻信的明证，他们的工作方法一直延续到中古时代。直到像莱奥纳多的一批学者为了探索自然的奥秘才开始仔细考察自然，在这之前，科学未曾取得真正的进展。下面的引文是近代科学观点与中世纪诗意的混合——金是太阳的象征，天然的有机物则称为“元素”。

基本元素的生成与自然有关。人类虽然除了能生男育女之外，不能创造任何基本元素，却能用基本元素创造无穷多的复合物。

老炼金术士们是我的见证人，他们未曾由实验或偶然成功地创造过像天然的最小的元素；复合物的创造者理应受到高度赞扬，因为他们为人民的需要创制了有用的东西，倘若他们不是危害生命和心灵的毒物创制者，则应受到加倍的称赞。否则他们难免受到谴责。此外，他们精心研究和实验的，不是天然产物的精细结构，而是灿烂的金子——太阳的真正儿子。在一切现成事物中金子最像太阳。创造物中没有比金子更耐火的，真金不怕火。火能把其他一切事物化为灰烬、碎片或浓烟。贪婪将引你走上歧途，你为什么不钻到上帝造金的矿坑里去，成为拜金者？上帝将实实在在医治你的愚蠢，给你指出，在你的炼金炉里除了他用来生产金子的矿石外，没有任何别的东西。这里没有水银，没有任何种类的硫黄，也没有火，除了上帝给人间的生命之外也没有别的热，你还将看到，金的矿脉穿过蓝色青金石，它的颜色不是火力所能改变的。

你仔细检查金的矿脉就会发现，矿脉的顶端连续不断地向外伸展，凡是接触到矿脉的东西都变成金，尤其值得注意的是其中也包含着活的有机物，这些东西不是你的能力所能创造的。

在所有的人类主张中，相信巫术最愚蠢。巫术是炼金术的姐妹，它比炼金术更应受到公共的指责。因为巫术除了谎言没有任何别的东西；而炼金术不说谎，可是它的本性不能实践它的功能，因为它没有用以从事工作的有机结构，而那些工作人可以用手来实现，如利用炼金术，人造出了玻璃。然而，巫术这面随风飘动的旗帜，这个愚民的路标，却经常地表明其无限的效能；他们连篇累牍地宣扬巫术和精灵无舌能说话，能工作，没有有机的器官也会说话——没有有机的器官是不可能说话的——巫术能提起沉重物体，能呼风唤雨，使人变成猫，变成狼和其他禽兽。谁确信此事，谁就先变成禽兽。若巫术果真像庸人深信的那样确实存在，则世界上再没有什么事比人的利和害更重要；若巫术是真的，巫术就有能力将万里晴空变得阴云笼罩，风雨交加，电闪雷鸣，暴风将推翻高大建筑，连根拔起千年巨树：利用这一点，将摧毁千军万马，而比这更重要的是，巫术将掀起毁灭性的洪水，淹没农民的劳动果实。世界上有什么战争方法使敌人遭受的打击比剥夺到手的收获更厉害，还有什么海战能比妖术呼来狂风击沉任何战舰更惨重？真的，谁掌握如此强暴的力量谁就是国王，没有任何人类的聪明才智能同此毁灭性的力量相抗衡，地下的宝藏全归他所有。世界上再没有任何坚不可摧的要塞可抗拒妖者的意愿。他可以漫游天际，独来独往，独行其是。我为什么要夸张这问题呢？还有什么事是这个工匠做不到的？几乎没有，除了逃避死亡。

如果巫术是真的，那么我们已经部分地说明了它的危害和作用。如果真有巫术，为什么不留给那些笃信巫术的人，为什么不照顾什么神？我深知，许多人为了满足自己的嗜好，可毁损上帝和整个宇宙。如果这种巫术从来就没有留给那么需要它的人，说明它未曾存在过，也永远不会出现。

宇宙万物产生的原因，不可能仅仅是其自身，事物本身是永恒的。

第二章　宇　宙

在莱奥纳多的时代，宇宙被认为是某个果断全能的创造者的杰作。在包罗万象的球体内四种元素分布在不同的同心区里，土在中央，水包着土，接着是空气层，火在最外层，包围着整个球体。四种元素并不固定在各自的区域里，经常振动涌入相邻区域。它们还具有漂回本区的特性——称为引力定律。莱奥纳多是在古代传统观念的环境中长大的，他完全接受了这种观念；由于他是自学的，有时候在他的笔记里很难分清哪些是表达他的原本思想，哪些是他不断努力受到启发时从书上摘录来的。

在分析现象时，他不借助假想的未知因素，他依靠的是大自然的活动。根据他的精确的经验和实验方法，每当现象与某些既成理论一致时，他就舍弃别的东西。

他提倡研究四种自然能力的相互作用，即重量和力，运动和碰撞的相互作用。他在四种元素的作用中考察、探测太阳热，观察火焰，研究风、波和蒸汽，研究地壳的形成，植物的生长，人和动物的肌肉功能。

他着手建立支配能量释放和传递的定律。他研究能量的控制及其在机械工作中的应用。

他做了杠杆，牵引，推和碰的实验，在研究中获得种种成果。他担心人类可能滥用特权造成破坏，还担心造物主激怒而降临灾变。本章第一部分包含莱奥纳多心目中的物质世界的描述，第二部分同等列入他论述能量和理论力学的一些笔记，第三部分则是他有关应用力学的大量笔记中的一小部分：论摩擦，论衡器，滑轮，轮轴，螺旋等等，有关他建造飞行机的努力将在第三章记述。

一、四种元素

阿那克萨哥拉

万物相生相克，相互转化，万物都是由同类素的离合组成的。

元素的形状

关于元素的形状问题，我首先反对那些否定柏拉图见解的人的说法，他们说，这些元素如照柏拉图所赋予的形式相互包围着，则在各元素间将产生真空。我认为这是不正确的，我就证明这一点，但我想先提出一些结论。相互包围着的元素，无论是包围或被包围的一切部分的大小并不一定非相等不可。我们知道，水层从顶到底深度的变化尤为明显；水包围着的土地不仅具有柏拉图式的八角六面立方形，而且是千岩万壑的，在水和地之间并没有真空产生，而且空气包围着水层连同突出水面的高山和峡谷，在地和空气之间也不存在真空。因此，谁要是说，那里存在真空，他就愚蠢万分。

我想谈谈对柏拉图有关元素表面形状的看法，他所设想的元素表面形状是不可能存在的。各种柔性液体表面必然呈球形，这已为水球的实际情况所证实。现在，我们开始陈述某些概念和结论。越高的物体离世界中心越远，越低的物体离世界中心越近。若无落差或倾斜水不会自行流动的。这四个概念，两两结合，用来证明由于水面与世界中心等距离，水不会自行流动。我们这里指的是大量的水而不是小水滴，像能相互吸引的小量钢屑。

各元素体是统一的，其中无轻重。重和轻产生于元素的混合中。

〔附包含四种元素的四个同心圆的草图并有一重物放在顶上。〕*

何以重物不留在该处？

因为没有支承物，重物就不能留在该处。

它将移向何处？它将移向世界中心。何以不走别的路线？因为没支承的重物将以最短路程移向最低点，即移向世界中心。重物怎么知道沿这么短的路线找到世界中心？由于它不像无感觉的东西那样行动，也不乱窜。

水元素被隆起的河岸和海岸拦住。因此，周围的空气包围着一个升高的结构更复杂的土地；停留在火元素和水元素之间

* 此处原书未附图。——译者

的大量土地得不到必需的水分供应，所以，河流干涸，沃土荒芜，田野没有摆动的稻穗，牲口找不到新鲜的草场而濒临死亡；凶猛的狮子和豺狼及其他食肉动物也没有吃的，人们几经辗转和挣扎也难免一死，人类面临毁灭。过去肥沃和丰产的良田变成不毛之地；靠着源头储蓄的水及自然的机能，它将顺着生长的规律维持到寒冷和稀薄气体消失时为止。接着土地将被迫靠近火元素，其表面被烧成灰烬，地上的一切全遭毁灭。

1. 水

水对莱奥纳多有强烈的吸引力。他把水看作是宇宙万物发展的推动力，研究水在土地和空气中的运动规律就能了解宇宙万物形成的奥秘。

从莱奥纳多各个时期书稿中的草图和备忘录可看出，水的问题经常在不同程度地吸引着他的注意。我们能看到他手里拿着笔记本在海边漫步，边走边注视着海潮的涨落，海风激起的汹涌波涛和沙石的漂移；有时候他伫立于河边细心观察着水流和漩涡，检查岸边的沉积物；有时候他久久地停留在静水池旁审视着水的反射，草木的闪光，池鱼的戏游。偶尔，他投石入池，将水面不断扩展的水波与空气中的声波相比较。当他看到瀑布不停地冲刷着岩石和砾石时，他会爬上山谷，追溯溪流的源头。内陆和高海拔地区海贝壳和化石的存在以及变化的岩层和土层，使他深信潮流是地面构造的作用因素。他还提出逐渐进化的概念。作为工程师他从事水利建设、开凿运河以利灌溉、排涝以及发掘水能在抽水、播种和磨辗各方面的应用。作为建筑师，他设计庭园和喷泉。作为艺术家，他喜欢把山间蜿蜒的溪流构成他绘画的背景。他认为画家既要画出人的形象又要画出无生命的自然景色，应当把人看作是宇宙万物的组成部分。他对洪水的富有想象力的描述，画出了水元素的巨大破坏力量。他写了一本《论水的性质》的书，1517 年阿拉贡的大主教到安布伊斯拜访他时，这本书正放在他的房间里。另一本题为《论水的性质，重量和运动》的手稿，现在保存在诺福克郡霍尔哈姆收藏馆里，属莱斯特所有。

水是自然的推动者。

水是地球的至关重要的流体，水受其本身的热量所推动。

先写水的各种运动，再描述水底的各种情况和与水的命题有关的题材；要有良好的程序否则工作易混乱。描写水显示的一切波形（从最大的波形到最小的波形）及其成因。

书 的 划 分

第一册　水的性质
第二册　海
第三册　地下河流
第四册　河流
第五册　深水的性质
第六册　障碍物
第七册　砂砾
第八册　水面
第九册　水面上运动的物体

第十册　河流的整治
第十一册　水渠
第十二册　运河
第十三册　水力机械
第十四册　水的提升
第十五册　水消耗的事物

根据水书的顺序　潮汐的涨落是月亮或太阳引起的，或是地裂引起的？各国的潮汐有什么不同？

高山最终是怎样被水夷平的？因为水冲刷着覆盖山上的泥土，裸露的岩石受热胀和冰冻而逐渐崩解和风化。水侵蚀山麓，将崩解的大量泥土冲入河里……正是这个致毁的原因，使河水上涨，泛滥成灾，形成大海。

在暴风雨中，波浪如何摧毁一切轻重物体，夹带大量泥土入海，使海水在更大范围内污浊不堪。

在宽阔陡峭的河谷基地上，多少疏松石块受到波浪的冲击变得圆滑，许多相似的东西被波浪卷入海中时也有类似的情况。

当两股反向的劲风相遇时，何以海浪平息，使很大海区显得风平浪静？

论水第一册的顺序　首先，给重量和深度下定义；说清一个元素如何处于另一元素内部。接着，在给固体重量和液体重量下定义之前，应先规定重和轻本身的含义。再则描述水何以动，何以停止运动，再说明水流快慢的道理。

在四种元素中，水的重量和流动性都居第二位。要不是流入海里，水总奔流不息，若不受到风的干扰，海面总与世界中心保持等距离。

水受热，容易变成稀薄蒸汽升入空中，遇冷则凝结。死水污浊。也就是，热使水运动，冷使水凝结，滞水发臭。

一切有生命的物体都有一定的体积和水分。没有水分则任何物体都不能保持其形状，水分流入体内就扩大其形体。

假定各种香、色和味本身什么也没有。

按其重量，水为包围地球的第二元素，流出水球层外的部分具有迅速返回本区的倾向。升到离该元素顶上更远位置的部分则以更大的速率降回原区。水汽潮湿阴冷。若不受拘束，它就显出其寻求低处的特性。雾和水汽迅速上升，凝结成云团。云中小水滴越聚越大，形成雨滴降落。在不同的高度上分别表现为水滴，雪花和冰雹。它们经常受到空气运动冲击而附着在最容易致冷的物体上并获得该物体的香气和味道。

若非先给重力下定义并弄明白重力是怎样产生或消失的，就不可能描述水的运动过程……

若整个海底支承着全部海水，部分海底支承着部分海水，并且在水元素之外水还有重量的话，则水必沉重地压着处于海底的物体。可是我们看到的情况正好相反；生长在海底深处的海藻和海草，既不被压弯也不被压向海底，却像在空气中那样，劈开海水挺拔生长。

因此，我们得到这个结论：所有元素虽然在本区域内无重量，在区域外却有重量，也就是，只当元素移向天空时，才显示重量，当元素移向地球中心时则不显示重量。因为某一元素的最轻最薄的部分必定与比它更轻的另一元素相接触，其较重部分则靠近比它更重的元素。所以，若一种元素移向地球中心时，必定遇到比它更重的元素。

对阻力较小的对象施加作用的能力显得较强大。这结论是普适的，我们把它应用于潮汐的涨落，证明太阳或月亮对较浅的水的作用显得较强烈。因此，浅滩、沼泽水对潮汐涨落原因的反应应当比深海更强烈。

水消磨山巅，暴露巨岩，冲走山石，并以其夹带的泥沙淤积海底，使远古的海岸迁移。水还冲毁堤岸。它的性质从来就没有稳定过，状态千变万化，性质却不能立即消失。水从沿河的所有斜谷带走旧土和污物，积上新的土壤。因此可以说，各种元素经由许多江河流入大海，在海中几经循环变化。要是没有海底为其基础，地球上哪有崇山峻岭，要是没有高山之麓为底，哪有深海。所以，水有时湍急有时浩瀚，有时酸有时苦，有时甜有时辣，有时浑浊有时清澈，有时引起瘟疫和病痛，有时促进健康。于是人们可以说，水流经多少不同地方就含有多少种性质。像镜子反映各种物体的颜色那样，水的性质也随着它流经的地方的特质而变化：卫生的，有害的，轻泻的，止血的，含硫的，盐渍的，血腥的，镇静的，剧烈的，发炎的，红的，黄的，绿的，黑的，蓝的，油腻的，浓的，淡的。时而汹涌时而沉寂，忽热忽冷，有时载离有时卸下，有时凿空有时注实，有时奔腾直泻有时涡旋荡漾，忽塞忽流，忽涨忽落，忽急忽缓。有时是生因有时是死故，有时致富有时致贫，有时滋润有时枯槁，有时咸有时淡，有时泛滥成灾淹没广大河谷。一切事物瞬息万变。河水有时冲向北岸损坏堤基，有时冲坏南边防堤；时而卷向地心侵蚀河床，时而汹涌澎湃直冲云霄；有时涡流翻滚，有时河水涨至西边，侵吞庄稼，有时把夹带的泥沙堆到东边。像这样，时时挖时时填，不断地流移，不断地沉积。因此，除了江河湖海边缘的不断变迁再没有任何别的东西。有时波涛汹涌，有时一道清流缓缓地流过碧绿的草地。有时变成雨雪冰雹从天降落，有时变成空中巨大云团的细雾，有时自动有时被动，有时润泽万物，有时臭气熏天，有时香气袭人。缺水则万物难存。有时水受热汽化和空气混合，升入高空，遇冷收缩，凝成细小水滴，这些水滴聚结成团。当一个人用手挤压水中饱含水分的海绵时，海绵里的水就从细孔中逸出，逸出的水注挤走旁边的水，冷空气压缩热水分的情况与此类似。因为被抑制在里面的密集的空气，像风箱中受压的气体那样，在阻力最弱的部分突出，发出嗞嗞声，沉重地往下压。周围各处起阻碍作用的较轻云团被驱散。

波 波是撞击的反弹，其大小与撞击的轻重成比例。波从来不是单独的，是由许多波迭加而成的，因为产生反弹波的岸是不均匀的……

如果你将石头抛入一个池边凹凸不平的水池里，撞击池边并从池边反弹的各波，在石头入池点相遇时并不互相截拦……小池里产生的波在波源的位置往来多次……只有大海里的波向外传播而不反弹。小池里一次相同的撞击产生许多向前和反射运动，较大的波包含着许多不同方向运动的波，其振动的大小决定于产生波的能量……同一媒质的表面和底层之间能同时存在传向各方的许多波……物体撞击水面引起的一切效果能彼此贯穿而不相互抵消，波是相互独立的，只在撞击点反射。

波浪受风力驱使涌向岸边时，因为波的顶部冲击海底而形成隆起的波包，当它翻回到达某处时又受从下面来的后继波的阻击而翻转，从而推翻了隆起的波包，并再一次回击先前的海岸，就这样不断反复，一会儿以其上涨运动涌向海岸，一会儿以其跌落运动离开海岸……如果说海水冲击海岸之后退回海底，它怎么能从海底带着贝壳，软体动物，蜗牛以及类似的东西放到海岸上来？这些东西向海岸上运动是在落波与反射波相撞时开始，因为它们常常从海底卷入冲向海岸的波浪中，而卷入浪里的固体则随之移向海里；这样相继发生直到风浪停息，较大的波浪把携带的脏物留在它到达的地方，后继波达不到同一地方，就这样逐级地遗留着海里堆弃的东西。

海浪常常在浪底前断开，致使浪尖比原先的最高峰低。

各种流体的螺旋或旋转运动，越靠近旋转中心转得越快。然而有一个值得注意的事实是飞轮的转动越靠近转轴的地方转得越慢……

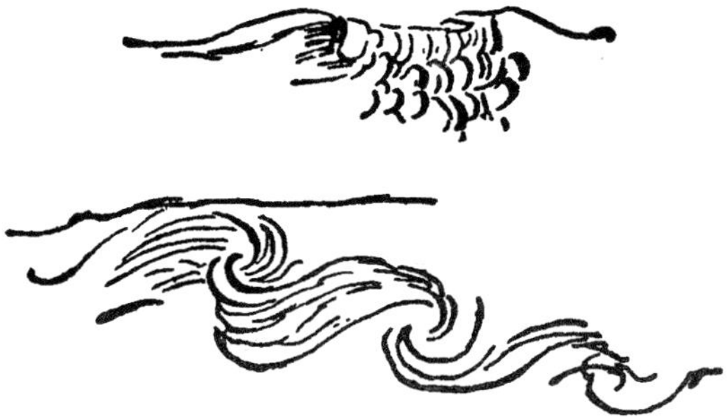

〔附图显示波浪成卷发状〕

观察水面的运动，其形状与卷发相似，卷发的形状由两种运动所决定——一个与头发本身的重量有关，另一个与涡漩的方向有关；水形成的漩涡是由于一方面顺着主流的推动，另一方面顺着偶然的运动和回流。

个别水珠中心形成最小的露点，人们常看到的降在植物叶子上的露点是极圆的；露点极轻微以致不能在停留的叶子上展平，它几乎是受周围的空气支承着，因此，它本身不施加任何压力，或构成任何基础；正唯如此，露点存在着由表面指向中心的各向相等的力，各部分的相互作用力相等而且相互吸引，其结果必然使每个露点成理想的球形，其中心在正中央，与表面每点等距离；当它受到各部分的万有引力的相等作用时，总处于重量相等的相对部分之间的中点。当水滴的重量增大时，球面中心立即偏离水的这个特殊位置，移向水元素球的公共中心；随着水滴重量的增大，该特性曲线的中心逐渐地趋向世界的中心。

若一水滴落入风平浪静的海里，其必然的结果是整个海面稍微升高些，因为水不像空气那样被压缩。

2. 水和土

水层表面不会偏离其环绕世界中心的等距轨道。如果作为水的容器和支承物的土地没伸出水面，水层表面也不会改变其与世界中心的等距离状态。

降落在地上的小鸟的重量将使地球偏离其位置。

一小水滴掉入水中，水层表面也被移动。

水必定比土多，海的可见部分未能显示这一点；所以，地里必有大量的水，还有些水分升入低层空气里，还有江河水和泉水。

我认为，人类财富毁灭的众多原因中，河水的泛滥应是最主要的。如果有人认为火的危害可与狂暴的洪水相匹比，我想，他可能缺乏判断力。因为燃料耗尽，火也就熄灭，暴涨的河流引起的洪水，人类的任何预防措施都无法抗拒。一个接一个的狂涛冲毁堤坝，猛涨的污泥浊水淹没田园，屋塌树倒，洪水裹带着所有掠夺物填入巨大的墓穴——大海，人的生命、果树、牲口、房舍和耕地都被冲光，各种防堤和壁垒都被冲垮。轻的物件被冲走，重的东西遭破坏，小的罅隙引起山崩，低的山谷充满洪水，惊涛骇浪滚滚向前。

无论谁想接近，只能靠飞行！

多少城镇，多少田园、城堡、别墅和房舍被毁坏！

不幸的庄稼人多少劳动成果尽付东流，多少家庭遭破坏！我说不清究竟有多少人被淹死！从古代岩床中经常喷出的水不断地冲刷着耕地……

（1）洪水和贝壳

因为事情发生在有文字记载之前，如果在我们的时代没有关于海洋淹没这么多国家的记载，是不足为奇的；即使曾经有这类历史记载，由于受战祸、火灾、洪水泛滥以及语言和法律变化的影响，也销毁殆尽。现今我们感到满足的是在远离海洋的高山上发现了咸海中生物的证据。

在你的这部著作中，首先应证明不是洪水泛滥把贝壳带到一千意尺①高的地方来。此外你还应研究，洪水泛滥是暴雨引起的，还是海洋隆起所致；接着你必须证明，为什么既不是使河水上涨的暴雨也不是海水涨溢能把有重量的贝壳涌到海边的高山上，带到与流水反向的近河的高山上。

你现在证明，若无咸水，贝壳是不会产生的，几乎所有这类东西都是这样。伦巴第的贝壳分布在四个不同的水平高度上，这是在不同时期在各处形成的，而且都发生在通海的河谷里。

贝壳及其形态的成因　贝壳内的生物住所和人的房屋一样，也有关节、合缝、外壳和各种其他构造，因为生物体与外壳相连，随着生物体的生长其住房和外壳也渐渐地扩大，因此，与生物体接触的地方显得不那么光滑，凹腔结构粗糙，以便让肌肉贴紧，在闭合外壳时，身体缩回壳内。如果你认为，贝壳是受星宿的神异影响而天然产生在山上的，那么，你用什么方法证明，在同一个星宿影响下，何以同一个地方产生的贝壳不仅种类不同，而且年龄和大小也不同？

砾石　你如何给我解释下面事实，聚集在高山上的大量砾

① 意尺（braccio，复数为braccia），意大利的一种长度单位，约等于15至39英寸。长度单位还有：库比特（cubit），又译为“腕尺”，为由肘至中指尖的长度，约18至22英寸；掌尺（palm）以手掌的长度和宽度为尺，长约8英寸，宽约4英寸；一拃（span）手指张开时，拇指尖至小指尖的长度，通常约9英寸；步幅（pace）约50至60英寸的步子。——译者

石一层层地分布在不同的海拔高度上。这里可发现，砾石是随着流水被从各处带到同一地方，这类砾石只不过是一些经历长期翻滚失去棱角的石块，把它们带到这地方的流水在流动过程中使它们受到各种冲击和跌落。

如果是洪水把贝壳带到远离海洋三四百英里的地方，则贝壳必定与自然界的其他各种物体混杂堆积在一起；但是，我们在离海这么远的地方看到的却是一堆堆牡蛎，一堆堆甲壳类动物，一堆堆乌贼以及一堆堆其他贝壳，它们总是聚集在一处，而那些单独生活的贝壳彼此离得远远的，像我们通常在海滩上看到的那样。

我们发现牡蛎聚成很大的一团，其中有的仍和贝壳相连，这表明它们是被海遗留在那儿的，而且在直布罗陀海峡被挖通时他们还活着。在帕马山和皮亚森查山还能看到粘附在山洞里的岩石上的贝壳堆和珊瑚堆……

在地下深的石坑道里发现了已经发黑的作支撑架的采石原木，这些原木是我年轻时在费奥仑蒂诺城堡的挖掘物中发现的。在阿诺河的泥沙冲积入海，使被淹没的平原抬高一定高度之前就深埋在那里，而且是在阿诺河水不断地冲刷并带走泥土，使卡辛蒂诺平原的地势降得这么低之前。

人们发现在维罗纳山上的红石中掺杂着的贝壳几乎全部石化；有的贝壳开口处被石质胶泥封住；在某些部位贝壳与周围大量石块相分离，因为贝壳的外蒙层把它们隔开；在其他地方石质胶泥使破旧的外蒙层石化。

如果你说，这些贝壳是由于受到环境特点和天的神力的影响而产生并且仍不断地产生的。这种见解不可能存在于任何有健全推理能力的人的脑子里，因为在贝壳的外蒙层详细地记载着它们生长的年龄，无论是大的，小的都同样可见，这些动物没有吃的就不能生长，不动就找不到吃的，这里的贝壳显然不能动。

如果你还要说，是洪水把这些贝壳从几百英里外的海洋带来的，这也是不可能发生的，因为暴雨才使洪水泛滥；而且，雨水自然地迫使河水夹带着杂物流向海洋，它不可能将海边不能动的东西带上高山。

如果你坚持说，当洪水时水面超过山顶，海水的运动与河流反向而减慢，以致带不动飘浮在水上的比它本身重的东西；纵然洪水能支持住这些东西，也会在水退时，把这些东西撒得各处都是。那么，我们将如何说明，经常在伦巴第的蒙菲拉托附近发现的有蛀洞的珊瑚粘附在被河水冲得光秃秃的岩石上？这些岩石全覆盖着牡蛎团簇，我们知道牡蛎并不动，它们总是以它们的一只瓣膜粘紧岩石，伸开其余的瓣膜捕捉浮游在水中的微生物，这些微生物自己在水中寻找食物却变成贝壳的食粮。

这里发生一个疑问，也就是，挪亚时代的洪水是不是世界性的。似乎这洪水不是世界性的，其理由如下所述：《圣经》所记载的水灾持续四十昼夜且大雨滂沱，大雨使水位超过世界上最高山峰十腕尺。若确实如此，大雨遍及全世界，则雨水必定形成一个覆盖全球的水层。这个球形水层表面与球的中心处处等距离；在这种情况下，球形的水不可能超溢水面；因为水除了自动降落之外不可能作别的运动。如果证明了水没有运动的能力，那么，这么大的水灾如何消退？若消退，除了向上涨，又能往何处去？显然，在这里，自然的理由对我们是无用的；解决疑问的方法，只能是或者求助于神奇的神力，或者相信太阳的热量使所有这些水汽化。

（2）河流和地层

关于从水面到水底流速的变化率。

关于水面和水底之间不同的侧面斜度。

关于水面的不同流速。

关于河床上的不同流速。

关于不同河深。

关于水淹的不同山形。

水在水底（非水面）流得快的地方。

水在水底流得慢在水面流得快的地方。

水流上下慢而中间快的地方。

水流中间慢而上下快的地方。

水在河中扩展和收缩的地方，转弯和伸直的地方。

水平稳地流入河宽处，不平稳地流入河窄处，水流中间慢而两边快的地方。

水流中间快而两边慢的地方。

流水在河流中央直流，流水迂回涡漩的地方。

关于落水的不同倾斜度。

什么是水流？ 水流是反射的汇合，即与河两对岸相碰而弹回河中的两股流水的汇合；这两股流水相冲击时激起巨大的波浪，浪头落回水里时就像比其余的水重的物质那样直穿河底，把河底掘翻，并激起河底沉积的泥渣。由此可知，在水流最急的地方河底最深。

我觉得，地面向来就是完全充实的，平原被咸水掩盖。地面是高山（地球的骨骼）的宽厚基础，它直插云霄，山上盖满厚厚的泥土。连续不断的雨水使河流上涨，反复冲刷着高耸的山巅，使岩石暴露，水土流失。从山坡和山巅冲下的泥土使包围山脚的海底抬高，平原突出，有些海岸被从这里移向远方。

在山巅的各个凹面处，我们经常发现岩层区段。

从前，河谷大部分被湖泊淹没的原因在于谷地总构成河岸。河谷被大海淹没的原因，是以后在河水的持续作用下……高山被穿通；激流冲垮环绕高山的高的平地；岩层显示的高山侵蚀情况是与上述激流引起的断面相对应。

来自高山的河流将大量巨石冲入河床，这些巨石仍然保留着棱角和棱边，流动的河水带下较多棱角被磨损的较小石块，于是大的岩石被磨小；进而先淀下粗石，再积卵石，之后再在粗石上面铺以更细的砂粒，就这样，流水裹着浑浊的泥沙和砾石冲入海里。

细沙因咸海浪的回流而淤积在海滨，当沙细得差不多像水那样轻，就与腐败的树叶及其他极轻的东西结合在一起，随着波涛离开海滨，其结果正如前面所说的，它具有和水差不多的性质，以后当风平浪静时，就沉入海底。因为沙很细在海底被压实，并且由于压实的细沙光滑，能抗拒海浪的冲击。在这里能找到贝壳；这种白土可制作陶器。

流水带着山石经所有从高山到海里的出水口流入海里；海水往山地反冲时，这些山石被抛回山地；海水涌向海里时，山石又随海水从山上退到海里，当它们滚到拐角处就聚集在一起；山石的脆弱部分受冲击，棱角被磨损而变成滚圆形，在埃尔巴海滨可看到这类圆形石。较大的岩石不易动仍留在原处，被冲得越远的岩石就变得越小，因此，在流动和冲击过程中，山石先被磨成圆形石，随之磨成细沙，最后变成泥土。海水从前面所说的山地退走后，大海留下的盐沉积物及地上的其他潮湿物同砾石和泥沙结成综合体，因此，砾石变成大石块，沙变成石灰华，在从科摩山延伸的阿达河，我们看到这些标本，还有从德国阿尔卑斯山延伸的蒂西诺、艾迪格、奥格里奥和亚德里亚，以及从卢波和卡普莱亚山附近的阿尔巴诺山延伸的阿诺河等处的最大石块都是由不同石质和不同颜色的单个砾石构成的。

最最重要的问题是稳定。像庙宇和其他公共建筑物的各组成部分的地基那样，各部分的深度与其负荷成比例。例如，能经受得住压在地基上面的重量。地底下纵深结构是分层的，每一层内有较重的部分和较轻的部分，最底层最重。按层分布的原因是这些地层由流入海洋的河水流注在海里的沉积物所组成。最重的沉积物是最先流注的部分，按顺序逐层注入：这是在水流处于稳定时水的作用结果，每当水流动时就把它带走。在河岸可见到这些土层。在河水的持续作用下，山被凿通，被劈成两半，形成深的峡谷。当水退回沙滩时，就使那些地方的土质干涸，变成坚硬的石块，原先结构精细的泥土更是如此。

（3）地中海

每个山谷都是由河流形成的，山谷间的大小与河流间的大小相一致。世界上最大的河流是地中海河，它由尼罗河源头流入西海洋。

海面宽阔的地中海是一个内陆海，亚洲、非洲和欧洲的主要河水流入此海，地中海水升到周围的高山脚，周围的山脚构成地中海岸。

亚平宁山峰矗立在地中海里像个被咸水包围着的岛屿。迄今非洲并非如此，在阿特拉斯山脉后面展现着辽阔的平原，大地连着天边，绵延三千英里。孟菲斯城耸立海边，今天，在意大利平原上空，鸟群在飞翔，鱼群在浅水中漫游。

地中海水的蒸发或消耗　地中海是非洲、亚洲和欧洲间的一个茫茫大河，约有三百条主要河流汇集在这里，此外，它还接受了三千英里广大地区的雨量。流入大洋的地中海水包括原有的和承受的；无疑，流入海洋里的比它承受到的少；还有许多泉眼传来的地下水，地下水使大地生机勃勃。这就是地中海面比大洋表面离地心远的道理……另外，太阳的热量使部分地中海水不断蒸发，所以，天空中降下的雨几乎不能使海面上升多少。

潮汐的涨落多么不均匀，热那亚海岸没变动，威尼斯只变动二腕尺；英法之间的海峡变动十八腕尺。通过西西里海峡的流水之所以很急，是因为流入亚德里亚海的全部流水都流经这里。

多瑙河流入黑海。从前，黑海差不多延伸到奥地利，包括今天多瑙河流域的整个平原。在这地区的许多高山坡上仍能找到的牡蛎，海扇壳和扇贝壳以及大的鱼骨骼，可以清楚地证明这一点；此海由向东延伸的阿杜拉山支脉和向西延伸的金牛宫山支脉连接形成。黑海水在比塞尼亚附近经普洛朋蒂斯海峡流入爱琴海，就是地中海，这是绵延不断的阿杜拉山脉尽头与金牛宫山脉隔开的地方；黑海下沉，露出上述地区的多瑙河谷，和远离陶鲁斯山脉以北的整个小亚细亚，以及从高加索山脉以西扩展到黑海的平原和高加索山脉靠这边山麓的顿河平原。黑海约下沉一千腕尺，露出如此广大的平原。

不可否认，尼罗河经常带着污浊的河水流入埃及海，尼罗河水的浑浊是由于河水夹带着不断从沿河两岸冲下的泥土。泥土永不回流，也不沉积海里，只沉积在岸边。

请注意，在阿特拉斯山以外的沙海，再次被咸水淹没。

波河将以使伦巴第大部分地区干涸的方式在短时间内使亚德里亚海枯竭。

3. 水和空气

描写云团是怎样形成和消散的，说明地面水蒸发升空，大气和雾变浓的原因以及在不同时候天空蓝色深浅变化的道理；还要描写大气层，说明雪和雹的成因，水收缩结成坚冰的过程，说明空中雪花的新形状，寒冷地区树叶的新形状，冰凌和白霜在香草不同叶子上结成的奇形怪状，白霜似可作为滋养叶子的甘露。

水中水的运动就与空气中空气的运动相似。

声学 虽然，各种声音从声源出发在空气中呈圆形向外传播。但是，从各个声源发出的圆形波相遇时并不互相阻碍，在相互迭加后，仍以各自的声源为中心继续传播。

因为就运动的各种情况而言，水和空气极其相似，我要举水的例子说明上面提到的命题。我想，如果你将两个小石子同时抛入静止的水面，彼此相距一定的距离，你将会看到，围绕着两个撞击点形成明显的两系列圆圈，当圆圈逐渐扩大时彼此互相交迭穿行，却仍然保持着以石子撞击点为中心的圆形波。对这种情况的解释是，虽然可明显地看到有些东西在运动，水却不离开其原来的位置，石子撞开的水面随即重新闭合，水的突然开合引起的某种起伏，与其说是运动倒不如说是振动。说得更清楚些，一根很轻的稻草飘浮在水面上，当圆形水波在它底下通过时，它并不离开其原有的位置。因此，水的影响，就其性质说，与其说是运动倒不如说是振动。两系列圆形水波相遇时，并不互相遮断，水的性质到处相同，水传递的只是振动，本身位置并没改变。由于水保留在原处，所以容易从邻近区域获得振动，并把获得的振动传给其他相邻区域，其强度逐渐衰减，直至终了。①

正如石子抛入水中激起以撞击点为中心的各个圆形波一样，声波在空气中传播也是呈圆形的，所以，放在透明的空气中的各种物体都将其本身的形象以圆形波的形式向外传播，将其本身的无数形象充满周围空间，所有的物体充满整个空间，一切充满于每个部分。

空气　气波的起动比水波迅速，人们常常看到，水波离开波源时，水的位置并没改变；这与五月的麦田风卷麦浪的情况相似，人们看到麦浪从麦田掠过时，麦穗却没离开其原位。

各元素可相互转换。空气遇冷收缩凝结成水时，强烈地吸引着周围的空气，周围的空气迅猛地填补着移走的部分空气所形成的真空；这样，一部分接着一部分移动，逐步补偿着空气分离的空间而形成风。若水变成气，则原先在空中的空气迅速填入上升气流产生的空间，给已产生的空气以冲击，这就形成风。

风中的云团或受热产生的水汽遇冷而放出热量，在放出热量的地方留下寒冷。云团受到冷气往下压，热气往上抬，被挤得只能横向运动，我认为，像处于平衡力间的物体维持不动那样，云团本身不能移动，只能向四方散射，就像含水的海绵受压挤，水从海绵中心向四方喷射一样。所以，北风同时成为所有的风的风源。

① 比较维特鲁维乌斯《建筑学》的 V，ciii，6—8，和赫姆霍尔兹的《朗诵和演讲》1896 年，第 129 页“论音乐和声的生理原因”。

有的风初起较猛烈但较短暂，烧灰窑烟囱吐出的缭绕烟火在空中一现即逝的情况，给我们显示了它的形状和速率。空中升起的各种旋转的灰尘显示了风的间歇和迅猛，在阿尔卑斯山脉间由各种力量的撞击所引起的风的激荡集散情况也可看出这点；人们还能看到，海轮上的旗帜在不同气流中迎风招展的情景，海流激起漩涡；人们也能在广场上及河滩上看到某处被风卷起的灰尘和沙土。这些现象表明了其成因的特点，我们可确切地说，风源越迅猛，激起的运动越短暂；上面的实际经验得出的结论同样说明了从烧灰窑冒出的烟尘的短暂运动，这样的运动是阻力引起的，空气受到烟的冲击而被压缩，而烟在给风提供阻力的同时，本身也受到压缩。若风和缓，则烟可笔直地伸展很长距离，烟穿入空气其前面并没凝集，运动也不受阻碍，就这样，烟可着实伸展到一段很长的距离。

4. 土、水、空气和火

莱奥纳多在一个万里蓝天的晴朗夏日登上罗莎峰，他想窥探远离大气层的上层区域——火素区。他猜想，那里是“幽幽黑暗”区，而天空的蓝色是太阳光受空气中微粒反射引起的，这已被近代对同温层的探测所肯定。

大气的颜色 我认为，我们所看到的大气的蓝色并非大气本身的颜色，而是肉眼看不见的湿热水蒸气微粒原子受阳光照射引起的，它们在上层火素区的幽幽黑暗背景衬托下显得格外明亮。谁要是登上分隔法国与意大利的阿尔卑斯山脉的顶峰——罗莎峰，谁就能看到和我所看到的同样景象……

在罗莎峰上我看到头顶上幽暗的大气，而且照射在山上的阳光远比在山下平原明亮，因为隔在山顶和太阳之间的大气较少。

我们再举由旧干柴产生的烟的例子，进一步说明大气的颜色。烧旧干柴生成的烟从烟囱冒出时，在黑暗空间衬托下，看起来蓝色显著。烟往上升高，对着明亮大气看起来，烟立即变成灰白色，因为背景已不再是黑暗的了……潮湿的新柴产生的烟就不呈蓝色，因为烟中饱含水分且不透明，这种烟能产生浓云的效果，即像固体那样有明显的光和影。大气也存在相同情况，过量的水分使大气呈白色，受热的少量水分使大气呈暗色，呈暗蓝色……如果透明的蓝色是大气的本色，则介于眼睛和火元素之间的大气越多，蓝色阴影越显得深，就像我们观察蓝玻璃和蓝宝石那样，蓝玻璃选得越厚，蓝色越深。然而，大气在这种情况下，其表现正好相反，介于眼睛和火元素区之间的大气量越多，它就显得越白。从地平线看去就是这样。介于眼睛和火元素区之间的大气量越少，它就显得越蓝，即使我们在低平原看也是这样。由此可得出我所说的结论：大气的蔚蓝色是水汽微粒受到太阳明亮的光线照耀的结果。

证明空气区表面与火素区表面毗连。火素区的表面是传输天体形象的太阳光线射入的终端。太阳刚升起时，天体形象显得大，当太阳到达中天时，天体形象显得小。

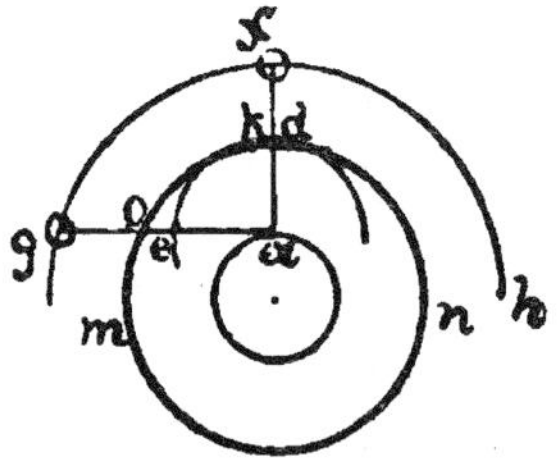

设 a 为地球，ndm 为与火区相邻的气区表面，hfg 为太阳轨道；那么，我认为，当太阳出现在地平线 g 时，人们看到太阳光线以倾斜角射到气区表面——om；这与沿

dk 射入的情况不同，太阳光线穿过比较多的空气。

宇宙中的热　凡有生命的地方就有热，哪里有充满活力的热，那里就有蒸汽的运动。这是可以证明的，只要使火元素的热，始终接近从江湖海洋以及潮湿的河谷升起的水蒸气和浓雾，这些水蒸气和浓雾就渐渐地移向冷区，因为热与冷、湿与干不能并存。前头部分停下，其余部分在前头部分停留的地方停住，就这样一部分接着一部分地积着，越积越多，最终形成浓黑的云团。

云团常乘风飘荡，从一个区域飘向另一个区域，当云团越集越浓重，终成大雨；若太阳的热量使火元素动力增强，把云团继续抬得更高，到达更冷的区域，就结成冰雹降落。有时候，和支持云团中雨水同样的热把大量的水从山底下往上抬，积存在山顶内部，水从一些裂口不断冒出，形成河流。

正像被挤的海绵水或摺式风箱里的空气向四周喷射那样，受反射热抬高的透明薄云也是向各个方向喷出的，顶上云层先到达冷区，受干冷作用而停住，下面升上的云层挤压停住的云层，把其间的空气挤向旁边和下边，就像喷射器那样。这部分空气不能往上升，因为它上面有穿不透的厚云层。

根据这个理由，所有从上向下冲击地面的风受到地面的阻挡而发生反射运动，当反射的风与降落的风再度相遇时，上升受阻而偏离其本来的方向，在侧面激起猛烈的气流，不断地掠过地面。

当上述的风掠过海面时，风向清楚可见，其入射线与反射线构成一定的角度，烈风激起汹涌的惊涛，后浪推前浪。

正如传遍人类肢体的天生温暖一样，当它受到周围寒冷这个对立物和大敌的驱使而流回心田和肝区，以肝区和心田为堡垒进行防御，云团也是蕴含温热水分的，在某些干热的夏天，一旦进入干冷区，就如同某些受到寒冷白霜袭击的花朵和叶子那样，紧紧地缩在一起，以增强抵抗力。

温湿的云团一旦碰到冷空气的阻碍而不能继续通过；下面别的云团继续上升，迫使上面停留的云层增浓，温热和干燥退到中心；放出温热的上部开始凝结或渐渐消失，下面的云团不断上升，使温热更加靠近冷区；到达这个程度，受抑制的温热恢复到原本元素而突然发火，并自相交织地穿过干燥蒸汽，使云团中心迅速扩大，云团内部燃烧发亮，骤然冷却，同时发出巨大的响声，像水倒入沸腾的沥青和油一样，或像熔融的铜丢入冷水那样；即使受到反向力的排斥，它仍然粉碎阻碍的云团，划破长空，摧毁一切障碍物；这就是雷电。

没有火焰的地方，呼吸的动物也不能生存。 火焰底部是火焰的起点，一切油脂养分都从这里通过；这里的温度比火焰的其余部分低，也不够亮，呈蓝色，养分的纯化和消耗也在这里。火焰的其余部分较明亮，但这里是点燃时火焰最初出现的地方，起初呈球形，稍后，在球形顶部就出现一个很小的灿烂火焰，形状像心脏，焰尖指向天空；火焰的大小也随着吸收的养分的增多而不断增大。

蓝色的火焰成球形……只当周围空气温度足够高时，火焰才呈锥形；蓝色火焰的主要热量顺着火焰的自然倾向朝上指，就是指向火素区的最短路程。

蓝色火焰本身不移动，也不是蜡烛给火焰提供的养分使它本身动。因此，运动必定由别的原因引起的。运动的启动者是空气，是填补火焰周围被消耗的空气所形成的真空的那一部分空气。光产生真空，空气急补真空。

5. 小宇宙和大宇宙

有机世界和无机世界两者性质相似，都遵从相同的自然法则。人是世界的一部分，是寓于大宇宙中的一个小宇宙。

水论的开头部分 古人把人称为小宇宙，这名称很恰切。若认为人体由土、水、气和火组成，则人体与地球相似。人体内部骨骼是肌肉的固定支架，岩石则是地的支柱；人体内部有血库并以肺的扩张和收缩进行呼吸。地球的海洋以每六小时涨落一次的海潮进行呼吸，像血库以血脉遍布人体，海洋也以无数河川布满大地……

但是，大地却缺少神经，缺少神经的原因在于神经是支配运动的，然而，世界总是处于稳定状态，在这里不发生运动，也就不需要神经。除此之外，其他的一切，人体与大地是极其相似的。

山顶存水的解释 我说，像人的脑血管中储存的本身热血那样，当人死亡时，冷血就下降，当头脑被太阳晒热时，头部血量和其他液体迅速增多，血管的压力常引起头痛；遍布大地的泉水的情况与此相似，其原本热量遍布大地，高山顶上也存留泉水，流经山内封闭水道的水，像静止的东西那样不会从底下升起，因为它未曾受到源泉不可缺少的热量的温暖。此外，火元素的热，和白天的太阳热，具有把山底下的潮湿水分激起的能力，能像推动云团那样，把海底的潮湿水分提上山顶。

和各种活躯体内的体液按照自然的万有引力定律在躯体内流动的情况一样，地道里的水也流经小的水道遍布全球内部。海底最深处的水升上山顶，冲破缺口，流回海底的情况，正同由下面上升的血液在额前破裂的血管口冒出一样，也和从水道的最低处上升的水在被切断的支路流出一样。像这样水在地内和地外依次循环运动，时而被迫升高，时而自由降落，接连地构成不断运转的循环，忽上忽下，忽此忽彼，永不停息，或由于过程或出于本性。除了抓住各种东西之外，本身什么也没有，它从沿途经历的各个地方获得各种特性，像镜子那样反映移经镜子前面的所有物体的各种形象一样。所以，它不断地变化，时而与位置有关，时而与颜色有关，时而吸收新味道，时而保留新质料，时而致死，时而保健，有时与空气混合，有时独自被热推高，当它到达冷区，抬它升高的热受到冷气的挤压。冷气压挤含水的空气，使空气猛烈喷出，冲击其他部分空气，而形成风，正同用手挤压含水的海绵，从海绵挤出的水淹入别的水中一样。

仔细观察水的循环运动者，应受到高度赞扬。他观察到水从海的最深处升上山顶，从破损的道口冒出，流回深海，再迅速上升又降落，全部水元素随时处在循环中。就这样从高到低，流入和流出，时而自然运动，时而被迫运动，相聚和结合，像水道中的水那样，不断绕转循环。水从破损处流出，降到基底，再上升通过出口流回，如此不断地循环往复着。

承受空气的水通过高山顶的破裂道口时，突然脱离送它到该处的力，而恢复其自由的天然过程。

像水从水道底下升上绝顶，由破裂支路流回深底，再回升到它降落的地方。

6. 元素中的灵魂：其极限

论灵魂　我们说过，灵魂定义为与躯体结合的一种能力，它本身既不能升高也不会在空间作任何形式的运动。如果你说，灵魂本身能升高，它就不能在元素之内存在。若灵魂是一个无形体的量，这个量就叫做真空，而自然中不存在真空；假定有人能建立真空，在真空一旦建立时，立即被形成真空的周围元素所填充。因此，根据重量的定义，重力是某一元素吸引或排斥另一元素的一种外来的能力。由此可知，在一种元素之内没有重量的任何元素，只有进入比它轻的元素之内而且处于上面的时候，才获得重量。显然，一部分水处于另一部分水之中，既无重力又无轻力。如果把水引入空气中，水将获得重量；若使空气处于水下面，水在这空气之上自己感到有重量。重量不能自持，难免塌落；落到水中存在真空的地方。灵魂也会发生同样情况，若灵魂处于元素之中，元素中将不断地产生真空，无论在什么元素之中都能看到这情况，根据这理由，灵魂将不断地飞向天空，直到完全脱离那些元素为止。

在元素之中灵魂是否有形体　我们已经证明，灵魂既不能无形体单独存在于元素之中，除了升高之外，也不能独自随意运动。我们现在说明，获得空气实体的灵魂必须与这空气相混合；因为正如上面所说的，若灵魂与空气保持联合，在真空产生时，就将分离和下坠；因此，如果要维持在空气中的悬浮状态，需要吸收一定量的空气；如果灵魂与空气相混合，就会遇到两个困难，即与灵魂混合的那部分空气变稀薄了，稀薄的空气将自然地往上浮，不能保持在比它重的周围空气中间。此外，当这个灵魂要素扩大并隔开时，它的特性也变更了，从而损失了它的某些重要能力。另外，还有第三个困难，取自灵魂的空气实体暴露在穿入的风中，风不断地将空气的联合部分撕成碎片，在另外的空气中激荡涡漩，因此，混在这部分空气里的灵魂，将随空气的劈裂而被一道肢解。

获得空气形体的灵魂能不能独自运动? 灌注在一定量空气里的灵魂不可能具有移动这部分空气的能力；上面已经证明了这个问题，灵魂已把它注入的这部分空气变稀薄了；使这部分空气升到其他部分的空气上面，因为这部分空气轻才产生这样的运动，并非灵魂的自觉运动。根据上面论述的第三个理由，如果这部分空气遇风，将被风吹动，并不是灵魂的扩散运动。

灵魂能不能说话 要证明灵魂能不能说话，首先应确定什么是声音以及声音是怎样产生的。我们作如下的论述：声音是空气摩擦稠密物体的运动，或稠密物体摩擦空气的运动——两种说法相同；稠密物体与稀薄空气相摩擦，使稀薄空气凝集并产生阻力；此外，当稀薄气体迅速运动时，慢慢地移动着的稀薄气体在彼此接触时凝集，发出噪声或大的吼声；当一部分稀薄气体以中等速率移经另一部分稀薄气体时引起的沙沙声，和大的火焰在空气中激起噪声一样；当运动着的气体迅速地穿过其他静止的气体时则发出最响的吼声，像大炮发出的火焰撞击空气产生的吼声，和划破天空的霹雳。

因此，我们可以说，没有空气的运动，灵魂是不会发声的。灵魂里一点声音也没有，它不能无中生有；如果灵魂想移动它所在的空气，就需使自身增多，但无数量则无从增多。第四部分指出，要不是有固定的地点可借以产生运动，稀薄的气体移动不了任何东西，对于在本元素中移动的某种元素的情况更是如此，它不能使自身运动，在均匀蒸汽中心蒸发的情况除外：这像用手挤压水中的海绵所发生的情况，海绵中的水从挤压的手指缝间向各方向作相同的运动。

灵魂能不能清晰说话？灵魂能否被听到？听到什么？看到什么？声波是怎样在空气中传播？物体的像如何映入眼内？

哪里没有空气的运动或振动，哪里就不会有声音；哪里没有振源，哪里就不会有空气的振动；没有物体则没有振源。显然，灵魂既不会有声音，又无形体，更无力。倘若设想灵魂有形体，它却不能进入关着的门。若有人坚持说，根据空气的聚集和压缩，可认为灵魂具有各种形体，这样的振源会发音也会随力移动，——我要回答他，在既无神经又无骨骼的地方，不可能有梦想的灵魂用力引起任何运动。

7. 天穹

按照在莱奥纳多时代被普遍接受的古代传统观念，地球及其元素被茫茫的天空所包围，天空中布满既不重也不轻且不腐朽的天体。莱奥纳多设法用相同的观察方法研究远离地球的现象并导出天穹的概念。他建立了一种观测台，在屋顶的天窗下面安置了一个光学仪器，探测月亮的性质。

他思想上对托勒密体系发生了疑问。太阳绕着地球转吗？在有关数学笔记的一页上，他用大写字体写下“太阳不动”的字句。

为了研究行星的特点，应打开天窗，同时单独地将一颗行星记在底面：在这底面上的反射运动将映出这颗行星的特点；但在底面上一次只能映出一个形象。

构制一架放大镜用来观察月亮。

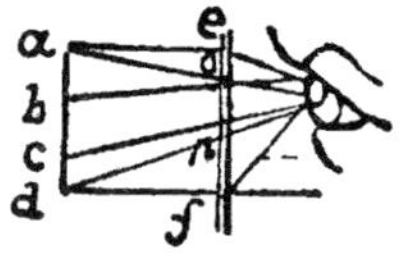

有可能找到一种方法，借以看清因自然透视而在眼球凸面缩小到模糊不清的远处物体。所有物象的锥体传到眼睛必定与眼球凸面成球形直角正交。然而，我在这里显示的方法是这些锥体在靠近瞳孔表面处成直角相交。我们的整个半球景象在凸出的眼睛瞳孔处缩成一个小星点。许多小星点把它们的形象传到瞳孔表面，这些星点是非常微小的，此地只看到一个比较大的星点。同样地，月亮较大且地点较突出。你可将一只盛水的玻璃杯移近眼睛……水使被凝集在晶状体的物体看起来好像没有玻璃杯存在似的。

关于眼睛。比瞳孔小的物体非常靠近眼睛也不容易分清。这经验告诉我们，视力不能小到点……但是，物像传到瞳孔在瞳孔上的分布与在空中的分布完全相同。由此可知，我们遥望星空时，映入眼帘的不只是个别星星，天空点缀着众多星星，我们的眼睛按比例地显示出天空的实际情况以及星际间的距离。

月亮 月亮本身不发光，只受阳光照亮。我们看到的只是月亮对着我们的被阳光照亮的一面，其在晚上接受的光同地上的水面反映太阳的像一样，所有对着太阳和月亮的水面都反射光。

月亮的水面和我们的地上水面总多少有些波纹，这种起伏不平是太阳无数影像扩大的起因，这些影像是太阳受到山峦、洞穴、边沿和数不尽的波峰的映射，也就是说，从多少不同的位置观察，每一个波上面就有多少个不同的亮点。对于以均匀球形覆盖着月亮的大部分水区就不会发生这种现象，每双眼睛只看到一个太阳像，其映像清晰，辐射总呈球形，像一个放在高大建筑物顶上的镀金球所清楚显示的那样。如果镀金球表面凹凸不平或由小球体组成像桑葚那样，这些小球体对着太阳和眼睛的各部分，因为反射阳光，眼睛看起来闪闪发光。因此，从同一个物体上将看到许多小太阳；远处看起来，这些光混合在一起好像是连续的。

没有任何光停留在不亮的物体上。月亮在它的元素范围内是否有一定的位置。如果月亮不像地球那样在它的元素当中占有特定的位置，它怎么不掉到我们的元素当中来？如果它不在它的元素当中且不坠落，它必定比其他所有元素轻。若月亮确实比其他所有元素轻，它何以是固体且不透明？

证明地球是一颗星 在你的论文中，你应证明地球很像月亮，地球是一颗星，并证明宇宙的光辉；然后，你必须论述随创造者的不同，各个星体的大小不同。

太阳不动。①

太阳有物质，形状，运动，辐射，热和原动力：这些特质都从太阳发射而不衰减。

从来没有看到过太阳的任何阴影。

太阳的赞颂 若遮住星的光芒看星（将针孔贴近眼睛对着星看），你会发现这些星小得没有任何东西比它们更小；它们显得小的原因是它们离得远，其中许多星星要比我们地球大许多倍。那么，试想，我们的地球离得这么远将会多么小，进而再想，星际间会有多少星星被茫茫宇宙所吞没。我只能责怪像伊壁鸠鲁这些古代思想家，他们说，太阳只像我们看见的这么大。我相信，他们是把放在与地心等距离的大气层里的发光体的效果作为他们的见解的依据；不管是谁永远看不到在任何距离发光体大小的缩小。……

我愿意说几句话责备那些人，他们宁愿去崇拜人而不愿崇拜太阳。在整个宇宙中我从没看到过一个物体的大小和能力比太阳大，太阳的光照亮了宇宙中的所有天体，一切活力都是从太阳那儿降临的，热是一切生命的源泉（生命的火花），宇宙中没有任何别的光和热……当然，那些崇拜类人的神灵的人是极其错误的，他们把木星当作主宰、土星当作农神、火星当作战

① 一百多年后，伽利略提出类似的声明，为此被指责为异端。

神来崇拜。即使人身变得像地球那么大，仍比最小的恒星还要小些，仍然是宇宙中一个小小的星点罢了；况且人是要死的，要在坟墓中腐烂变臭的。

斯佩拉，马鲁洛和别的许多人都赞颂太阳。①

二、自然的四种能力

重力，力连同撞击常被说成是运动及其后果的产生者，这三种非本质的能力中有两种能力无论在产生、趋向和结局方面的性质都完全相同。

重力，力，撞击和动力都是运动的子孙，因为它们都是运动产生的。重力和力总趋向于死灭，而且每种力都由其强烈度维持。动力常常是延长被动物体运动趋向的原因。

万有引力和撞击不仅可互称为母女而且是姐妹，因为它们都可由运动产生，但它们都是运动的产生者，都是运动的女儿；我们若没有万有引力和撞击，运动就不能发生，没有运动也就不能显示这种能力。

理论力学一书的纲要

先论重力〔万有引力〕

① 戈罗·达蒂的《镜子》(Spera)，佛罗伦萨，1482 年，第 16—22 行，赞颂太阳；马鲁路斯的太阳赞歌刊登于 M.塔卡尼奥塔（M.Tarcaniota）的《箴言赞美诗》，佛罗伦萨，1487 年。

再论承重〔静力学〕
再论摩擦
再论运动〔动力学〕
最后论撞击

先论述重力，再论述力引起的运动，再论述引起运动的力，最后论述撞击。

编写力学基础书时，应先编排演示运动的例子，应先编排人及其他动物的力的演示，你可借这些演示例子证明你的全部命题。

你的有关重物运动的理论涉及重液体，空气以及火的运动。把火的运动与旋风和旋流相比较，你会发现火的涡旋可使火与其运行相结合。你可用自动记录器和沸腾的水做这实验。

机械学　为什么自然没赋予缺乏机械手段的动物以运动的能力，我在论自然使动物运动的书中谈到这个问题。由于这个原因我拟定了自然四种能力的规则，没有这些规则动物的任何运动都是不可能的。因此，我们先描述局部运动，说明局部运动是怎样产生的以及如何由其他三种能力中的任何一种能力产生这局部运动。然后，我们再叙述固有的重力，纵然没有什么重力可以说是外来的，为了与在一切行动中都具有重力性质的力相区别，我们乐于这样称呼，称之为外来重力，这是自然的第三种能力，也就是内在的固有的能力产生的。第四种能力叫做撞击，也就是运动的制止和终结。我们首先说，每个局部的难以觉察的运动是可觉察的运动产生的，正如钟的补偿摆是由人这个策动者提升的。此外，元素间的相互吸引或相互排斥，像大家看到的水自动排气以及火以热的形式从锅底进入，然后冒泡从沸腾的水面逸出，再如火焰把空气吸向自身，太阳的热把变成水汽的水抬高接着降下倾盆大雨。撞击仍是元素内部产生的巨大能力。

1. 重

冷和热与离太阳的远近有关。冷和热引起元素的运动，没有元素则没有它的重或轻。……

运动是由较稀薄的东西承受不住较浓厚的东西引起的。

轻是重之因，重是轻之源；它们同时互为因果；它们在形成的同一瞬间相互补偿，它们的能力随着存在时间的增长而增长，越运动存在时间越长；它们在共同的长期斗争中同时相互破坏。

这已被证明了：如果不与重相结合就得不到轻，若不把物体放在轻的物体之上也不能产生重，要是不在重下面就不存在任何轻……

对于元素也是这样。若把一定量的空气放在水下，水立即得到重，并不是因为水本身发生变化，而是因为水没遇到一定大小的阻力，降到下面空气所在的位置，与此同时，空气充填了重物留下的真空。

若元素不动就无重或轻。地与空气和水相接触，它本身既无重也无轻，只在包围着地的水和空气移动时，才会感到水和空气的存在。与水和空气相接触的长在地上的草木叶子就显示这种情况，它只顺着水和空气运动的方向弯曲。

由此可得出结论，重是低下元素在高处时引起的现象。

当较稀薄的元素位于较稠密的元素下面时就产生轻的现象……较稠密的元素获得重，底下较稀薄的元素对它的阻力不大，而较稀薄的元素获得轻。

若不结合重就不产生轻，没有轻也就不会有重。可证明如下：用管子将空气吹入水底，于是，这空气获得轻，由于底下空气的存在，上面的水获得重，空气比水更稀更轻。……

即刻运动引起轻力和重力。冷和热产生运动。

运动是重力和力不平衡时产生的现象……

太阳造成元素的运动。

太阳产生宇宙的热。

宇宙的光和热来源于太阳，太阳的隐没带来黑暗和寒冷。

元素的各种运动来源于冷和热。

轻力和重力产生于元素中。

一元素置于另一比它稀薄的元素之上时出现重。

一元素引入另一元素之中时产生重。

一元素处于另一元素内产生重；它不由自主地依最短路线移向它的中心，并非中心吸引它，而是介于中间的其他元素不能阻止它。

重力，力和偶然的运动以及撞击是人类一切可见的作品赖以存亡的四种随机的能力。

重力 重力是运动引起的随机能力，并且传给运动物体所在位置以外的物体。

重与轻 重力和轻力是一种元素在移入另一元素时产生的同等的能力，它的各种功能如此相像完全可以把它们看作是单一的能力。它们仅在注入的物体中变化，在形成和消亡的运动中变化。

一个按最短路程自由向世界中心运动的物体具有重力。

一个能自由飞离世界中心的物体就可以说它是轻的。轻与重的能力相同。

每个重心 每个重力都沿着宇宙的中心线，从各处指向宇宙中心。

宇宙的中心线起自世界的中心终止于每个物体的重心。

一定大小的物体的重心在其长，宽，高三者的中心交点上。物体的外来重力中心位于阻碍和平衡的各部分的中点。固有重心将物体分成大小和重量相等的两部分。

由《基本原理》的第二章第九节可清楚地知道，每个悬挂重力中心在其悬点底下，因此：——中心线所指的是从物体引向世界中心的理想直线。所有悬挂重力中心总与其悬点中心线趋于一致，若悬挂重力偏离其悬点中心线将受到比原有重量更大的力的作用。我现在的结论是，涡旋的水使其重心移向极点中心线，加于侧面的各个小的重力是其运动的成因。

2. 力和重

在这里，有人问，重力是自生的还是力产生的，或者问，力是自生的还是重力产生的。

力和重力有什么不同　力具有精神上的要素，外来的暴力与重物相结合，限制着物体原先的倾向；在这里持续的时间虽短却常常显示出其自身的神奇能力。

力和重力在它们的所有能力中有许多共同点，只在运动的产生和消亡方面有所不同。当物体回到其原本位置时，重力就简单地消失，而力则与运动一起产生和消失。

重力是一种元素受力作用移入另一元素时，在运动中产生的一种能力。其存在时间的长短与该元素回到原本位置的努力程度有关。

力是缺乏和富足的产物。它是物质运动的儿子，是精神运动的孙子，是重力的母亲和本源。重力限制在水元素和土元素中，力则不受限制；如果能创造产生力的机器，就能使无限的世界处于运动之中。

有知觉的动物的精神通过肢体运动。肌肉作用时与之相应的是使肌肉隆起，肌肉隆起时就缩短，在缩短过程中拉紧连接肌肉的筋腱，由此发力使人的肢体运动。由此可知，物质的运动来源于精神的运动。

人力的质和量蕴含着产生其他力的能力。运动越持久，这能力越大。

重力，力连同躯体的运动及撞击是自然的四种能力，人类在其各种神奇的作品中凭借这四种自然能力，像要在世界中建立一个第二自然似的。由这四种自然能力的应用，使人类一切可见的作品不断涌现和不断消亡。

力离源头越远，越微弱。

什么是力　我把力定义为无形体的因素，一种看不见的能力，用运动引起的偶然的外压力把这种能力压入并存在物体内，物体因此受到阻止，改变其原来的习性。神奇能力的活动生命力传入物体迫使所有形成的事物改变形状和位置，激烈地促使其消失，并且随机应变。环境变化缓慢时，力量加强，环境变化激烈时，力量减弱。力在强暴中产生，在自由中消失，力越大消耗得越快，猛烈地排除一切障碍，克服对抗的原因且在克服对抗的过程中毁灭自己。遇到的障碍越大，力也变得越强大，一切事物本能地回避死亡，受限制的一切事物也限制其他事物。没有力则没有任何运动，无论是重力或形状，都不能在物体内增生，没有任何一种运动能维持长久。

力在作用中增大，在静止时消失。受限制的物体内部没有自由，物体在运动中常常产生新力。

力遍及全体，且全体在其各部分之中。

力是一种精神的能，是一种看不见的能力。这种能力借强暴从外部传给本身不平衡的所有物体。

力无非是一种精神的能量，是一种看不见的能力，这种能力由动物创生并借强暴从外部传给非动物；像给予生命力那样，这种生命力的工作方式很奇特，它限制并改变着所有现成事物的位置和形状，猛烈地促使其毁灭，并随情况而不断变化。

障碍增强，使力迅速减弱。

力在强暴中产生，在自由中消亡。

力迫使一切物体改变位置和形状。

能力越大，消亡也越快。

力剧烈地排除妨碍其破坏的任何因素。

各种形状的改变者。

掌握力者常感不安。

总与天生的愿望相反。

力从小开始慢慢增长，使自己达到惊人的特异能力，由自身的紧缩而约束一切事物……力潜伏在脱离原本过程和习性的物体中……欣然使自身消失。

力一直作用于产生力的物体且处处相同。

力只是一个飞翔。

力总是倾向于使自身削弱和消耗。

受制者制一切。

没有力则没有任何运动。

没有力则听不到声音。

力的真正根源在生命体内。

重力完全由垂直阻力传递，且遍及阻力的各部分。

若阻止重物的斜向阻力被消除，则重物不受阻；反之，阻力将随重物降落而消失。

按照重物的性质它将自然而然地移向本愿的地方去。

力的各部分包含着全力——与重力相反。它们常常是这一个凌驾于另一个之上的胜利者。

它们与压力的性质相似，强者克服弱者，重力不自行改变，力则总是瞬时的。

重力是有形体的，力是无形体的。

重力是物质的，力则是精神的。

一个期望飞行和消亡，另一个则寻求稳定和永恒。

前者常常产生后者。

若重力创生力，力就是重力。

若重力克服力，力就是重力。

若它们强度相等，则它们永成同伴。

若一个是永恒的，则另一个难免要死。

如果你在一条小船上，用最大的力也永远不能使小船离开原位，除非这力作用在船外的一个障碍物上且比作用在船内的力大。还有，如果你被包在一个口袋里，无论你在袋内用多大的力决不能使你离开原来的地方。假使你伸出一只脚，当作支撑地面的杠杆，头顶着口袋底，你就能往后退。

大炮内火焰扩张的情况与上述情况相同，因为火焰全在炮膛内时不会引起反冲。但是，当火焰冲击并推着阻碍的空气并且仍与顶着炮膛底的那部分火焰联结着的时候，就促使大炮反坐；冲击空气的那部分火焰在空气中未能找到瞬时通道，只能将力作用于另外一边。

3. 运动

运动的定义 从一点沿最短路线到另一点的运动叫做直线运动。

在运动过程中任何部分都不是直线运动的运动叫做曲线运动。

螺旋运动由斜向曲线运动组成，由中心引到周边的直线长度处处不等。螺旋运动有四种类型，凸螺旋，平面螺旋，凹螺旋和圆柱形螺旋。

此外，还有一种叫做圆周运动，物体总沿着与圆心等距离的圆周上旋转。还有由前面所说的各种运动合成的许许多多不规则的运动。

运动概说　什么是运动的起因。运动本身的意义是什么。什么东西最适宜于运动。什么是冲量；什么是冲量的起因；冲量产生的介体是什么。什么是撞击，什么是撞击的原因。什么是回跳，什么是直线运动的轨迹，其成因是什么？

点无部分；线是点的运行；点是线的边界。瞬刻非时间，瞬刻的运动形成时间，时间的边界是瞬刻。

关于运动　我发现力和时间一样是无限的，重力和整个地球机器的重力一样是无限的。我还发现不可分的时间的行程是运动，这类运动有许多种，即固有运动，外来运动和合成运动；合成运动在运动过程当中，从外来运动变成固有运动，终结时能力最大；固有运动结束时比其他任何时候更强有力；外来运动在三者中最强，结束时最弱。

没有任何运动比处于稳定瞬间更加慢。

在相同的时间内经历较短距离（路程）的运动较慢。

在相同的时间内经历较长路程的运动较快。

运动可以达到无限缓慢的程度。

运动的速度可非常慢也可非常快。

运动具有达到高速的能力。

4. 运动和重物

关于运动和重物　在相等的时间里的相同运动中，策动者的能力常常比被动者强大；策动者的能力比被动者强大的程度与后者移动的距离超过前者的程度成比例；而策动者与被动者能力之差，并不完全决定于后者移动的距离小于前者移动的距离的程度。

弓上的箭，箭头顶着木板时就属于这类情况。虽然用尽弓的全部力量，箭也只能入木分毫，若使箭处于运动状态，情况则完全不同。

有些人会说，运动中的箭在它前面激起一个空气波，空气波的运动使箭在飞行过程中免受阻碍。然而，这种看法是错误的，因为被动的一切事物都是起排斥和阻碍其策动者的作用的，进入箭前波中的空气的作用也一样。因为它也受到同一支箭的运动的影响，这空气对它的推动者（波）的运动没有多大帮助，尽管它们（波与空气）受同一动力（箭）推动，它对于被推动者（波）也只是起到阻碍的作用。

每个重物依其最重的一边前进，重物的运动在阻力最小的方面形成。

在空气中运动的物体的最重部分是运动的先导。

较宽大的重物在空中降落较慢。

显然，最细小的重物在空气中降落较快。

每个重物沿着最大直径的方向自由降落。

重物的运动有三种，其中有两种截然相反，第三种则与二者都有关。

理由是上升的运动升得越高越微弱；另一种下降运动则相反，降得越低越强烈。当第一个物体刚离开最高位置时并不损害与之接触的第二个物体，反之，物体越往下降不仅本身要遭受巨大损伤而且也会损害别的物体；第三种运动是横向的，其中有一半与重物的降落相似，另外也有一半与重物上升的情况相像。

有足够的证据表明，重物下降运动及其速度与时间的比例关系为锥形。因为前面提到的各种能力都属锥形的，而且，重物由静止开始降落，按算术的比例继续增长。

如果你在锥体上离底面任一高度画一与底面平行的横截面，则此横截面离底面的高度与锥体总高度之比等于横截面的大小与锥体底面之比。

我们发现，运动着的物体在运动的每个阶段的速度是不连续量，同样地，在每段谐和时间里，物体经历的距离也不相等，是按算术的比例分配的。

关于运动 自由落体在每段时间内获得一定的运动，各阶段的运动相应地有一定的速度。

虽然，时间运转的等分不能像物体运动那样用“等级”表示，但我们可以用“阶段”来表示这种情况，像音乐家用“度”表示音阶那样。

我们假定，在第一段时间里，重物获得一等运动和一等速度，那么，它将在第二段时间里，获得二等运动和二等速度，依此类推……

通过空气的物体激起的空气波比移动它的物体传得更快。

这是因为空气易发散，物体通过空气时，空气一开始运动就产生一个初始波，若不同时一个接着一个产生后续波，则初始波也形不成。同样地，物体通过空气时，在每段时间里使它底下的波逐级倍增，这些波在飞驰中为波的激发者开辟道路。

若两个重量相等形状相同的物体从同一高度相继落下，则在每段时间里，前者比后者通过更长一段距离。

自由落体在运动的每个阶段均具有其相应的重力。

自由落体在运动的每个阶段均获得相应的速率。

在每段时间里运动的距离逐段增长。

若许多重量相等形状相同的物体在相等的时间间隔一个跟着一个地落下，它们落下的距离的增长量相等。

前面关于运动的结论的实验应按下述方法进行：取两个重量相等形状相同的球，让它们从很高的地方落下，开始时彼此接触。实验者应站在下面地上，以便观察两球落下时是否仍保持接触。为了避免和减少偶然因素的影响或出错，实验应重复进行——实验可能发生错误，也可能使实验者受骗或弄错。

重物的下落　每个自然行动都取最短路程，这就是自由落体移向世界中心的道理；因为这是宇宙的最深处与可动物体之间的最短距离。

每个重物都有由最短路程降到世界中心的倾向；物体越重这种倾向越大，降得最快的物体最重。阻碍物质的斜度越小，其阻力越大。重物本能地进入它的支承物，每当它从一支承物穿入另一支承物时，重量随之增大，就像它从一个物体跳到另一物体，直到它的愿望实现为止……

冲压和称量的作用就像力。重和力相互制约，可能有不受力的重物，却没有无重物的力，若重物无依靠就热切地寻求支持者，力则猛烈地排除近邻者。

重物寻求固定的位置，力则由此远离。

重追求稳定，力则倾向飞驰；重本身无疲劳，力则从没摆脱疲劳；重物越降越重，力越降越小。若前者是永恒的则后者难免消亡。重是固有的，力则是外来的，重追求稳定和持久，力则倾向飞驰和消亡。

就压力来说，重力、力和撞击彼此相似。

5. 运动和力

第一、若动力在一定时间内将一个物体移动一定距离，则相同的动力在相等的时间内能将这物体的一半移过一倍的距离。

第二、若任何力在一定的时间内将任何可动的物体移动一定的距离，相同的力只用一半的时间就能将一半的可动物体移经全程。

第三、若一力在一定时间内将一物体移动一段距离，则相同的力能在相等的时间内将一半的物体移经一半的距离。

第四、若动力在一定时间内将一物体移经一段距离，则一半的力在相等的时间内能将一半的物体移经一半的距离。

第五、若一力在一定时间内将一物体移经一段距离，这个力不一定能将一倍重的物体用一倍的时间移经一倍的距离，因为，此力也许移不动这么重的物体。

第六、若一力在一定时间内将一物体移经一段距离，一半的力不一定能将这同一物体在相等的时间内移经一半的距离，可能这一半的力移不动这个物体。

第七、若两个单独的力移动两个单独的物体，则此两力的合力可能将两个结合在一起的可动物体在相等的时间内移经相等的距离，因为它们的比例相同。

没有任何可被移动的物体在其简单的运动中比其策动者更强有力的。

策动者或可动物体 策动者的能力总是大于被动事物的阻力。

物体的运动与策动能力成比例 人们可用横弓或能力不减弱的其他物体做实验，也可用形状大小相同但质地和重量不同的球体检验是哪一个离开其原动力最远，再用各种形状和大小，且长度和宽度都不同的物体做实验，找出普遍的规律。我想了解，一个一磅重的球形物体要用多大的动力才能使它移得最远。

横弓的能力 横弓荷重对箭重之比与此横弓的箭的运动对弦的运动之比相同。

在这里，应导出空气引起的三种阻力，这就是空气对弓的撞击和对弦的撞击，第三种则是空气对箭的阻力。

如果弓弦用四百磅的重力能使其标志移动三分之一意尺，在开弓时，弓使二百磅重物从标志移动三分之二意尺远，用此动力能将一百磅重物移离其标志位置一又三分之一意尺远。

如果减少可动物体的重量，动力就能引起较大的运动，因此，你总能发现，弦的运动与被推动的物体的运动之比，同拉弦到标志的重量与被弦推动的重量之比相同。

要拉满弓的人必须完全站稳一只脚，提起另一只脚，离站稳的那只脚远远地，以便与放在第一只脚的体重保持平衡。手不能伸直，为了更能经受紧张，手应握住横弓通用的木块，拉到胸前，射箭时，突然跃进，同时拉伸手臂和弓放开弓弦。如果他能很熟练地同时完成这些动作，箭能射得很远。

要这样做的理由如下：我们知道，向前跃进是迅速地给箭以一定程度的爆发力，张开手臂作第二步加速，弦的推动达到更进一步的加速。因此，若别的箭受三倍的猛烈推进及六倍的灵巧，箭可射得双倍远。我还应提醒你，应将弓放松，才能紧张，才能向前弹。

若将重量增大一倍，而运动中力不变，则时间需加倍。

若将重量加倍，而时间或力不变，则运动减半。

若重量加倍，而运动或时间不变，则力加倍。

若重量减半，而运动或时间不变，则力减半。

6. 冲量和撞击

什么是初始运动　当运动物体与其策动者联结在一起时的运动称为初始运动。

派生运动　运动物体与策动者脱离后，通过空中的运动叫做派生运动。派生运动来源于初始运动，它的运动速度和能力总与初始运动的速度和能力不相等。当运动物体各个部分的运动与其策动者的初始运动完全相等时，则运动物体的路程与策动者路程的方向一致。

冲量的定义　冲量是由运动产生的一种能力，由策动者传给运动物体的，运动物体的运动与冲量同时存在。

关于冲量　冲量是策动者传给运动物体的运动效果。

冲量是策动者影响运动物体的能力。

每个效果趋于或倾向于维持长久，太阳光留在观察者眼里的印象以及钟声的效果都说明了这一点。

留在运动物体上的有关运动的印象说明了每个效果都有保持长久的倾向。

什么是冲量　冲量的别称为派生运动，它是由初始运动引起的，也就是说，这是运动物体与其策动者联结在一起时的运动。

没有人发现过，派生运动中的哪一部分的速度与初始运动相等。例如，弓弦运动的每一阶段都要损失从策动者得来的一部分能力。因为，箭的派生运动产生的每个效果总多少使其能力减少一些，就这样，原先产生的弓弦的能力也随之减少以至耗尽。

简单的冲量使箭或飞镖在空中飞行，复合的冲量使石块从吊钩抛出。

我要问，何以长矛或猎鞭的运动比手臂强，我认为，这是因为它划的圆圈更大。正如臂的运动比肘大一样，手和肘同时运动的结果是手划过的空间距离比肘划过的空间距离大一倍。所以，手能把物体掷得更远。

由此显然可见，肘所划的路径只是手所划路径的一半，其速率也慢一半。

如果把手的运动减去肘的运动，运动也同样减慢。这是正确的。

撞击有简单的和复杂的两种。简单的撞击是物体降落运动中对其目标的撞击，复杂的撞击是因为第一次撞击远远超过它第一次撞击的物体的阻力而得名的。正如雕塑家通过（手中的）凿子把他的打击传给他的大理石雕塑品一样。这种打击又分成另外两种，即简单的打击和复式的打击。简单的打击已作了充分说明，一种复式的打击如撞锤使劲落下，从较大的撞击处弹回，还引起次级的撞击而且使这种撞击在锤子的两对边形成。随着中间障碍物数目的增多，这种打击的强度也愈来愈弱，就像一个人拍打书的正面，各页相互接触，最后一页也会有轻微的感觉。

运动和撞击　如果一个人从楼梯上一级一级地往下跳，你将每跳一级产生的撞击力和重力加起来，就会发现，如果这个人从楼梯顶端垂直地掉到底下，其撞击力和重力与上面逐级往下跳的总撞击力和总重力相等。

此外，如果一个人从一定高度逐级地跳到弯成弹簧状的物体上，则他从一级跳到另一级的撞击很轻微，你会发现，此人最后一段跳落对物体的撞击与他从顶上垂直自由落下时对物体的撞击比较起来是非常小的。好像应减去上述逐级跳落对物体的撞击力之和。

每个表面坚实的球体受同样的力作用时，在冲击坚固的地面而产生的反弹运动与物体在空中自由抛落的情况一样。

你的正义是何等的令人赞美呀！你，一切运动事物的最初推动者，你绝不从任何能力取去它的必然结果的过程和属性；因为，如果一种力能将一个物体推到一百意尺的地方，当这物体在半路遇到障碍时，依然依照你的命令，这冲击的力量将引起新的运动，使得那段没走的路程被各种各样的反弹运动所代替。

如果你测量这些反弹运动的径迹，就会发现，这与相同的物体在相等的力的推动下，自由地通过空气所经历的距离相等。

为什么打击比由打击引起的运动重要，打击在受作用物体开始其进程前已完成其作用。

运动的终结产生打击，而力的消耗产生运动。

力是由运动加到重物引起的，同样，打击也是由运动加到重物造成的。

关于重力或力造成的打击和位移。

我认为，重物下降造成的位移等于力产生的位移。

承受打击的物体其直接受打击的部位和与其相反的部位所受的损害不一样大。这可证明如下，打击一个人手里拿着的石块，拿石块的手所受的损害与直接打击手所受的损害不一样大。

应经常弄清打击与受打击物体之间的比例关系。

因为用一百磅的力进行一次打击所引起的冲击比用一百万磅的力进行一次次打击所产生的冲击大得多。在你把连续撞击锤对准城堡进行撞击时，我建议你先以众人的重量将锤升高，然后像用弹射器或横弓那样弹击，可收到好的效果。

打击是在极短的时间内形成的运动的终结。因为，打击是作为打击原因的重力所造成的运动路线的终点。

若十磅的重锤一次打击，将钉钉入木内，一磅重的锤连续敲打十次也不能敲钉入木。而且用该一磅重的锤一次敲打也不能将一只仅是第一只钉十分之一大小的钉钉得更深，尽管它们的各项指标都与第一种情况成等比例。因为木块的硬度并不与其阻力成比例地减小，硬度仍保持不变。如果你想研究物体运动的比例关系，即打击的能力穿入木块的深度的关系，你应考虑撞击的重力性质和打击物体的部位。

我说，每个移动的或敲击了的物体本身在一段时间内保持着所受打击的性质或运动的性质，保持时间的长短依打击力的强弱或运动的大小而定。观察受撞击的钟如何保持着撞击引起的钟声……

观察大炮射出的石头保持其运动性质多久……

发光体的像在眼内保持一定的时间。

我认为，撞击是物体相对于阻挡物的快速运动的终结。这也是所有声音的成因，是各种物体的破碎机和转换器的根据，是次级运动结果的依据。无非是较强大的能力，而且能力随着周围情况而不断改变。

打铃留声像阳光留影和香味留在空中一样，如果要弄清楚，撞击的表象是留在铃上还是留在空气中，你可以在敲铃后把耳朵靠近铃的表面以便作出判断。打铃将引起响应，并且会激起另一相似的铃的轻微振动；古琵琶的弦线发出的声音将激起响应，并激起另一琵琶的同调弦线的振动；若将一根稻草放到与发声弦线同调的另一弦线上，就能看得清楚。

三、机 械 学

查阅实用机械学的书

先讲运动，再讲运动引起的重力，接着讲由运动和重力产生的力，最后讲撞击，发自运动和重力的撞击，而且常常由力引起的撞击。

运动和冲量的论述。

单向转动轮的论述。

论述正反转的轮。

论述关于扩大的轮。

蜗杆的论述。

磨及其他投掷机械的论述。

齿轮的论述。

应先讲杆。

再讲轮和无齿压条。

再讲轮和带索齿条。

应说明，齿轮就性质上，就运动和装配方面都是最值得称赞的。

现在，你应浏览机械学的入门书，并弄清螺旋的定义。

1. 摩擦

摩擦　摩擦可分三种：简单摩擦，复合摩擦和不规则摩擦。

简单摩擦是物体在被拖动的地方所受到的阻力。

复合摩擦是一个物体在两个静止物体之间移动时所发生的摩擦。

不规则摩擦是由不同的楔形边形成的。

关于摩擦　摩擦运动分成两种：简单摩擦和其他所有的复合摩擦。简单摩擦是物体沿着光滑的平面移动时产生的，且平面间没有任何中介物。当摩擦够强大时，就产生火——就是说，摩擦生火，把磨铁和轮之间的水除净，就能看到其间的火花。其他的摩擦是复合的，复合的摩擦又可分为两类：第一类是相互摩擦的物体间充填着稀薄的油脂性物质；第二类是引入附加的摩擦，如轮杆的摩擦。其中第一类又可分为二部分，即填入油脂性物质的和装有滚球一类的东西。

应当区分重力和摩擦对重物运动的阻力。

理由　由前面提到的事显然可知，重物沿水平方向运动，除了重物与接触面之间的摩擦之外，它本身对策动者并不产生任何其他阻力。表面越粗糙，运动越困难。

谁要是知道需用多大的重力能将一百磅的东西推上这斜面，他就了解螺旋的能力。为了准确弄清一百磅的物体移上斜坡所需重力的大小，他就应弄清楚重物运动时与之相接触的表面的性质，因为不同的物体有不同的摩擦。若有两个表面情况不同的物体，一个表面光滑且经润滑或皂洗的物体在同样光滑的表面上移动，它必定比一个受石灰侵蚀或锉粗的物体在同样粗糙的表面上移动容易得多。因此，你要了解将相等重量的物体拉上坡度不同的街道所需的力的大小，你应进行实验，确定物体沿水平道路移动时所需的力的大小，也就是确定其摩擦的性质……

物体与斜度不同的表面接触时所受的阻力的大小也不等，因为，应移动的物体若放在水平面上拖，受到的阻力必定最大。因为一切东西都放在地上，拉物的绳子不受任何作用。然而，你若要将物体拉上很陡的道路，则系绳所受的力为物体加在绳子上的全部重量减去接触面的摩擦力；还有别的更明显的道理：如果将物体沿着垂直墙往上拉，物体只轻轻地掠过墙面，物体的全部重量几乎都加在拉它的绳子上。与物体相擦的墙所受的力很小。

在长期运动中因摩擦而耗尽的事物，必有一部分消耗在运动的初始阶段。

这说明了一个道理，人们不可能绝对精确地确定任何事物。如果你要用移动圆规的一脚画一个完整的圆，必须承认上面的道理，圆规的动点在长期运动过程中将被磨损，而且整个动点必然会在一定的时间内被磨损殆尽，在一段时间内磨损一部分。初始的消耗量在极短的时间内是非常小的。

圆规的另一固定点的情况也一样。当它在圆心转动时，不仅在运动的每一阶段它本身磨损，而且也磨损着它的固定点；由此我们可断定，圆周的终端与其始端不相连接，其终端稍微偏向圆心。

2. 称衡仪器

取一支粗细和重量均匀的梁，在中心点或在其长度的等分点悬挂起来，我们叫这样悬挂着的梁为天平或秤，由悬挂点延伸的部分叫做天平臂……

关于称衡初步的书　第一，若重物，天平臂和运动倾向一样，这些重物不互移。第二，若重物引起的倾斜度相同，互移后倾斜度仍相同，则天平臂不相等。第三，若在天平臂上的重物相等，相互移动后仍平衡，则移动重物，产生不相同的倾斜度。第四，若天平臂的重量及重物的运动倾向都相同，当其附加物使其倾斜度不一样，说明重物本身不相等。

书的编排顺序如下：先写简单秤杆，再写自下支持，然后是部分悬挂，接着是全部悬挂，最后让这些秤杆承担其他重物。

论重物与推动力成比例，人们应考虑重物在其中运动的介质的阻力，写一篇有关这问题的论文。

要检查一个人对重量的性质是否有真正的理解，可问他，应在等臂天平的一臂上什么地方切割，以便将割下部分加在残余端而与相反的一臂恰好平衡。哪些事是不可能的；如果他指出某处，他就是一位拙劣的数学家。

实践在何处使称衡科学产生误差 称衡科学在实践中产生误差。实践中有许多情况既与这门科学不一致，也不能使之一致；这是因为天平秤杆的使用构成称衡科学之故。按古代哲学家的看法，秤杆是天生的数学线段，且在某些情况下是纯粹的数学点，这些数学点和线不具备物质性质。但是，实际上它们是物质构成的，实际应用上必须同时考虑天平秤杆的重量和加在它上面的待测重物的重量。我发现，古人的错误产生于对重量的估算，错误产生于他们的科学的相当大部分使用物质的秤杆，也有相当大部分使用了纯数学的秤杆。纯数学的秤杆是理想的，不是物质的。关于这错误我记述如下。

天平每臂长度的中心是其真正的重心。

天平臂指的是附属于这秤杆的重量与其支点间的距离。

在臂的中心与秤杆支点之间的距离大小作为本臂与另一臂配重体相平衡的对应重量。

内部中心线指的是从世界中心出发，形成一条连续的直线通过悬于无限空间中的重物的中心。

任何沉重物体的中心都处于悬线中心之下的垂线上。我要问，如果你把悬点选在天平臂长度中心之外，你能设想它将倾斜到什么程度。

用单线悬挂秤杆，悬点在其长度中心之外，其倾斜程度可假定为，好像要使其对边与悬线的中心垂线相合，构成两个相等的锐角或两个相等的钝角。

3. 轮轴与重量

轮绕轴转动，使近轴部分显得轻，而其他部分显得重，甚至比刚起动而还没离开其位置时重一倍。

在圆平衡中，不能靠单一的物体的重量提起比本身重的任何重物。

可用我称之为圆平衡的轮或滑轮从井里提水，加于滑轮上的力等于被提起的水的重量。

如果你的确想彻底了解滑轮组的力和作用，你必须知道，运动的物体重量或被移动的物体重量。如果你知道移动的物体重量乘以辘轳的滑轮数，其总的结果为能被运动的物体移动的全部重量。

如果你以你的体重的磅数乘以辘轳的滑轮数，得到的总数应是包括你的体重的能够提起的总磅数。

要将一小时细分成三千份，你可将钟摆缩短或加重。

当重物的附件离轮心更远些，尽管原动力没变，轮绕中枢转动变得更困难。你若将两个重锤稍微移近或移离计时中心，钟点就变得短些或长些。

事实是上提或抽拉一个物体，提拉者遇到的困难程度大不相同。一个一千磅重的物体被人简单地提起，本身显示一千磅重；若被平拉则减少三分之一；若通过轮抽拉则其省力的程度与轮的大小程度成比例，而且也随轮的数目的增加而变化。在相同的时间和动力作用下，物体可经历相同的路程，时间和动力的不同比例，也能有相同的时间和运动，要做到这一点，只有增加轮数并且装轮的轴数也要加多。

4. 螺旋

要在粗细均匀的螺旋上刻许多螺槽是非常困难的。在长度和粗细都相同的那些螺旋中，你会发现，螺纹曲线数最多的最容易移动，螺纹曲线数较少的螺旋最能承重，但最不容易移动。

维特鲁维乌斯说，用小模型确定大模型的效果是无用的。我在这里证明这结论是错误的。我着重提出的论据，与他得出上述结论的论据极其相同，就是用螺旋钻做实验。他证明，若某人用一定的力开凿一个一定直径的孔洞，之后再开一个比原先直径大一倍的孔洞，这不是仅用一倍人力所能完成的，需要更多的精力。对这问题很容易回答，用加倍的力使不动直径大一倍的螺旋钻，因为物体表面形状相似，宽度加大一倍的孔洞，其大小和能力是小孔洞的四倍。

第三章　飞　行

瓦萨里记述，莱奥纳多出于对笼鸟悲惨命运的怜悯，常常把笼鸟买来放生。买笼鸟放生的另一原因是他欣羡鸟的飞翔，这是激发他的灵感的无限源泉。他喜爱观察鸟在空中翱翔，滑行，盘旋和拍击。他随时在笔记里画下飞鸟的瞬时动作，把这些动作与飞行的昆虫和蝙蝠相对照。我们在这里也能看到有关翅膀和尾翼的结构图以及它们在转向时的协调动作。

具有深刻意义的是，他在飞行方面的研究与飞行在其中发生的介质的研究紧密结合着。空气对飞行如何反应？这为研究自然能力提供了方便，也就是研究重力、运动和冲量在四种元素中的某一元素内的作用，把它的性质与已研究过的另一元素——水的性质相对比。比空气重的物体何以能飘浮在空中并使自己在空中推进？若人类具有必需的装置将同样地凌空直上。他的设计图中有由飞行员驾驶的各种飞行机，飞行员只要用手脚操纵装配好的机翼和辘轳就能使飞行机上升和前进；还有近代直升飞机的先驱——空气螺旋桨，降落伞，测定湿度的液体比重计，方向仪以及风速风力仪。

在他专心研究飞行的时候，曾经匆匆地在笔记中记着如下的回忆：好像是命中注定要他描写飞鸢似的，因为在他最早的一个童年梦境中，他梦见一只飞鸢飞到他的摇篮边，用尾翼撬开他的嘴唇。

他1505年论著的有关鸟类飞行的附有插图的小册子，现在是都灵皇家图书馆的宝藏，最近，被放逐的皇族宣称，这小册子是他们的私产。

一、在风中和水中的运动

器械的或机械的科学是一切科学中最宏伟有用的，因为所有生物体的一切动作都要通过机械的运动来完成；机械运动的出发点在它们的重心，重心的位置在不均匀重物中央附近。机械装置的气力有大有小，有杠杆也有反向杠杆。

在你描写能飞的生物之前，先写一本有关非生物体在无风的空中降落的书，再写一本非生物体在风中降落的书。

为了掌握鸟在空中飞行的真正科学，你应先获得风的学问。我们可以从水的运动得到证明，还可通过感觉的分析来了解这科学。这将作为理解空中或风中飞行物的阶梯。

关于鸟的理论可分写四本书，第一本写关于鸟的振翼飞翔；第二本书论述借风力不拍翼的飞行；第三本书描述鸟、蝙蝠、鱼、动物、昆虫等的一般飞行和游移；最后论述运动的机理。

首先详细说明风的运动，接着描述鸟如何依靠翅膀和尾翼的简单平衡配合在风中控制方向；对于这，你应放在鸟的解剖说明之后进行。

论鸟的运动 论述这个主题时，你须在第一本书里说明空气阻力的性质，在第二本书里说明鸟及其翼翅的解剖，在第三本书里描述鸟在各种运动中翼翅的工作方法，在第四本书里描述翼翅不动时和风可作为各种运动的向导时，翅膀和尾翼的能力。

什么是冲量？ 冲量是由策动者传给运动物体的一种能力，这种能力由策动者在空气中激起的空气波保持；这是真空造成的，真空的产生是与自然规律相违背的，若在策动者前面的空气没充填真空，策动者必迫使它离开原位，而在这位置前的空气也没占据这空位，被迫离开本位，如果又没有另一批空气来填充这个排除了空气的位置……如果空气能被无限压缩，则这种运动将继续下去，直至无穷。

冲量是由策动者传给运动物体的局部运动的效果，并由空气或水保持，因为水或空气为避免真空而移动。

水中运动物体的冲量与空气中运动物体的冲量不同，不同的原因在于这些元素间的差异，因为空气可无限压缩，而水则不能。

由于水存在两种特性，其冲量也可分成两部分，即简单的和复杂的，简单的冲量完全在水面下，复杂的冲量则像小舟一样处于空气和水之间。

简单的冲量并不压缩游鱼前面的水，只使水以同策动者相等的速率往后流动；水波一点也不比它的策动者快。

然而，小舟的运动叫做复杂的运动，因为水和空气共同参与这种运动，复杂运动被分成三个主要部分，因为复杂运动在三个方向进行，即逆水、顺水和横渡，也就是渡过河宽。

每部分运动都要维持各自的航向，或者说得更确切些，每个物体在运动时，只要其中保持着冲量的能力总要维持其航向。

静水中产生的冲量与静止空气中产生的冲量的效果不同。这可从下面的事实说明，在水面下不像在空气中那样受运动着的物体的冲击而被压缩。我们也可从水中的水泡了解这一点，水中从表面到河底满布着水泡，水泡成簇地出现在水填充真空的地方，真空是鱼在水中穿行时留在身后的。水的运动冲击并驱使着游鱼，因为只当水运动时，水中才显示重量，这是使其策动者运动增强的初始原因。

风　正如流水运载着水面的所有漂浮物一样，空气挟着云团急速奔驰。

空气相对于某固定物体的运动与运动物体相对于静止空气的运动一样大。

根据水的类似情况使我可用处理空气的相同方法来处理水，正如空气对船帆的侧向阻力同时存在着水对舵的侧向阻力一样。

当重物在空中落下时，空气按相反方向运动，为了不断填充重物落下时所造成的真空，这部分空气运动的路线是弯曲的，因为当空气要按最短路线上升时，被下落的重物所阻挡，因而被迫弯曲，接着为了填充下落重物所造成的真空而升到重物之上。如果在快速下落的重物底下的空气不被压缩，则鸟不可能在它们拍击的空气上面得到支持；但在这里必须肯定，在拍击空气的物体底下的空气被压缩，其上面变得稀薄，以便填充拍击所留下的真空。

关于重力与其策动者能力相称的科学　策动者的力应经常与被移动物体的重力相称，应与重物在其中运动的介质阻力相称。谁要不是先获得受任何运动物体冲击时空气的收缩量，他就不能导出这个作用规律；而收缩浓度的大小决定于运动物体压迫空气时的速度大小。像鸟在飞行中所显示的那样，鸟翼拍打空气时发出的声音的尖锐或深沉决定于翼翅运动的快慢程度。

二、鸟翼的构造

先进行鸟翼的解剖，其次是剥去绒毛的羽毛的解剖，最后研究绒毛的作用。

你应研究鸟翼连同胸肌的解剖，胸肌是翼翅的策动者。对人也作同样的研究，以便探索人通过拍打翼翅使自己在空中飘浮的可能性。

对异议者意见的答辩　你可能说，鸟的肌腱比人的肌腱更强壮有力，因为胸部那么多肌肉的全部力量都使翼翅的运动增强，而胸骨构成一整体，从而使鸟具有很大的能力，翼翅布满着坚实的腱络和强韧的软骨带，皮肤与各种肌肉厚实地连结着。

对于这种意见的回答是，如此巨大的力量是作为应付异常情况下用翼翅支持自身的能力储备，为了逃避跟踪者和袭击捕食物，随时都需要使其运动量增大二、三倍。因此，在这种情况下，为了上述目的显得很有必要发出二倍或三倍的动力。此外，鸟在空中飞行时常用爪抓住与其自身重量差不多的捕获物；人们常能看到小鹰抓住鸭子，老鹰抓住兔子，这些情况充分显出需要消耗超额的力量，而鸟在空中停留和靠翅膀保持自身平衡，并在风道中拍打翅膀，只需要微小的力量，翅膀的轻微运动就足以导航。鸟越大，运动得越慢。

下部的羽毛阻力较小，阻力大的羽毛尖端指向鸟的尾部，因为在飞行物体下面的空气比上面的稠密，前面的比后面的密；由于飞行的需要，要求翅膀的侧端不受风的冲击，以便立即伸展，穿风飞行。因此，阻力是这样安排的，翅膀的凸出部分朝向天空。于是，当它们受到越大的风力冲击时，翅膀越合得拢，使自身更靠近底下阻力较小的地方，以避免下前方的风灌入。

鸟翼从肘到肩的低部总是凹的，其余部分则是凸的。在翼的凹部空气回旋，在凸部空气被压缩。

翼的最长羽毛是柔韧的，从这些羽毛的中心到尖端没有别的羽毛覆盖。

翼肩上的舵轮，对于鸟在空中迎着风保持平衡和静止是极其需要的。

这舵轮位于翼毛弯曲处附近，因为结实，不易弯或根本不弯。舵轮所处位置非常牢固，还长着坚韧的筋腱和硬骨，覆盖着壮实的羽毛，相互支撑保护着。

尾短的鸟有很宽的翼，翼宽弥补尾短，当鸟转向时，肩上的舵轮起到相当作用。

在鸟翼下面的筋腱何以比它上面的坚韧有力，这是适应运动的需要。肩、翼舵像汤匙一样下凹上凸，这种结构形式使鸟上升容易降落难，并能汇合阻力；当它合成锉刀形时尤其便于向前飞行。

鸟翼肩上的舵以其机敏的特点而被当作一个方便的偏转装置的直接动力，鸟在向前飞行时常常要转向的。对于飞行的鸟用翼上最小部分的直接力量转弯比用全部的力量转弯容易；鸟的羽毛细小且坚实的道理在于它们能彼此遮盖以相互增强其神奇的能力。这些羽毛植根于小而很坚硬的骨头上，通过连结翼的结实关节的筋腱控制骨头的移动和弯曲。

翼肩上的骨头的位置及运动情况和人手的大拇指相似。骨头由四条与根基等距离的筋腱包裹着，四条筋腱的作用是使骨头完成转弯和屈伸的许多动作。

我们可以说，船舵的作用是仿效鸟的尾翼的。经验告诉我们，当大船迅速航行时，转动这小舵比转动整个船身容易得多……

蝙蝠飞行时需用薄膜完全覆盖着的翅膀，因为蝙蝠寻找的晚间小昆虫用混乱的旋转逃避，而迂回起伏更增加了混乱。蝙蝠为了捕食这些昆虫，必须时而随之上下，时而倾侧其身或用其他种种方式，如果它本身的翅膀是由能让空气流通的羽毛组成的，则除了使它自己遭受毁灭之外，别的任何事也做不成。

三、游泳和飞行

相互冲击的两力以最迅猛的力迅速往后退。游泳者的手拍压水时，使身体与划水运动反向而往前游；鸟翼在空中的情况也相同。

在水上游泳的人能了解鸟在空中如何飞行。

游泳显示飞行的方法，说明最重的物体在空中遇到的阻力最大。

观察鹅足：如果鹅足总是张着或合着，它就怎么也动不了。若足向外弯，在向前游时，感受到的水多于足往回抽时，这表明重量相同的物体，较宽大的物体动得较慢。观察鹅在水上游动的情况，当它把足往前移时，足合拢，以减少水的阻力而获得速度；当足往后划时，足张开，使自身减慢，于是，身体与空气接触部分就快些。

水中的鱼游得比空中的鸟飞得快，这是为什么？照理情况应相反，因为水比空气浓重，且鱼比鸟重，鱼翅比鸟翼小，所以，鱼不像鸟在空中被骤风吹走那样，被快速的流水从其所在位置带走；我们也可能看到，在飞落的流水中，鱼非常迅速地向上游动，就像飞驰云团中的闪电那样。这情景似乎很神奇。这是由于鱼的巨大游速所造成的，鱼的运动速度远远地超过流水的速度，看起来好像水是不动的。

这情况的发生是因为水比空气浓且重，因此，比较迅速地充填鱼游离时在身后留下的真空，而且鱼所冲击的前头的水不像鸟前头的空气那样被压缩，或者更确切地说，在鱼头前激起一个波，为运动开辟道路以增强鱼的运动，因此，鱼在水中游得比鸟在空中飞得快，鸟在前头遇到压缩的空气。

人应当用什么方法学游泳。人应用什么方法能在水上停留。人在漩涡中如何保护自己不致沉入水底，若人沉到水底，如何利用反射水流游出水面，人应当如何用手臂划水推动自己向前，应如何仰游，如何能屏住呼吸长久在水里停留。

潜水艇　如何利用某个装置让许多人在水下长久逗留。我为什么不叙述怎样在不带食品的情况下，而长久在水底下停留的方法。我之所以不发表这方法，是考虑到人的罪恶品性，他们在水底下将凿破船底，在海底进行暗杀，使船与全体人员一同沉入海底；虽然，我可提供没有危险的其他特别方法，在水面上伸出一个管口以便呼吸，用皮酒囊或软木支撑。

鸟上升运动的路线有两种，一种像螺旋线那样盘旋而上，另一种为直线或曲线上升。

鸟之所以作螺旋形盘旋上升，是应付顶头风的反复运动，是逆风飞行，经常以风在其左边或右边为转移。

鸟的两翼中有一翼比另一翼受到较长时间的冲击就作环形运动前进。

若鸟不拍翼就不能迅速地降落到深处，那么，经过一定的倾斜降落之后，由反射运动而上升，像鹤那样地盘旋上升。在它们的有序的飞行路线折散时，重新聚集成群，照螺旋的方式旋转许多圈而向上升，之后，又回到原先的路线上，再按照它们最初的运动，渐渐地往下降落，接着又聚集成群，旋转上升。

当鸟在北风中向东飞行时，若它的左翼在风的上面就会被翻转，除非在风吹来时将其左翼置于风的下面，或经过这样一些变动，在风的下面朝向东北运动。

鸟为什么能独自停留在空中　空气在运动物体的快速冲击下其内部受到较大程度的压缩……

大气是一种能被压缩的元素，当某些物体以比大气本身更大的速度移动时，大气受到冲击而压缩，使其他部分的空气内形成云团……

当鸟觉得自己在风中时，用不着拍击翅膀就能在空中停留，因为它能完成相对于空气不动的功能。空气的运动能支撑静止的鸟翼，空气静止时，鸟则扇动翼翅支撑自己。

吹过山巅的风变得迅猛稠密，远离山巅的风显得稀薄缓慢，像水从狭窄的河道流入辽阔的大海那样。

在鸟从低速气流进入高速气流时，就随着气流飘荡，直到自身产生一种新的帮助……

鸟用力击风飞行时，长时间地拍打着双翼倾斜着身躯，经过一阵拍打之后，肌体各部分紧缩而且降低。如果鸟的倾斜度不大，容易被风翻转，它应处于能经受下面任何横向风冲击的位置。然而，当鸟受到风的横向袭击而处于被翻转的位置时，就将上翼合拢，立即使其身躯转向地面，若合拢下翼，立即被翻倒过来。

风对鸟施加相等的力就像楔形体举重那样。

自然使所有大鸟在高空停留，增强飞行的风可能是笔直的强大的。如果鸟在山间低空飞行，风在山间旋转，长久地卷成漩涡，在这里鸟找不到任何避风的地点，在狂风中被压入山凹，也不能用巨大的翼翅引导自己，摆脱与悬崖绝壁和巨树相撞的危险。这不是常常使它们遭受毁灭的原因吗？然而，在高空无论什么时候，由于某些偶然事故，风怎么样翻腾，鸟总能及时地完全自由地进行飞行调整，以确保安全……因为，一切事物的开端常常是伟大成果的原因，所以，我们能看到舵轮的一个微小的、几乎觉察不出的运动，就能调转满载货物的巨轮，而且，大量的水压住它的每支支柱，狂风顶着风帆。因此，我们可以肯定，那些不扇动翅膀的鸟能在风道上停留，翅膀或尾翼的轻微运动能使它们飞得比风高，或比风低，完全能避免坠落。

在离地面等高的上空迅速飞行的鸟向下和向后拍打着翼翅；向下拍为了防止坠落，向后拍是要以更快的速度向前进。

鸟飞的速度由尾翼的张开程度校验。

鸟用尾翼的扩展来改变各种方向。

鸟作减速运动时，就将尾巴扩张和降低，同时完全伸开翅膀。当鸟降近地面而且头比尾低时，就将尾巴降低并张得大大的，同时急促地扇动翅膀，结果使头比尾高，飞行速度改变，确保安全着陆。

许多像鹊一类的鸟在上升和下降时，都迅速地拍动翅膀。

有些鸟拍动翅膀的习惯是下降时拍得比上升时快，像鸽子一类鸟就是这样。另外一些鸟拍动翅膀的习惯是下降时拍得比上升时慢，像乌鸦一类鸟。

老鹰和另外一些鸟在寻找空气流时只轻拍翅膀，风在高空吹时，它们飞得更高，风在低空吹时，它们飞得更低。若空中无风，老鹰在飞行时翅膀的拍打更频繁，用这种办法升高，获得冲量，借获得的冲量渐渐地降落一段很长距离而不拍动翅膀。当它降下后再重复上述动作，就这样接连地发生着。这种不拍打翅膀降落作为它在空中恢复拍翼疲劳的一种方法。

所有以突然拍打翅膀升空飞行的鸟在下降时都保持不动，在下降过程中它们都不拍打翅膀。

降落中的老鹰往右转，头朝下钻入空中，迫使尾巴尽量偏到它将转入的反方向，然后迅速地偏到它要转入的方向，鸟的路程的改变与尾巴的偏转相对应——像船舵一样，船舵偏到船要转的反方向。

迎风停留在空中的鸟本身有一种趋向降落的能力，在冲击它的风中有另一种抬高它的相似能力，若这两种能力相等，势均力敌，鸟既不升也不降，只稳定地停留在空中的位置上。

鸟在迎风移动时是怎样飞的 鸟迎风移动时，它的飞行不是为了飞得更快，只是为了减少疲劳，它为此轻拍翅膀以便从底下倾斜地进入风中，然后倾斜地使自己处于风道上，风从下面像楔形物那样吹向鸟的倾斜躯体，把它往上抬，直到获得的冲量耗尽，以后，鸟再降到风下……接着，再重复上面提到的反射运动，一直到重新到达原先的高度，就这样接连地重复着。

鸟为什么很少顺风飞行 鸟很少顺风飞行是因为风包围着鸟的躯体，吹散背上的羽毛，冷冻着它裸露的肌肤。但最大的缺点是它不能以倾斜的形式降入风中，除非它逆向飞行，才能借风力被抬到原先的高度，但这将延迟飞行。

鸟在飞行中翅膀上的羽毛张得越开，飞得越慢，这是遵从下述规律的：越宽的物体显得越轻。

鸟翼伸得越开鸟越轻，反之，若鸟翼合得越紧鸟越重。蝴蝶下降时就进行这样实验。

鸟要往上飞时拍打着翅膀，将肩抬高，使翼尖拍向本身，到达翼尖与胸部之间的空气凝结，空气的压力把鸟往上推。

鸟拍着翅膀要转向左右时，在要转向的一边的翅膀拍得慢些，于是，在拍得快的一翅推动后，鸟迅速转弯。而对边翼下产生反射运动。

鸟迎风飞行时，它的进程将是一条指向地面的斜线，在风的下面开始……如果鸟想升到风上面的一定高度，它将保持着我们在前面谈到过的，在降落时获得的足够动力，借助于由此得到的速度，降低尾巴和翼肘，提高舵，鸟就能飞入风上面……

蝴蝶一类的昆虫用四翼飞行，后翼比前翼小，前翼部分地覆盖着后翼。

这类昆虫都有直线飞高的能力，当它们往上飞时，前翼抬得比后翼高得多。只要保持着这种状态，向上的推力也就保持着；当它们放低飞翼时，大的连着小的，在它们下降时再获得新的推动力。

Pannicole 用四翼飞行，在飞行时前翼提高、后翼降低。

每对飞翼必需足以支撑全身重量。

一对飞翼提高时，另一对飞翼降低。

为了观察四翼昆虫的飞行，请到壕沟去，你将在那儿看到黑的“pannicole”。

如同动物从这一元素钻入另一元素。

这笔记里附着一只转动尾巴的飞行绿鳍鱼的素描，它在从水面飞入空中的位置张开着四翼。在同一页上，还有蝴蝶、蚁狮、蝙蝠的素描，这些动物都张开着飞翼。

四、飞 行 机

人的天才能作出各种发明，包括同一目的的种种仪器装备；但是，从来未曾有过比自然更精美，更经济，更直接的任何发明，因为自然的产物既没有任何缺乏也没有任何多余。

鸟就是一架遵照数学规律进行工作的机器，人类有能力仿造具有鸟的各种机能的却不那么结实的这种机器，虽然，只在维持平衡能力方面有欠缺。因此，我们可以说，人类创造的这种机器除了鸟的生命之外，别的机能样样齐全，而这种生命必须以人的生命仿真。毫无疑问，存在于鸟内各器官的生命是服从它本身的需要，这是人的生命所难以替代的，因为人的生命与飞行机器各部件相分离，尤其是那些保持平衡的几乎很难觉察的运动。然而，由于我们看到，鸟配备着许多种灵敏的运动器官，我们能从这些经验中推导出为人类的聪明才智所理解的这些最明显的运动，他能最大限度地防止以他自己的生命和准则创造的这种机器的毁坏。

物体给予空气的阻力与空气给予物体的阻力相等。试看，沉重的老鹰能用它的双翼拍击空气，在靠近火元素层的稀薄空气上面盘旋，我们还能看到，掠过海面的空气鼓起风帆，推动着满载货物的船只。

由这些例子和已知的理由可以断定，人类只要有巨大的飞翼并能充分地克服空气阻力，他就能排除障碍而扶摇直上。

如果一个人能有一支十二意尺宽十二意尺高的布伞，他就可从任意高的地方跳下而不受损伤。

一个在飞行机里面的人腰部以上的身体应保持自由，才能像在小船上一样使自己维持平衡。这样就能使人的重心与机器的重心相互补偿，通过阻力中心的改变，以满足移动的需求。

请记住，你设计的鸟正应模仿蝙蝠，因为蝙蝠的薄膜作为骨架，或者说是作为骨架的连结，也就是翅膀的骨架。

倘若你模仿有羽毛的鸟翼，这在结构上更加强而有力，因为这样的飞翼能穿风，也就是羽毛被分开让风穿过。蝙蝠则用薄膜把飞翼连成一体，空气穿不过。

解剖蝙蝠，仔细研究，照蝙蝠的模型设计飞行机。

假定有一个像鸟的物体停在空中，它的尾翼可转过不同的角度，你可据此推导出一条普遍的规律，像鸟那样由尾翼的偏转引起鸟的各种盘旋运动。在各种运动中，运动物体的最重部分常是运动的先导。

根据飞行体的四个主要功能部件，将它的原动机的机能分成四种，按照飞行体各种运动的支配，原动机的四种机能可同等和不同等运用，也可完全同等地运用，或完全不同等地运用。

若四种机能同等地运用，飞行体作规则运动。

若四种机能连续均衡地不同等运用，飞行体作盘旋运动。

我所描述的这架飞行机须得风力而安全地飞上高空。即使发生我上面所说的各种旋转运动，只要各部分有足够大的阻力，它仍来得及重新回到平衡位置；所以，这架飞行机在我说过的防护措施帮助下，能确实地排除坠落的猛烈冲击。飞行机的各个关节由鞣过的皮革制成，传动装置则由结实的生丝绳制成，保证在关节磨损而突然损坏时，人不受钢带的损伤；由此可见，人不受罪，飞行机是很理想的。

第四章　艺　术

一、画家的学习课程

莱奥纳多的《绘画论》笔记可整理成下面几个题目：学生应了解眼睛是如何起作用的；如何使物体的形状、大小和隐退与其所处位置相协调；光在这些物体表面的作用如何显示物体的上述特点；他还应研究事物的构造和生命。他必须透彻理解这些基本问题以便建立一种合适的风格和精神。

1. 眼睛和事物的外貌

我们如何观察自然，应如何正确地分析我们的观察？这是画家和科学家的首要问题。

人通过感官，主要是视觉器官感受自然。绘画艺术植根于视觉过程。视野由视线传入眼里。画家应分析这经验以便将眼睛看到的形象再现在画面上。画家的画应是感觉的窗口，通过这个窗口我们就能了解周围世界的轮廓。

莱奥纳多借透视科学达到此目的，透视科学给人们提供了一个将包含众多事物的三维空间表现在二维平面的数学方法。这个方法不仅满足逼真的要求，而且给人留下和谐匀称的美感。

（1）五官

古代思辨家认为人的判断力是受某个机构支配的，这是个联系着五官和知觉器官的机构，通常称为“感官通汇”。采用这个名称只因为它是其他五官即视觉器官、听觉器官、触觉器官、味觉器官和嗅觉器官的共同裁判者。“感官通汇”受知觉器官的刺激，知觉器官则处于“感官通汇”和五官之间。五官把感受到的外界事物的形象传给知觉器官，使它工作，五官则位于外界事物与知觉器官之间的表面……

外界事物的形象传给五官，五官将此形象传给知觉器官，再由知觉器官传给“感官通汇”，事物的形象就保留在记忆中，按照事物的轻重缓急而或多或少地保存着。反映最快的最靠近知觉器官的感官是眼睛，眼睛是其他感官的主导。为了避免篇幅冗长，我们只论述眼睛而不讨论其他感官。

经验告诉我们，眼睛认识到物体的十种不同性质，其中明和暗，显得比其他性质更突出，其他如颜色和实体，形状和位置，远和近，动和静等则显得较次要。[①]

五官何以是灵魂的总管　灵魂明显地寓于判断之中，而判断则明显地寓于所有感官会聚的“感官通汇”的地方；正如许多人所确信的那样，“感官通汇”只是所有感官会聚的地方，它

① 此理论来源于亚里士多德的《灵魂》。

并不遍及全体；若不然，则各个感觉器无需交汇于一特殊点；只要眼睛将其感知的印象调节在表面就够了，用不着通过视神经将事物的形象传到“感官通汇”，灵魂就能在眼睛表面充分了解事物的形象。

听觉器官的情况也类似，只要声音在耳内软骨上拱形鼓膜回响，不必由此振动膜经由另外通道传给“感官通汇”，就能对声音作出一般的判断。

味觉器官依赖于这个相同的判断是理所当然的。

触觉通过多孔腱传到同一地方，多孔腱有无穷多分支伸到皮肤内……它将外界的刺激和感觉传给干支，干支在肌肉间穿过，它们的运动受筋肌支配，肌肉隆起缩短牵引着神经，使它们随之收缩。神经纵横交错遍布于肢体之中，一直延伸到手指尖，触觉的效果由此传给“感官通汇”。

神经及其肌肉对多孔腱的作用如同士兵对班长。多孔腱与“感官通汇”的关系就像班长和长官的关系，而这个“感官通汇”对于灵魂，就像长官之对于君王一样。

因此，骨头的关节服从神经，神经服从肌肉，肌肉服从多孔腱，多孔腱服从“感官通汇”，而“感官通汇”是灵魂的住所，记忆则是其监护者，而且接纳影响的能力可作为鉴定的标准。

应当是感官如何侍候灵魂，而不是灵魂侍候感官，问题在于灵魂要是没有感官这个总管，灵魂的生活中就缺乏感官作用的本源，他就像一个天生的聋哑人或瞎子。

画家应研究眼睛的十大功能　绘画涉及眼睛的十大功能，那就是阴影，亮光，体积，颜色，形状，位置，远，近，动和静。我的小著作将把这些功能交织在一起，并提醒画家按照什么规律和什么方式在他的艺术中模拟这一切事物，描画自然的作品和世界的风采。

（2）眼睛

眼睛是心灵之窗，是人的主要器官，人依靠眼睛才能最全面最广泛地认识大自然的无限作品。

你可曾知道，眼睛包容着整个世界的美？……眼睛评审和校正人类的一切艺术……它是数学的王子，建立在它上面的科学是绝对正确的。眼睛测出星星的大小和距离，发现了元素及其处所……它产生了建筑学、透视学和神妙的绘画艺术。

多杰出的眼睛呀！你超越于上帝创造的其他一切事物！该怎样公正地赞颂你的崇高？世界上什么样的民族该用什么样的语言才能完全描述你的功能？眼睛是人体之窗，透过这个窗口人类享受着世界的美。只因有了眼睛，心灵才安于留在躯体的牢笼中，没有眼睛，这个躯体的牢笼是扭曲的。

伟大的必然性是多么的神奇呀！你以最高的理性迫使一切效能都成为原因的直接结果；你以最高的不可抗拒的规律使每个天然的行动服从你的最短的可能过程。谁能相信在如此小的空间里容纳着宇宙的所有形象？啊，伟大的过程！要有多高的资质才能有效地深入探索这样的自然奥秘？要有多好的口才才能说明如此伟大的奇迹？肯定没有！正是这个神奇的必然性引导人们推想非凡的事物。形状、颜色和宇宙中每一部分的形象都在这里聚成一点。这是什么点，它如此奇特？多么神奇多么伟大的必然性——你强使一切效能遵从最短路程的规律，成为原因的直接结果。这是多么令人难以思议……混聚在这么小的空间里形体已经消失的东西能够展开重新创造重新组合。在你的解剖学里，眼里的所有透镜的直径与从这些透镜到眼球晶状体的距离二者是多大的比例。

人们借以映现世界美的眼睛的特点在于凡是失明的人都不能亲自描述自然的所有作品。心灵甘于禁闭在人体内，我们应感谢眼睛使我们能看到自然事物，自然的各种事物都经由眼睛呈现给心灵。谁瞎了眼，他的心灵就被禁锢在黑暗的牢笼里，再也看不到太阳，看不到世界上的光明；黑夜哪怕极短暂，也是令人憎恨的；若黑暗陪伴人生真不知如何是好。

大气里遍布着无数物体，这些物体的无数形象充满在大气中，这些物体的无数形象映现在所有物体上，所有形象映现在一个物体上，所有形象映现在每一个物体上。因此，若把两面镜子面对面地放着，第一面镜子将映现在第二面镜子中，第二面镜子也映现在第一面镜子中，显然，映现在第二面镜子中的第一面镜子也显示着它自身的像以及一切映现在其中的像，其中也包括第二面镜子的像，这样继续地从像到像，以至无穷，使每一面镜子里都有无穷多的镜子，一个比一个小，一个套着一个。这个例子明显地证明，每一个物体都把它的像传送到所有能看到它的地方，反之，这个物体能够接受所有对着它的物体的形象。

由此可知，眼睛通过空中把它自己的形象传给所有对着它的物体，同样地，眼睛也能在自己的表面上接受所有对着它的物体的形象，由此，“感官通汇”将物体的形象收集起来，加以分析处理，将中意的形象纳入记忆中。

所以，我认为，正如物体的形象投射到眼睛上一样，眼睛里形象的无形力量能把它们自己的形象投射到物体上。

如果把若干面镜子摆成环形，这些镜子相互映现无数次，就可作为说明一切物体的形象怎样通过大气扩展的例子。当一面镜子的像到达另一面镜子时，它必被反射回到像源，变成较小的像再反射回来，如此往复反射无数次。

在夜间，如果你把灯光放在两面相距一腕尺的平面镜之间，你将会看到在每面镜子里都有无数灯光，而且相继地一个比一个小。

在夜间，如果你将灯光放在房间的墙壁之间，墙壁上的每一部分都会染上灯光的像，并且，直接暴露在灯光中的各部分都被照亮……这情况在阳光传输过程中表现得更为明显，阳光透过一切物体，照到每个物体的最细小部分，每条光线都把光源的像传给它的对象。

这些例子证明了下面的论述：每个物体单独地把它自己的像充满于周围空气中，而这同一空气能够同时容纳空中的无数其他物体的像；整个大气里能够看到每个物体的全部和每个物体的最微小部分，所有物体遍布于整个空间，所有物体都在整个空间的每一最微小部分；每一部分在全体中，全体在每一部分中。

若眼前的物体将自身的像传给眼睛，眼睛也能将像传给物体。同样，在物体前面，发自眼睛的像不会有任何部分的损失，不管这损失是由于眼睛的原因，或是因为物体的缘故。因此，我们与其相信吸引和摄取大气里物体的像是透明大气的能力和性质，倒不如相信，在空气里传递自身的像是物体的性质。若眼前的物体将它的像传给眼睛，眼睛也同样地将像传给物体，由此看来，好像这些像具有非本体的本领一样。若果真如此，则每个物体必定迅速变小；因为每个物体以其在眼前大气中的像表现出来，也就是整个物体映现在整个大气中，所有物体映现在部分中，可以说，大气本身能容纳各个物体发射的像的直线或辐射线。因此，我们必须承认，在物体中间的大气具有和磁铁一样，能把其中所有物体的像牢牢吸住的性质。

证明放在某一位置的所有物体，存在于各个地方，且所有物体存在于每一部分。

我认为，如果在一个被阳光普照的建筑物前面的开阔地，或某个广场或田野上，有一所住宅，如果你在这住宅的前墙上背着阳光的一面开一个小圆孔，所有被照亮的物体都把它们的像传过这个小圆孔，而在住宅里与小圆孔相对的白墙上能看到所有物体上下颠倒了的像，你若在同一墙上不同位置开几个相似的圆孔，从每个小圆孔都能得到相同的结果。

因此，亮物体的像存在于这墙上各处，而且墙上最细微部分也存在着各物体的像。我们很清楚，理由是一些光线通过这个小圆孔进入上面提到的住宅里，而进入住宅里的光线是从被照亮的一个或几个物体发出来的。若这些物体的形状和颜色都不同，构成像的光线也有各种各样的形状和颜色，在墙上映现出来的也将是各种不同的形状和颜色。

眼睛白色中心上的光圈就其本性而言是与认识的物体相适应，在同一光圈上有一看上去像黑色点，是受神经支配的瞳孔，这是接受外界印象的地方，“感官通汇”获得印象作出判断。

眼前的物体发射像的射线就像许多射手用卡宾枪射击目标那样，其中有一个射手发现他自己的目标与卡宾枪膛在一直线上，就像箭一样地指向目标。对着眼睛的物体的情况也一样，那些与感受神经成一直线的像线，将更直接地传到感官。

围绕眼睛黑色中心的透明液体的作用像打猎场上的猎犬，只帮助猎人捕取猎物。由知觉器官引出的液状体只感受到事物而没有把握住事物，它只把物像迅速地转移到与感官方向一致的中心光束中，这就抓住物体的形象并随意把获得的物像限制在记忆的封闭体中。

所有物体一起而且各自把它们的无数形象发散到周围空间中，散布到整个空间以及空间的每一部分，每个像传播着产生它的物体的形状色彩和性质。可以清楚地证明，所有物体将表征它们的本质、形状和色彩的像充满于大气中的每一部分；许多各种各样的物体的像通过一个小孔，各条光线在小孔相交，使物体发射的锥形倒转，因此，在小孔对面的黑暗平面上映现上下颠倒的物像。

一个实验表明，物体传送其图像时，如何在眼内晶状体相交。

亮物体的像通过某个小圆孔进入一间很暗的房间时的情况，就能说明上面的问题。你可在暗室里靠近小孔处放的一张白纸上看到物体的像；看到的物像与物体原来的形状、色彩相同，只是小一些；正因为光线相交，才使所成的像上下颠倒。这些从阳光照耀的地方传来的像可在一张极薄的纸背面看得很清楚，仿佛是直接画在纸上的。开孔的铁片应很薄。

设 abcde 是被阳光照亮的物体，or 是暗室前面，在这面上开有小孔 mn，st 为遮住物像光线的薄纸片，由于发自右边 a 点的光线直接射到左边的 K 点，发自左边 e 点的光线直接射到右边的 f 点，所以像是颠倒的。眼睛瞳孔也发生同样的过程。

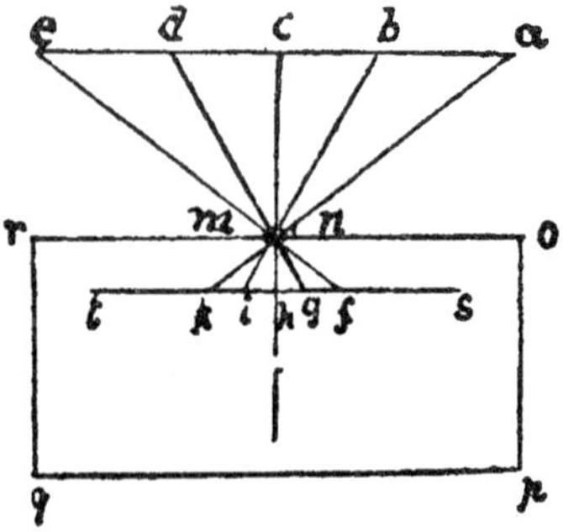

必然性使眼前一切物体的像相交于两个平面，一个相交于瞳孔，另一个相交于晶状体，如果不是这样，眼睛所看到的那么多物体，就不可能和物体的实际情况一样……任何物体的像，即使是很小物体的像，进入眼里都上下颠倒，但当它进入晶状体时，再倒转一次，使眼内的像的正倒恰好与眼外物体的实际情况相同。①

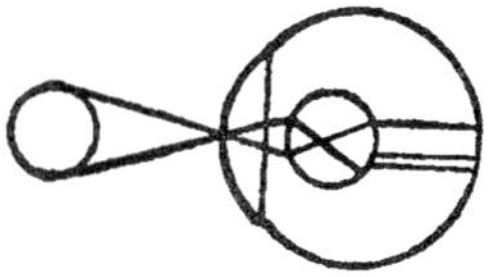

眼睛本身以视线发射视力是不可能的，因为，眼睛一张开，则产生这种放射的眼前部就应看到物体，这是需要时间的。事实果真如此，视线的传递速度达不到阳光那么高，眼睛要看到太阳需要很长时间。如果视线的速度达到阳光的速度，则必然得出如下结论：视线必将永久地停留在从眼睛到太阳之间的连续线上，而且，在眼睛与太阳之间总应形成一个以眼睛为顶点，以太阳为底的扩散

① 在视网膜上所成的像是上下颠倒的，经大脑的生理作用（不是透镜）颠倒回来，使我们看到的事物是正的。此图中，莱奥纳多却错误地认为是眼球中心的一个球形透镜所起的作用。

的锥形体。情况既是这样，若眼睛看到世间万物，视力在发射过程中难免会消耗；如果说，视力像香气一样在空中传播，风会改变其传播方向，把它吹到别的地方去。但是，事实上，我们看到整个太阳与看到一意尺远的物体同样快，视力既不受风吹的影响，也不受任何别的偶然原因的干扰。

我认为，视力借视线伸至不透明物体表面，而这些物体的能力也伸至视力。同样，每个物体将其像充满于周围空间，各自单独地和整体地充满周围空间；它们不仅将其外形充满周围空间，而且也将它们的能力充满周围空间。

例子　太阳高悬中天时，你能看到它显示的外形，也能感到它的辐射和热的辉光。所有这些能力借辐射线从同一源泉发射出来，辐射线发自本体终止于不透明体，并不引起源泉的任何衰竭。

反驳　那些数学家却争辩说，眼睛不能发射精神上的能力，因为这不可能不大大地损伤视力，所以，他们坚持，眼睛只接受而不放出任何东西。

例子　麝香总使其周围大量空气充满香气，若携带麝香远走千里，也能使千里空气弥漫着麝香的芳香，而麝香本身并不消蚀。对于这事实，他们将作何解释？

他们又将如何说明，钟锤敲钟，使整个乡间天天钟声回响，这口钟却未必有任何损耗。

按这些人看来，似乎这是理所当然的——够了！乡下人不是常常看到一种半人半蛇的吸血怪蛇用像磁铁一样的目光注视着夜莺，使夜莺唱着哀歌走向死亡吗？……人们常说，少女的目光具有吸引男人爱情的能力。

（3）透视

透视是绘画的缰和舵。

绘画以透视为基础。透视学正是研究眼睛功能的全面知识。眼睛的功能只在一个锥形体中接受眼前一切物体的形状和颜色。我之所以说在一个锥形体中，是因为没有任何物体比锥形体入眼点小。因此，若沿着每个物体的边缘引出直线并使这些直线会聚于一点，这些直线必定构成锥形体。

透视学有三个主题：第一个主题称为缩形透视，主要研究物体退离眼睛时表观变化的原因；第二个主题探讨物体的颜色随离眼远近而改变的方式；第三，也是最后的一个主题，阐明物体的轮廓何以愈远愈模糊。我们可以分别称之为线透视、色透视和隐没透视。①

绘画科学研究物体表面的各种颜色和物体的形态，研究物体的颜色和形态与远近的关系，研究物体随着距离的逐渐增大而表观变小的程度；绘画科学是透视之母，是视线的科学。透视分为三部分：第一部分只研究物体的外形变化，第二部分研究物体色调随距离的变化，第三部分研究物体的清晰度随远近的变化。只研究物体边界和线条的第一部分称为素描，也就是

① 在近代绘画中，这三者中的后二者分别称之为“明暗配合”和“蒙包”。

研究任何物体的外形。由此产生另一门研究光和影的科学，也叫做明暗对比法，这有待于进一步解释。

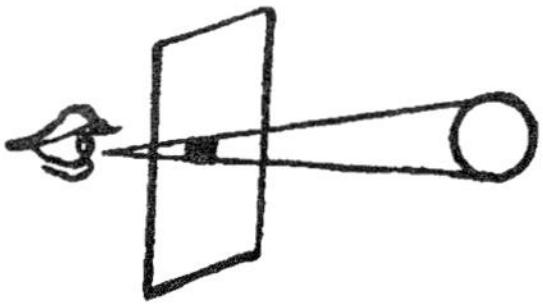

透视无非是透过一个光滑而透明的玻璃片对后面某一地点的观察。在玻璃片上可描下它后面所有物体的轮廓，物体都以锥形体趋近眼睛，这些锥形体都与玻璃平面相交。

将一张不很透明的纸放在物体与灯光之间，你就能画得很好。

每个有形体就其对眼睛的作用效果来说，包括三方面，即主体、形状和颜色；在较远的地方主体比颜色或形状容易分清，而且，在较远的地方颜色比形状容易辨别，对于发光体就不能应用这规律。

几个大小相等的物体中，离眼最远的物体显得最小。

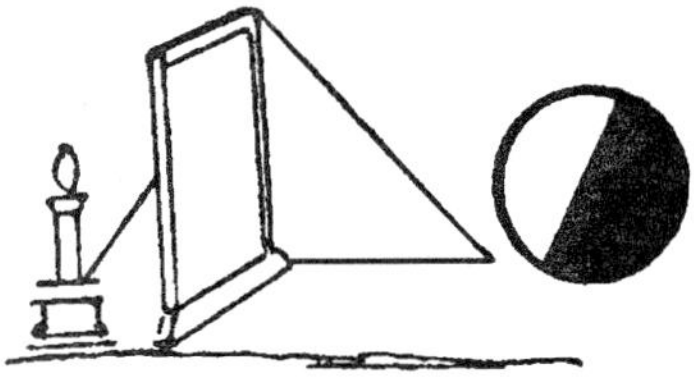

晚上，画物体浮雕的方法

大小相等色调相同的几个物体中，最远的物体显得最亮最小。

大小相等的几个物体与眼睛的距离相等，被照得最亮的物体看起来最近最大。

在等深的阴影中，最近的阴影，看起来最浅。

介于黑色物体与眼睛之间的明亮大气层愈厚，黑色物体显得愈蓝。由天空的颜色可看到这一点。

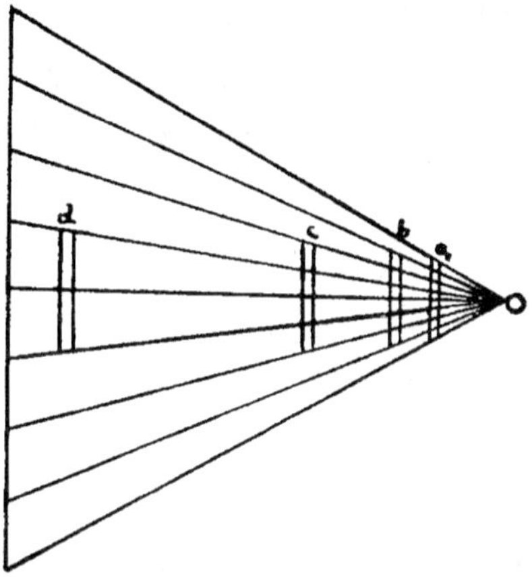

透视

我要求把我的论断作为公理，在密度均匀的空气中，每条光线从光源到被照射的物体或地方，按直线传播。[①]

空气里充满着无数相互交织着的直线和辐射线，从不发生直线之间的相互占据情况，这些直线各自表征着产生它们的物体的真实形状。

大气里充满着其中物体产生的无数辐射锥形，它们彼此交叉混合却不相互干涉，各自独立以收敛的形式通过周围大气。

〔参看 R. No. 85 图〕[*] 垂直平面用铅垂线表示，并设想垂直平面放在锥形会聚线条相汇的公共点前面。这个平面与该公

① 与欧几里德《光学》第一原理相一致。
* 此处原书未附图。——译者

共点的关系类似于玻璃平面，你可将透过玻璃平面看到的各种物体画在玻璃片上，玻璃片上所画的物体比原物缩小的程度等于玻璃片和眼睛的间距与玻璃片和原物的间距之比。

两匹马沿着平行轨道奔向同一目标，若眼睛向着轨道的中间看去，就会觉得好像两匹马越跑越相互靠拢似的。这正如我们说过的那样，是因为映入眼睛的马像移向眼睛瞳孔表面的中心所致。

关于眼里的点就更容易理解，如果你注视别人的眼睛，就能在别人的眼里看到你自己的像。设想从你的两耳开始引出两条直线直达你所看到的在别人眼里的你自己的像的两耳，很容易想象，这两条直线将延伸会聚在别人眼里映现你自己的像背后不远的地方。

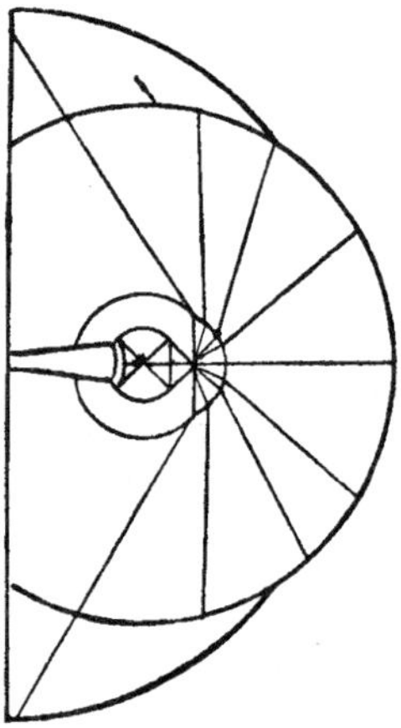

〔参看 R. No. 57 的图〕* 如果你要测量物体与眼睛间的空气中锥形减缩状况，你必须按照下图所示的方法进行。设 mn 是塔，ef 是一支杆，将杆前后移动，直到杆的两端与塔的两端对齐，然后，将杆移近眼睛，到 cd 位置，你会觉得塔像似乎小了，如同在 to 处，再让杆更靠近眼睛，就会看到杆长远远超过塔像……这样，不断地把杆移向眼睛，你会发现，在

* 原书未附图。——译者

不长的一段距离内，塔像渐渐缩小，最终会聚成一点。

所有线条中只有一条到达视力的线不相交，这条线几乎是没有大小的，因为这是从没有大小的数学点发出的数学线。

〔参看 R. No. 56 图〕* 设 ab 为垂直〔图〕平面，r 终止于眼睛的锥形点，n 为总与眼睛径直相对的减缩点，这个点总随着眼睛的移动而移动——像影随杆动一样，更确切地说是形影相随。这两个点的每一点都是锥形体的顶点，两个锥形体的公共底面在两点间的垂直平面上，尽管它们的底面相等，锥角却不相等，因为减缩点是较小张角的终端，这个张角比同底锥体在眼睛张角小。如果你问我，你能用什么实际事实给我指明这些点？我的回答是——谈到那个与你一起移动的减缩点——当你走过犁过的田地时，请注意那些笔直的犁沟，这些犁沟一头连着你正走着的小路，你还会看到，一对对犁沟仿佛离你越远越靠近，并在远端会聚……

2. 物体表面和光

就绘画艺术而论，物体表面的描绘是与空间几何有密切关系。大家认为，表面是没有实质的几何面，而且，欧几里德基本原理所定义的点、线、面可应用于表面。

此外，物体的颜色和位置由光线显示，光线从光源以锥形辐射出来，锥形的底在物体，光线从不同的角度投射到物体上，好像驱赶着周围的黑暗；物体在光影交错中显现出来。

莱奥纳多擅长于表现明暗的层次，他是明暗融和的首创者。根据他对于明暗对比、反光、色彩调配和光彩的兴

* 原书未附图。——译者

趣以及他对大气效应的细致观察，他还会被认为是印象派艺术家的先驱，在他那个时代，太阳光谱的原色理论虽然还没建立，对他们的影响却相当大。

他的绘画论充满着他对自然形成的构思。红、蓝、绿、黄四种原色是与火、气、水、土四种元素相联系的，物体在空间被包围的情况与各元素间相互接触的情况相似。

（1）几何基础

不是数学家请勿读我的基本著作。

绘画科学由点开始，其次是线，再次是面，最后是由面覆盖着的形体。这是就物体的描绘而论。实际上，绘画未曾超出面，正是借显著形体表面来表现。

点是没有中心的，它既无宽度、长度，也无厚度。点的运动形成一定长度的线，线端为点。线既无宽度也无厚度。线的横向运动形成具有广延性的面，面的边极为线（面无厚度），面的侧向运动构成具有一定体积的物体，物体的间界是面，由面的侧向运动构成具有厚度、宽度和长度的体积叫做形体。

1. 面是体的极限。2. 体的极限不是体的任何组成部分。3. 不是任何物体的组成部分的东西是没有用的。4. 没有用的东西是不占据空间的。一个物体的极限是另一物体的始端。

一个物体的极限面是另一物体的初始。两个相邻物体的界面是可互换的，像水与空气的邻界面那样，没有任何一个物体的极限是这个物体的组成部分。

物体的边界是它们的边界面的边界，边界面的边界是边线，边线既不是边界面大小的组成部分，也不是环绕这些边界面的大气的组成部分。正如几何学所证明的那样，不成为任何事物的组成部分的东西是不明显的。

一个物体同另一个物体之间的边界仅仅具有数学线的性质，不是画好的线，因为一种颜色的终端是另一种颜色的始端——边界是不明显的东西。

空虚的空间起始于物体的尽头。物体起始于虚空的尽头，虚空起始于物体的尽头。

点无中心，点本身就是中心，没有任何东西比点小。点是最小的。通常认为点是不可分的。点没有部分。点的终极是虚无，而线有共同之处。虚空和线之间不存在任何空间，既非虚无亦非线，因此，虚空的尽头和线的开头是相互接触的，但它们并没连结在一起，区分它们的是点。……

由此可知，许多点顺序连接并不组成线，同样，许多线沿边顺序连接也不构成面，许多面顺序连接也不构成体。因为，在我们的物体中间，不存在非物质的东西。

液体与固体的接触面为液体和固体所共有，同样，稠的液体与稀的液体间的接触面也是它们的共有面。两种物体的接触面并非两种物体中任何一种物体的组成部分，仅仅是它们的公共边界。

因此，水的表面既不是水的组成部分，也不是空气的组成部分。……那么，是什么东西把空气和水分开呢？这必须是共同边界，这个共同边界既不是空气也不是水，只是非物质的……有第三个物体插在两个物体之间，把两个物体隔开，但在这里，水和空气的接触是在它们之间没有任何插入物的情况下发生的。所以，它们是连结在一起的，没有水的衬托显不出空气动，不画水流过空气，水就不能突出。所以，一个面是两个物体的共同边界，它并不构成两个物体中的任何组成部分，否则，它将是可分的整体。但是，表面是不可分的，虚无使这些物体相互分开。

圆柱体的外形为圆柱，是两平行平面截圆柱面所围成的立体。通过圆柱体两端圆面中心且贯穿柱体的直线，古人称之为轴。

命题 每个物体由一个极限表面包围。

每个表面充满着无数点。

每点发出射线。

射线由无数分开的线组成。

物体表面上各点与由此发出的所有直线的交点构成圆锥体。每个锥体的顶点是物体全部或局部发出的直线的交点。所以，由顶点可以看到物体的全部或局部。

物体间的空气布满着由物体辐射着的形象的交叉。

形象及其颜色以锥体的形式从一处传到另一处。

每个物体通过射线将本身的无数形象充满于周围空气。

每点的像寓于由这点产生的线的每一部分和全部。

一个物体的每一点可以结合整个底的其他点类比。

每个物体可作为无数锥体的底，同一底可作为朝向各方的和不同长度的无数锥形体的源头。

每个锥形体的点本身在底的整个形象中。

每个锥形体中线布满着其他锥形体的无数点。

一个锥形体通过另一锥形体时，不会引起混乱……

几何学家将每个由线围成的面积简化为正方形，将每个体积简化为立方体；算术家则同样地进行开方根和立方根的运算。这两门科学都没有超出连续量和不连续量的研究，但他们的研究没有涉及构成自然作品的美和世界光彩的本质。

（2）光、影和色

在对自然过程的各项研究中，光学的研究给细心的观察者以最大的愉快，而数学的主要特点是以其证明的确切性最有功效地提高研究者的智慧。因此，透视学应安排在经院哲学家们的一切论述和研究体系之前。在透视学的领域里，光束是用示范的方法阐明的。在这里不仅能看到数学学科的严谨，也能看到物理学科的光辉。好像透视学是用这两门学科的鲜艳花朵装饰起来的。鉴于透视学的命题被规定得极其冗长，我将简洁地阐述其摘要，根据论题的性质而分别从自然或数学引证：有时从原因推断结果，有时从结果推求原因；也有加入我自己的一些结论，尽管其中有些结论未曾包含在这些命题之内，却仍然可从这些命题推断出来的。但愿那位自称是万物之光的人启导我，我将论述光。

看那绚丽多彩的亮光并细想它的美吧！眯起你的眼睛再细看：你会看到那忽隐忽现的美景！

若创造者不断死亡，谁来再创造呢？

光是黑暗的驱逐者，影是光的遮断。

真正的科学的绘画原则是首先应分清什么是有影物体，什么是原生阴影，什么是派生阴影以及什么是光。也就是说，应首先明确阴暗，亮光，颜色，形体，姿态，位置，远近和动静的意义。对这些概念先只从思想上弄清，不必体力操作；这些概念在研究者的思想上形成了绘画科学，并由此产生比前面进行的思考或科学更为优秀的实在创作。

在透视的实践中，光和眼睛适用同样的规则。

阴影是光的遮断。我觉得阴影在透视里是非常重要的，没有阴影则不透明的固体界线模糊，要不是以别的色调作背景，则界线以内的及界线本身也不易看清。因此，我关于阴影的第一命题表述为：每个不透明的物体被光和影包围着，其整个表面也被光和影包裹着。我将在书的第一卷中专门论述这个命题。

由于阴影中光线强弱不等，其明暗程度也不同；因为这些阴影是覆盖着物体表面的最初阴影，我就称这类阴影为原生阴影。我将在第二卷书中论述这问题。

由原生阴影发出的一些暗线在空中漫射，其强度随发出这些暗线的原生阴影的浓度而变化，因为它发源于别的阴影，所以，我称这类阴影为派生阴影。对于这类阴影我将写第三卷书说明。

还有，这些派生阴影投射到任何物体上时，产生多少不同的效果决定于它们投射的位置的多少。我要写第四卷书讨论这点。

由于派生阴影投射到的地方，也常被光线所包围，派生阴影与光线一起形成射向源头的反射线，这反射线与原生阴影混合变成原生阴影，并多少改变其性质。我将在第五卷书中专门讨论这些内容。

此外，我将写第六卷书，编入对反射光线各种反射情况的研究，这些明亮的反射光线有多少个发射点就有多少颜色改变原生阴影。

最后，我将写第七卷书讨论每一条反射光线的发射点与入射点之间可能存在的不同距离，讨论反射光线投射到不透明物体上时获得的各种阴影的深浅。

谈到一切可见的物体，应注意三方面的问题，就是眼睛的观察位置、被观察的物体位置和照射物体的光源位置，如图示，b 为眼睛，a 为被观察物体，c 为光源。又如下图，a 为眼睛，b 为发光体，c 为被照物体。

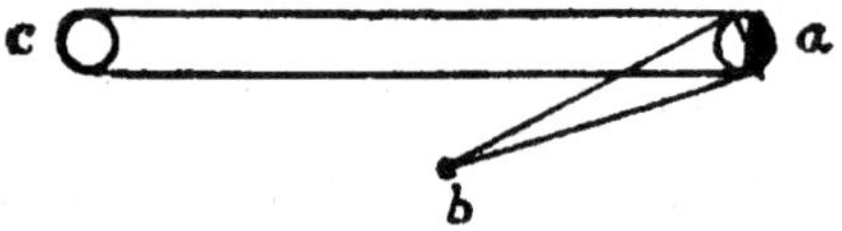

阴影的性质　阴影略带通常事物的性质。所有这类事物开头总是较强壮的，越接近尽头越微弱。这所指的开头，丝毫不是它们的形状或条件，也无论它们是可见的或不可见的。这并不像小的橡子长成大的橡树那样，从小渐渐地长成很大的。情况恰恰相反，高大的橡树从地上长出的茎起初是最粗壮的。那么，黑暗是阴影最深，光明就是阴影最浅。因此，画家呀，你应该将靠近物体的阴影画得深些，而让阴影渐渐地过渡到光明，仿佛没有明显的尽头。

阴影是光明的减少，同样也是黑暗的减少，是光明和黑暗的混合。

阴影可能非常深，也可能非常浅。

阴影的起止处于光明与黑暗之间，可能无限减弱或无限增强。

阴影是因不透明物体的插入而引起光的缺少，阴影是被不透明物体遮断的光线的对应物。

不透明物体的磨光表面呈现的光泽〔高光〕与〔反射〕光之间有什么区别？观察不透明物体磨光表面的眼睛纵然移动，表面上的光泽也固定不动，但在同一物体上的反射光则随着眼睛的观察位置的变动而改变。

物体上的高光或光泽并非一定处于受光部分的中央，它随着眼睛观察位置的移动而移动。

假定这里的物体是圆形的，光源在 a 点，bc 为物体受光的一面，眼睛在 d 点；那么，我可以说，处处有光泽，而且在每一部分，如果站在 d 处，光泽出现在 c 点，如果你的眼睛由 d 点移到 a 点，则光泽将由 c 点移到 n 点。

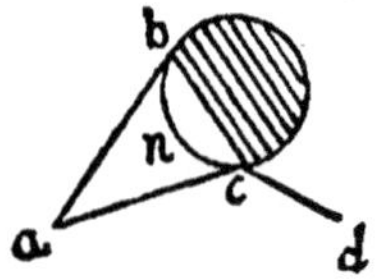

光和光泽的区别　光泽〔高光〕不带色只给人以白的感觉，好像从乳白色物体派生出来似的，反射光则略带反射体的颜色。

明显的单向光线比漫射光更能引起物体的浮雕感。野外的风景中被阳光照射的一边与被云影笼罩而且只受大气漫射光线照明的一边相比较，就能有这种感觉。

处于光和影中的物体，向光的一边比在阴影中的一边更清楚迅速地呈现出其细部的像。

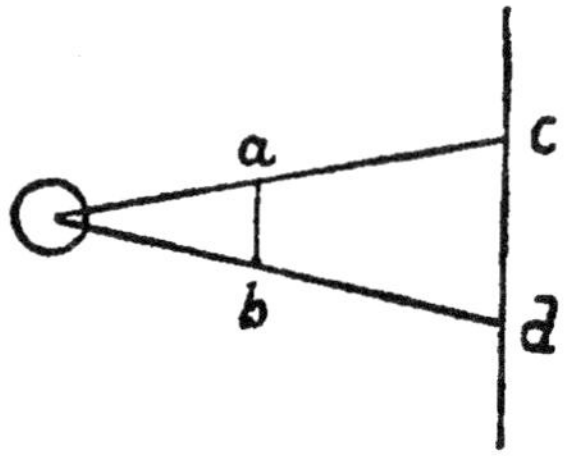

发光体的光愈明亮，被照物体投下的阴影愈深。

经验表明，若光线从一点射出，就以这点为球心向四周放射，在空中散射和辐射，射得越远光线散得越开。若在光源与墙之间放置物体，墙上就出现一个较大的阴影，因为照射物体的光线到达墙上时已散开了。

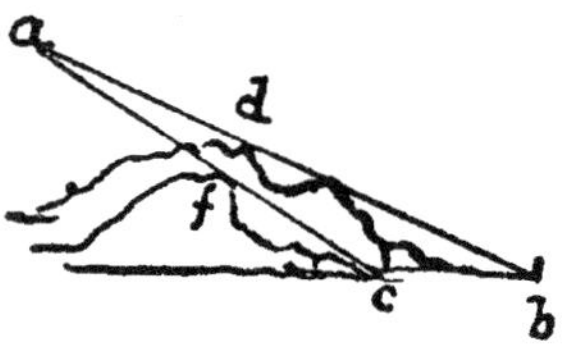

确定物体投射阴影的方法。若物体是图中所示的山，光源在 a 点，按我说，从 b 到 d 和从 c 到 f，除了有反射光线之外没有别的光线，这是因为光线只沿直线传播，二次光线或称反射光线也是沿直线传播的。

阴影该在面上的什么位置？

坐在暗室门口的人面部的明暗显得格外优美迷人。人们看到的是他的面部阴影隐入室内的幽暗中，而受光部分在天空的光辉下显得更加光彩夺目。由于明亮部分呈现淡薄阴影，黑暗部分出现微光，使面部的明暗加强，从而大大地增强了立体感和美感。

照射不透明物体的光可分四种，即普通光如地平线上大气中的光；特殊光，像太阳光，窗口的光，门洞的光以及其他空间的光；第三种是反射光；第四种则是透过像亚麻布、纸张等一类半透明物质的透射光。半透明物质与玻璃，晶体或其他透明物质不同，透明物质的作用就像在物体与光之间未曾插入任何东西似的。

照射不透明物体的三种光 照射不透明物体的第一种光叫做特殊光，这是太阳光、从窗口来的光、灯光等。第二种光叫做普通光，这种光多见于多云天、雾天等类似天气的时候。第三种光叫做柔和光，常见于当黄昏或清晨时，完全处于地平线下的太阳发出的光。

大气好像适宜于把其中任何物体的外表和每个形象立即显示和收集起来一样。太阳一出现在东方地平线上，我们的整个半球立即沐浴着阳光，充满着太阳的光辉形象。

一切向着太阳或朝着被太阳照射的大气的固体表面，都染上阳光或大气的光。

一切固体都被光明和黑暗包裹着，如果你所看到的物体的部分完全在阴影中，或都被照亮，你就看不清物体的细部。

眼睛与物体之间的距离决定物体受光部分和阴影部分的增减。

若物体四周被与其本身颜色相同的颜色所包围，且眼睛处于受光部分和阴影部分之间，物体的外形则不容易准确分清。

有色表面的哪一部分应当呈现最强的色彩？设 a 为光源，b 为受光直射部分，c 处光线不能直射，只受 b 处射来的反射光线。如果 b 为红色，那么，由红色表面反射的光线将使 c 处表面染上红色；若 c 处表面原先也是红色，则 c 处表面显得比 b 表面更红；若 c 处表面原先是黄色，在 c 处看到的颜色介于黄红之间。

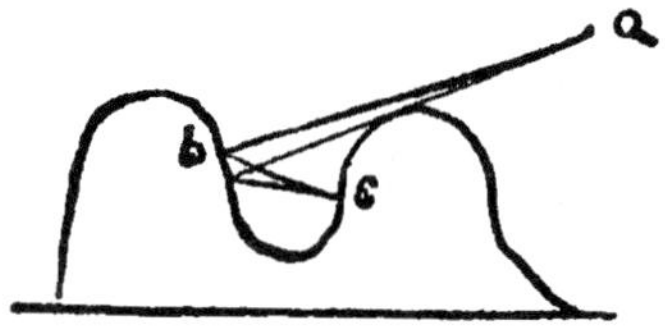

一个物体表面带有照射光的颜色和介于物体与眼睛间空气的颜色，也就是说，物体表面也多少带有位于物体和眼睛间透明媒质的颜色。

阴影的颜色显示自然美的程度是与阴影的深浅成比例的，光越强，在明亮空间中的颜色显得越美。

阴影越深，阴影中显示的颜色种类越少。下述情况明白地说明这一点，如果从空旷的场地透过阴暗教堂的门洞观看里面的彩色图画，画面差不多是一片漆黑。因此，在一定的距离所有不同颜色的阴影都显得同样黑，在光和影里的物体，明亮的面显出其真色。

颜色的对比　黑色衣服使人的肤色显得更白，白衣服使人的肤色黑，黄衣服使肉色更显眼，而红衣服使肉色显得苍白。

并列颜色相互衬托　如果你希望使某种颜色接近另一种更鲜艳的相近颜色，那就看看太阳光形成彩虹所显示的规律。彩虹的色彩是由雨滴的运动引起的，每个小雨滴各自落入彩虹的各个彩色区，好像排列在固定的位置一样。

颜色混合成次色　简单的颜色有六种，第一种是白色。尽管某些哲学家认为白色是颜色之本而黑色本无色，因此，他们不愿把白和黑归入颜色的序列中。但是画家没有白和黑则什么事也做不成，所以，我们仍把这两种颜色列入颜色的序列中，并把白色排在简单颜色序列的第一位。黄色第二，绿色第三，蓝色第四，红色第五，而黑色第六。

我们把白色作为光的颜色，没有光则看不见任何色，黄是土的颜色，绿是水的颜色，蓝是空气的颜色，红是火的颜色，黑表示黑暗，它超过火元素；无论黑暗多深，太阳光线必穿透黑暗，并将它照亮。如果你想简略地看到各种复合颜色，你可通过一块有色玻璃观看远方的农村各种景色。你看到玻璃片外的一切景色都与玻璃的颜色相混合，有的颜色混合后加强了，有的颜色削弱了。例如，若玻璃是黄色的，我可以告诉你，透过黄色玻璃进入眼帘的物体的像的各种颜色有的削弱，有的增强，蓝、黑和白比其他颜色退萎得多，黄和绿比其他颜色增强。因此，你可以用眼睛观察无穷多的复合色，并且可精选各种颜色进行新的混合得到各种复合色。你也可用两个不同颜色的玻璃叠放在眼前进行同样的观察，独自继续进行实验。

论绘画的新书提到彩虹，第一次论述由其他颜色混合成复合色的书，你可由那些画家的颜色阐明彩虹色彩的来历。

本身无色的每个物体将全部或部分地染上对面物体的颜色。作镜子用的每个物体染上反映在它里面的物体的颜色，就足以证明上述的观点。若物体是白色，它受红色照射的部分映现红色，别的颜色也有同样的效果，无论它是明亮的或是黑暗的。

每个不透明的无色的物体都像白墙那样，多少染上放在它对面的物体的颜色。

任何白的不透明表面将部分地染上周围物体反射来的颜色。

白色并非颜色，若把白色物体放在空旷的空气中，它就能成为所有颜色的接受体。它的所有阴影都是蓝色……暴露在太阳和大气的部分接受太阳和大气的颜色，在太阳照不到的部分留在阴影里，只带大气的颜色。若这白色物体既不反映水平线上绿色田野的颜色，本身也不对着水平线的亮光，它无疑地将呈现与大气相同的色调。

洁白程度相同的物体在最暗的背景衬托下，显得最耀眼，黑色的物体在较白的背景衬托下更显得黑，黄色的背景使红色物体最鲜艳。所有的颜色处于最强烈的对比色背景时，都显得更加鲜艳。

应怎样描绘白色物体　白色本无色，你若要描绘白色物体，就把它放到旷野中，它多少染上并转化成周围物体的颜色。一个身穿洁白衣裳的妇女在自然环境中，你会看到她身上受太阳照射的一面显得明亮，有的部分像太阳一样刺眼，在朝向大气一面的衣裳，因为受到本是蓝色的大气与阳光交织透射而浸染蓝色。若她周围附近有一片草地，她正站在受光照的草地与太阳之间，你会看到在她朝着草地一边的衣褶受到草地反射光线的照射而染上草地的颜色。这样，白色物体的颜色就随着邻近发光与不发光物体的颜色而变化。

迅速移动的物体似乎部分地染上它经过地方物体的颜色。这是已被经验证明了的命题；闪电在阴云中运动时，它的迅速起伏飞行的全过程看起来就像一条发亮的长蛇。同样地，如果你迅速移动一把火炬，它的全过程好像是圆形的火焰。这是因为感觉器官的作用比判断迅速。

绘画艺术以其科学证明，远方地平线上的辽阔景致在一个平坦的表面上。

画家能够从眼睛与景物间的大气颜色的变化显示不同距离。他可以描写烟雾中难以辨认的景物外形，由云雨的外观画出高耸云霄的山峰和河谷，画出在战士周围旋转着的尘埃云团，画出不同透明度的流水和水中的游鱼；画映照着青翠草木的河床旁洁净沙滩上的色彩斑斓的卵石，他将画出空中不同高度的星星。

空气透视 还有另一种透视，我把它叫做空气透视。人们能够根据气氛的差异分辨出看起来好像位于同一条基线上的各种建筑物的不同距离；例如，当我们观察墙外几幢建筑物，看起来，这些出现在墙头上的所有建筑物似乎大小相同；你在绘画时，想表明这些

建筑一个比一个远，你就应当借助于空气的浓淡来表现。你知道，透过浓度相同的大气观察最远的物体，比如远山，就见它发蓝，就和太阳在东方时，空气的色调大致相同。这是因为在你的眼睛与远物之间隔着大量的空气。所以，你应该用本色画墙头上最近的建筑，较远的建筑应画得模糊些，蓝些……

地平线以下的浓烟呈白色，地平线以上的浓烟呈暗黑色；即使烟本身的颜色是均匀的，由于它所处的空间不同，颜色的均匀性也会出现差异。

关于树和照树的光 在描画乡村景色时，或者说在描画有树的风景时，最好的方法是选择太阳躲在云层后的时候画，因为这时候的乡村景致只受漫射光照射，不受太阳光直射，太阳光直射形成的阴影界线分明且亮光迥然不同。

树的偶生色 树叶的偶生色有四种，即阴影、亮光、光泽和透明。

远方植物叶子的偶生色部分相互混合，以其中最强的偶生色为主色。

在晴朗天气太阳当空时，空中水份稀少，野外风光显得比日间任何时刻更加迷人。在此情况下鉴赏风景，你可看到树木愈向树梢愈秀丽青翠，愈向中心树影愈暗。远方介于你和景物之间的大气在暗黑背景中，天色更其蔚蓝。

从太阳照射着的一面看，你看不到物体的阴影。如果你比太阳低，就能看到太阳照不到的一切都在阴影中。

处于你和太阳之间的树叶呈现三种主要颜色，即反映着大气（它像镜子一样照亮着不见阳光的物体）光辉的最美丽的绿色；只对地面的阴影部分和被较淡的阴影包围着的最暗部分。

风景中的树木若在你和太阳之间，看起来比你处于太阳和树之间时更悦目，这是因为对着太阳的那一部分树叶愈向树梢愈显得透明，而不透明部分的树叶只在叶尖闪光，阴影是黑的，因为它们不受任何东西遮挡。如果你站在太阳与树之间，只能看到树叶所受的光和树叶本身不太强的本色以及一些反射光线，由于没有强烈的亮度对比背景，这些反射光线不太明显。如果你处于下方，可能看到不见太阳的黑暗部分。

在风中　如果你顺着风的一面看树木比逆风看明亮得多，这是由于风将比较灰白的背面向上翻。如果风是从太阳照射的方面吹来，你又背向着风吹来的方向，树叶将显得格外明亮。

描画日出日落时有风和水的景色　风吹，树摇，所有垂向地面的叶子随着枝条翻转，在风中展平，从而使它们的透视颠倒。若树处于你和风源之间，叶梢指向你的那些树叶仍取原先的自然位置，反面的树叶叶梢原先指着反向，却因树叶翻转，其叶梢也指向你。

风景中的树木彼此并不明显分开，因为它们的受光部分与远离它们的其他树木的受光部分相邻，它们的明暗相差不大。

当云团处于你和太阳之间，云团的圆形边是明亮的，越向中心越暗，发生这种情况的原因在于由云边至云顶全部对着上面的阳光，而且你在下面观察，若树枝处于类似位置也会发生相同的情况；此外，云和树都有些透明，且边缘较薄，因此有些亮。

当眼睛的位置在云团和太阳之间，云团的外观则与前面所述情况相反，云团的圆形边是暗的，越向中心越亮，因为你看到的一面正对着太阳，还因为云团边缘有一定的透明度，眼睛能看到隐在云团后面的某些部分，这些部分太阳照不着，就显得暗些。你也可以从下边观察云团的细部，太阳从上面照射，但因为它所处的位置和前面的例子不同，不能反射太阳光，所以仍保留着黑暗。

人们常常能看到一些黑云在受阳光照射的亮云之下，这些黑云是在太阳和它们之间的其他云团的阴影之中。

还有，背靠明亮背景的向阳云团的边缘是暗的。为了证明这是真的，你可以观察整个云团的突出部分是明亮的，因为这个云团是以比它还黑的蔚蓝色大气为背景。

虹的中央颜色相混。虹的弧形在于它本身，既不在雨中也不在观看它的眼睛，虽然它的成因是雨、太阳和眼睛。眼睛总要处于雨和太阳之间才能看到彩虹；所以，若太阳在东方，雨在西方，则彩虹出现在西方。

黎明时南方地平线附近的大气出现一片烟雾朦胧的玫瑰色云彩，越往西越阴暗，越往东地平线的水蒸气显得比实际地平线还亮。东方房屋的白色也是模糊难辨；在南方，距离越远，大气越呈现迷离暗黑的玫瑰色调，西方更是如此；阴影则相反，因为它在白色前消失了……

你若在绿色或其他透明的颜色灯笼里放一盏灯，从这个实验，你会看到所有物体好像都染上了灯笼的颜色。

你还能看到所有通过教堂有色玻璃窗的光都呈现这些窗玻璃的颜色。如果这不足以使你相信，你就观察日落时，光通过水汽呈现的红色，以及反射阳光的所有云团都染上红色的情景。

3. 生命和物体构造

> 虽然画家看到的只是物体的表面，他在描绘物体的表面时必须通晓隐藏在表面里的有机构造，画人体需要有人体解剖和比例的知识，画风景应懂得植物形态学，要有地球的形成以及风和水运动的知识。

本书从人的妊娠开始，叙述子宫的特点，胎儿在子宫内的发育期，促进生命生成和营养的方法。还叙述胎儿的生长状况，从一个生长期发展到另一生长期的间隔。解释催促胎儿从母体诞生的推动力及早产的原因。

其次，我要说明诞生后的婴儿各个器官生长的情况，某些器官长得比另一些器官快，确定一岁婴儿身体的各部分比例，接着描述完全长大成人的男女以及躯体比例，性情，肤色和相貌。

然后，说明血管、腱、肌肉和骨头的组成。还在四张素描中描画了人的四种常态，就是欢笑者的各种欢乐动作和产生这些动作的原因；哭的各种表现及其缘由；凶杀斗争的各种动作：逃走，惊恐，凶残，勇敢，残杀以及与这些情态有关的事情。另外，还描画劳动者的推，拉，阻止，支持等等动作。

最后，我还要描述姿势和运动，有关眼睛功能的透视，听觉——还谈到音乐——和其他感觉器官，包括分析五官的性质。我将用图演示人的这些机理。

(1) 比例

比例的理论对文艺复兴时代的艺术家有极其巨大的魅力。比例规则不仅作为表现艺术技巧的方法，而且是达到谐和美的手段。绘画、雕塑和建筑中的比例类似音乐中的和声，它能给人带来极大的愉快。

比例不仅表现在数字和测量方面，而且表现在声音、重量、时间和位置以及各种可能存在的能力。

罗马建筑家维特鲁维乌斯流传下来一些有关人体比例的希腊典范数据，这些数据在文艺复兴时代再度流行。莱奥纳多从1511年出版的维特鲁维乌斯的书的一个版本上复制的一张草图现在保存在威尼斯科学院里，这张草图是为了说明如下的论点，即一个完美的人体若将手臂伸开，双腿合拢，就构成一个正方形，若四肢伸开就构成一个以脐眼为中心的圆。这里谈到的关于人体的比例可构成一个完整的几何图形，可以归并到球形世界中。莱奥纳多为了将以经验为根据的观察成果纳入科学体系中，他热情地证明并详尽阐述维特鲁维乌斯的数学公式。为此目的他深入实际生活收集有关数据。

几何是无限的，因为每个连续量沿着某一个方向或其他方向可无限细分。而不连续量自一开始可增到无穷大。正如已说过的那样，连续量可增至无限大也可减至无限小。如果给我一条二十意尺的线，我能告诉你如何把它分成二十分之一长的一段。

整体的每一部分必与整体成比例……我想大家都应了解这条原则同样适用于所有动物和植物。

为眼睛这个最崇高的感官服务的绘画给眼睛以合乎比例的谐和美；正如各种声音的合唱，给听者的听觉器官以如痴如醉的感受那样。然而，绘画中天使面庞优美的比例效果更大，因为合适的比例产生的和谐美同时传给眼睛，正如音乐中的谐音感染耳朵一样。如果把一个美女的匀称和谐优美的体态画在画上，送给她的爱人，他毫无疑问地会被她的美丽迷住，其他感官都不可能给他带来如此无与伦比的欢乐。

画家以其和谐的比例使各部分同时起作用，所以，无论是总的或个别的谐和美都能立即同时被看到；所谓总的是指从整体看各组成部分，所谓个别的是指单独看各个组成部分。

建筑家维特鲁维乌斯在他的《论建筑》一书中指出，大自然对人体各部分的尺寸作如下分配：四指为一掌尺，四掌尺为一英尺，六掌尺为一腕尺，四腕尺为一人高，而且四腕尺为一步幅，二十四掌尺为一人身高。他在建筑中采用这些单位。

如果你将两脚分开，使身高降低十四分之一，并抬伸两臂，让中指尖与头顶处于同一水平位置，你该知道，你伸展的四肢端点正处于以脐眼为中心的圆的圆周上，分开两脚间的空档构成一个等边三角形。

一个人两臂左右平伸时的宽度与他的身高相等。

从发根到颌下等于身高的十分之一，从颌下到头顶为身高的八分之一，从胸部的上端到头顶为身高的六分之一，从胸部上端到发根为身高的七分之一，从奶头到头顶为身高的四分之一，肩头的最大宽度等于身高的四分之一，从肘到中指尖为身高的五分之一，从肘到肩头为身高的八分之一，全掌为十分之一。阴茎根部在人身的中心，足为人身高的七分之一，从足踵到膝下为身高的四分之一，从膝下到阴茎根部为身高的四分之一。

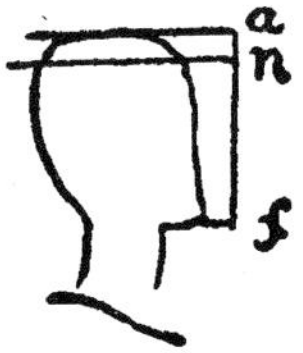

颌下到鼻子间的距离以及眉毛到发根的距离等于耳朵的高度，是面的三分之一。

头 af 比 nf 大六分之一。

从脚与小腿相接的地方到大脚趾尖的距离 ab，等于下巴到发根的距离，是面长的六分之五。

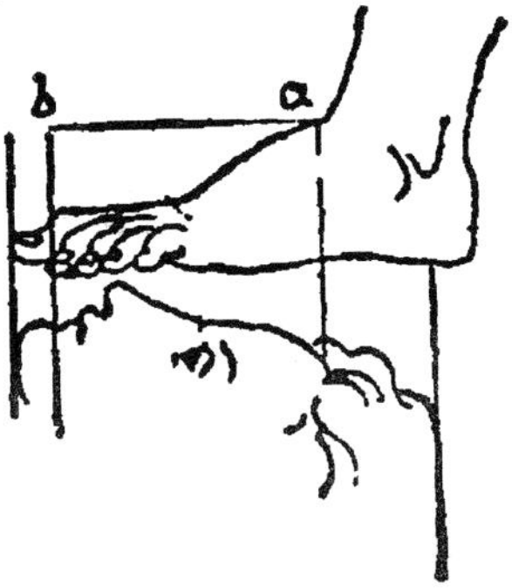

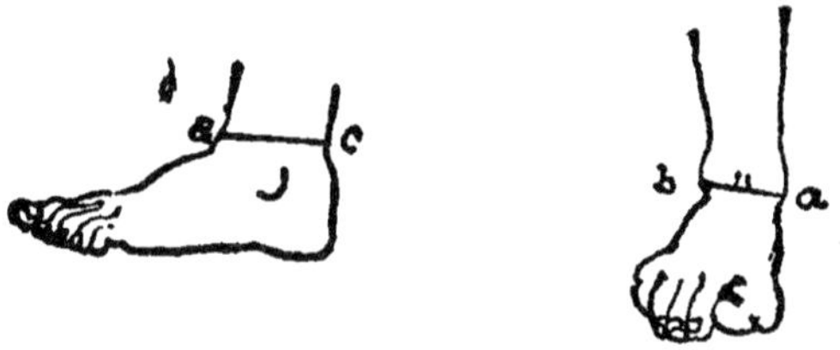

对于每个人，ab 间的距离等于 cd 间的距离。

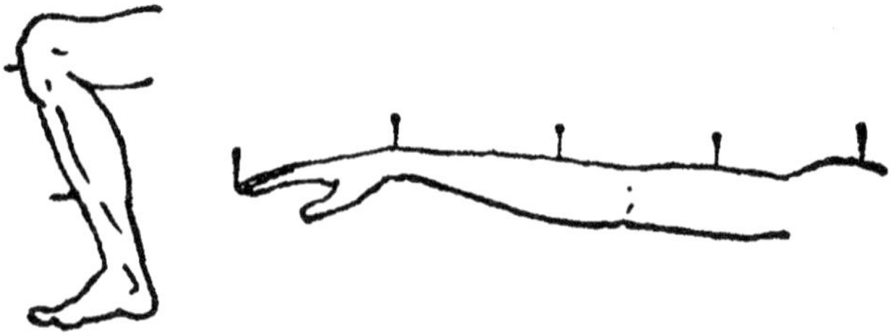

从脚趾尖到脚后跟的足长的两倍等于脚后跟到膝盖（也就是腿骨与股骨相连的地方）间的距离。手到腕长度的四倍等于最长手指尖到肩关节的长度。

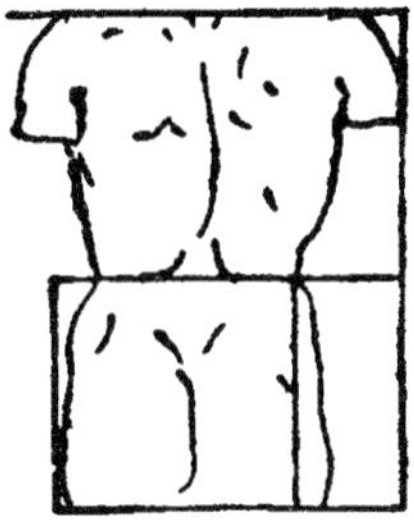

人的臀部宽等于臀部上端到屁股底部间的距离，与人两脚均衡站立时，从臀部上端到胳肢窝的距离相等。臀部上方较狭窄的地方，即腰部处于胳肢窝与屁股底部间距的二分之一处。

每个人三岁时的身高为其成年时身高的一半。

成年人与儿童的各个关节间的长度有很大差别。成年人从肩关节到肘的长度，从肘到大拇指尖的长度以及从左肩到右肩的间距都等于两个头高，儿童的这些关节间的距离只有一个头高。造物主在创造维持生命所必需的各种器官之前，已经给我们造就了这个智慧之家的尺寸。

切须记住，你应非常细心地画四肢，使四肢的大小与身体成比例，与年龄相称。年轻人手足的肌肉不很发达，血管也不粗，面孔优雅圆润，面色柔和。成年人手足肌肉发达健壮。老年人的面孔多皱纹，凹凸不平，节疤多而且血管突出。

(2) 解剖和人体的运动

人体是大自然里的一个复杂统一体，是一个包含宇宙各种复杂结构和功能的小宇宙。莱奥纳多为了研究人体构造解剖了许多躯体，他分别研究骨骼、关节、肌肉及各部分之间的关系，画出许多剖面图，用图形作了形象的说明。因为，语言文字往往不容易说清楚。据他说，这样的直观图示使人“对人体各种复杂结构获得完整且正确的概念。无论是古代或近代作者若不用很长时间和冗长乏味的文字都不能说清这些概念的”。况且，用直观图示可从各个角度和剖面进行观察分析，也能看到运动的连贯性。例如，肩、臂、手的圆周运动，使人联想起电影拷贝那样的图片连续性。

研究人体结构包括其功能、动作和姿势，就是了解在弯曲和伸展关节时，各种肌肉如何协调作用，如何支撑重物，如何保持平衡。莱奥纳多以机械学家的眼光研究解剖，他认为每个肢体，每个器官完全是为了适应完成其特殊功能而设计的。舌头的肌肉是为了能在口中发出无数声音从而说出各种语言而形成的。在他那个时代，解剖学的各个分支还不存在，他研究生理学和胚胎学问题，研究神经系统和动脉系统。他预先提出血液循环原理，为许多课题的进一步分析准备了条件。

你说，看这些图不如看一个解剖演示，如果你真能从一具尸体看到这些画所显示的一切细部，你就说对了。可是，即使用上你的所有聪明才智，你也只能从一具尸体上看到和学到少数几根血管。我为了获得这些血管的真正的完整的知识，解剖了十多具尸体，剖析了各种器官，剔除了贴附在这些血管上的所有最微小肉屑，除了毛细血管看不见的出血外，未曾引起任何流血。况且，一具尸体不可能长时间进行实验，必须用多具尸体分阶段进行研究，才能获得完备的知识；我常常重复地做，借以找出它们的差别。即使你爱好解剖，也可能被熏人的臭气所阻止；如果这恶臭阻止不了你，也许你不敢彻夜摆弄这些割得支离破碎、剥了皮的尸体；这一切也许仍不能使你后退，说不定你缺乏描画尸体各部分结构最起码的素描技巧；就算你已掌握了这技巧，你也可能未能与透视的知识相结合，如果结合了，你还可能没掌握几何图示方法和估量肌肉的强度和力量的方法，说不定你没耐心，也不勤奋。

至于问到我是否具备上面所述的各种素质，从我的一百二十卷书中，你就可以得到“有”或“无”的答案。在这些方面，我未曾被贪婪或懒散所阻碍，我只需要时间。再见。

画家何以需要了解人体内部构造 对筋腱、肌肉的性质具有一定知识的画家，能透彻了解肢体运动时有多少条筋腱，是哪些筋腱在起作用，哪些肌肉的隆起造成筋腱的收缩；能够了解是哪些筋腱变成脆弱的软骨并围绕支撑着肌肉。

这样，画家才能借助于人物的各种姿势，多方面地显示各种各样的肌肉，而不至于像其他许多人那样，在说明不同的动作时，却仍然在臂、背、胸和腿呈现着一样的肌肉群，这不能看作是小毛病。

我按照前人托勒密在《宇宙志》中采用的方案，用十五幅全图向你显示人这个小宇宙。像托勒密将大宇宙分为几个区域那样，我也将人体这个小宇宙分成几个部分，再从不同的侧面确定各部分的功能，把描绘人体的全图明摆在你的眼前，用各个部分说明其运动能力。感谢造物主的恩赐，在我描述人体的结构时，也能显示人的特点及其习性。

记住，要弄清每块肌肉牵拉筋腱的起因以及它们与骨头韧带的连结情况，应从肌肉运动的角度着眼。你应先用细线表示细小肌肉，否则，你在演示中很难弄清肌肉以及它们的位置和起止。用这样的方法，你就能按照顺序一个接着一个画出肌肉，并可以根据它们在各部分的作用起名。例如，大脚趾尖起动肌，中骨起动肌或第一骨起动肌等等。有了这些资料后，你可在旁边画出每块肌肉真实的形状、大小和位置。但应注意，表示肌肉的线的位置应与每块肌肉的中心线一致，这些线清楚地显示腿的形状和间距。

手的内部结构 在你开始画手的内部结构时，应先将手内的所有骨头彼此稍微分开些，以便迅速认清掌心每根骨头的原形、骨头的数目和每个手指的位置；将一些骨头沿纵向切开以显示哪些骨头是空心的，哪些骨头是实心的。做了这些事之后，将这些骨头一起放回原位，画出张开的手掌内部结构全图。接着演示手腕和手的其他部位周围的肌肉。第五图画推动各个手指第一关节的筋腱。第六图画推动各个手指第二关节的筋腱。第七图画推动这些手指第三关节的筋腱。第八图画引起手指触觉的神经。第九图画血管和动脉，第十图画注着尺寸的皮肤完整的全手，同时标出骨头的尺寸。你对手的这一面所做的一切，对另外三面也应照样做，另外三面就是手掌面、手背面以及伸张肌和屈曲肌面。有关手的这一章，你将画出四十张图；对每一肢体应照样做。按照这办法你将得到全面的知识。此后，你应写出有关动物的每只手的论文，指出它们之间的差异。例如，熊的脚趾的筋腱韧带是连在足踝上面的。

重、力、物体的运动和撞击是始终存在于人类一切有形动作中的四种基本能力。

你对人和其他动物的肢体各部分作了演示之后，应当描述这些肢体的各种独特动作，如由躺倒起立、行动、跑、跳等各种姿态，举重、负载、投掷、游泳等，你应指明是哪些肢体、哪些肌肉完成上述各个动作，尤其是摆弄武器的动作。

当你要画一个人由于某些原因而向后转或向侧转时，就运动中全身的布局来说，切勿将他的双脚和全身都转到他面孔朝向的一边。说得更确切些，应把转动的动作渐次地通过各个关节来完成，即适当地分配到足关节，膝关节，髋关节和颈关节。若把他的体重放在右脚上，则应使其左膝向内弯，左足外侧稍微抬高，使其左肩比右肩略低，颈背直接与左足外踝连成一条直线，左肩则在右足脚趾的垂直线上。在安排你的人体画画面时应经常注意，不能让面所朝的方向与前胸的方向相同，因为，上帝已经给我们创造了一个可以随着眼睛注视的方向转向各方的颈项，其他关节也多少顺从着眼睛。

肢体的优美　为了从人物画获得预期的效果，应使四肢与躯体优美相称，如果你想画好一幅优美动人的画，应把四肢画得优雅纤细，肌肉不宜过分突出，你所需要的少数几块肌肉尤需画得柔和，隐约，不要有太强的阴影。四肢，尤其是臂膀应舒松，切忌与躯体连成直线。双股是人体的支柱，若使左边高于右边，则应让右肩低于左肩，较高一肩的关节与股的凸出端处于同一条垂线上。颈窝保持在支撑体重的足踝中心上。不吃力的腿的膝盖比另一腿的膝盖低，并且靠近另一腿。头和手臂的位置变化无穷，我不准备为此扩充任何规则。只要求它们姿势优美，舒松，关节自然，不能让它们像根木头。

一个人简单地向前、向后或向一侧弯曲的运动叫做简单运动。

一个人为了某种目的同时向下并向侧弯曲的运动叫做复杂运动。……

人的运动　当你画一个人移动重物的动作时，应考虑从不同方向表现这些运动。一个人想举起重物时，总先弯腰再挺直身体把重物举起，这是一种从下往上的简单运动；他也可能将物体往后拉，或向前推，或用穿过定滑轮的绳子往下拉，在使用定滑轮往下拉时，应记住，一个人的体重对拉动重物的效果是与其重心到支点的距离成正比的，此外，还应加上腿和弯曲的脊骨挺直时所施作用力。

支配腿的筋腱与膝盖骨相连接，若腿弯得厉害，当人往上站直时，筋腱所费的劳力较大。而在连接大腿和身躯的屈曲肌负荷较小，也不怎么艰难，因为大腿的重量除外。此外，组成屁股的肌肉也较结实。

人要登上台阶时，首先应移开落在要提起的腿的体重，并将全身体重包括抬起的腿的重量移到另一只腿上，然后提起腿，足踩要登的台阶，完成了这些动作之后，就把躯体和腿的全部重量移到较高的一腿上，把手搁在这条大腿上，头向较高的一只脚尖前冲，并迅速提起较低一只腿的足后跟，由此获得一定的冲量而抬高自己，同时伸直放在大腿上的手臂，把躯体和头往上推，使弯背伸直。

人及各种动物登高比下降劳累，因为登高时要承担自身的体重，而下降只简单地走。

奔跑中的人加在腿上的体重比站立时少。奔驰着的马也有类似情况，马在飞奔时，骑在马上的人显得轻，这使很多人觉得奇怪，在赛跑中的马居然能单腿支持其自身体重。因此，对于沿水平方向运动的物体重量可以归结出如下结论：物体运动速度越大，其指向地心的重力越小。

人坐在平地如何站立起来。

要记住动物任一肢体的一切变化和姿态是不可能的。我以手的运动为例说明这一点。因为每一连续量都是无限可分的，眼睛随着手的运动移过的空间距离也是一个无限可分的连续量。在运动的各个阶段，眼睛看到的是手的形态在变化，而且是沿着圆连续变化。若手依次往上举，运动情况也类似，也就是说，手移过的距离也是一个连续量。

肩关节有四种主要的简单运动，即与肩关节相连的手臂的上提，下降，前伸和后缩。人们也可以说这运动是无限的。如果肩膀带动手臂对墙划一个圆圈，我们就完成了肩膀的一切运动，因为每个圆是一个连续量，手臂的运动〔产生了〕一个连续量，倘若没有连续性原理的指导，这运动就不能产生连续量。因此，手臂的运动通过圆的各部分，由于圆是无限可分的，肩膀的变化也是无限的。

从不同位置看同一动作　同一种姿势可显出无穷多变化，因为这可以从无穷多位置观察。观察的位置是一个连续量，一个连续量可无限细分，显然，人的每一动作将显示出无限多状态。

人在某一场合或出于某种目的而做出的动作是变化无穷的，其理由如下：假若某人打击某物，那么，我认为，他的打击是由两种运动状态构成的，一种是他举起借以完成打击的工具，另一种是打击的工具正在往下打。毫无疑问，无论是上举或下击，运动都是在空间完成的，空间是连续量，每个连续量都是无限可分的。结论是：下落物体的每种运动是变化无穷的。

（3）生理学

有生命的地方就有热，有热的地方就有流体运动。

使水反抗重力作用从泉源喷出的原因与促使各种生物体中体液循环运动的原因相似。

〔用心脏画显示静脉和动脉〕 作家啊！你能用什么样的语言文字同样完善地描述这张画里的全部构造？由于你知识贫乏，对于物体的真实结构和外形只能描写得非常含混；你自以为是地深信，只要你谈到图中任一部位及被表面包围着的任一实体，就完全能使听者感到满意。

我提醒你，如果你不是讲给盲人听，那就别用言词自找麻烦。如果你宁愿用言词表达给耳朵听，而不用形象演示给眼睛看，那就说些实物和天然物吧。千万别忙于将该给眼看的东西说给耳朵听，因为该给眼看的东西，画家的作品所起的作用远远地超过你。

若不用整本书你能用什么文字将这颗心描述清楚？因为你把它描写得越细致，你将把听者的思想搞得越糊涂。你常常需要注解或回到实际经验中去，对于这一点只涉及少数几件事情，若与需要全面知识的主题内容相比较，这对你来说则显得极其简单。

人的眼睛 眼睛瞳孔的大小随着眼前物体明暗度的改变而变化……在这种情况下，自然提供了视力，强光刺激时，瞳孔收缩，这个大自然的产品像住宅的窗子一样，光线太强时，根据需要把窗子多少关些，天黑时，为了看得清楚，将窗子全打开……

大自然给我们提供了一个不断调节并维持平衡的瞳孔，这个瞳孔随着眼前物体的明暗程度而不断放大和收缩。从一些夜出动物，如猫、枭、长耳猫头鹰等的眼睛能看到同样的过程，它们的瞳孔午间很小，夜间放得很大……你若要对人的眼睛做实验，拿一支点燃的蜡烛，与眼睛相距一定距离，注视其瞳孔，让眼睛看着烛光，当烛光渐渐移近眼睛时，瞳孔渐渐收缩，烛光越靠近，瞳孔收缩得越厉害。

瞳孔位于角膜中心，角膜呈部分球面形，无色透明，周围一切物像进入球面透明部分，穿过瞳孔，传到眼底，形成可见物像。

在进行眼睛解剖时，为了看清眼内结构，不让透明液流出，你必须将眼球浸入蛋白中，烧煮，使成固体；然后横切鸡蛋白和眼球，中心部分就不会有任何损失。

在主心室喇叭管开两个孔，用注射器注入熔化的蜡，再在存储（记忆）心室开个孔，将熔蜡由此孔注入三个主心室，蜡剥离后，就能看清三个主心室的形状。

（4）舌

运动舌头的肌肉〔用图示〕 没有任何器官需要像舌头那么多的肌肉——除了我发现的以外，已知道的舌头肌肉有二十四块，在能随意运动的所有器官中，舌头动作数目超过其他一切器官。现在的任务是显示这二十四块肌肉在舌头灵活的运动中所起的作用。另外，还应弄清楚各条神经是如何从脑底连到这些肌肉上以及神经在舌头内的分布情况，还需要进一步研究这二十四块肌肉如何构成舌内的六个组成部分，再就是指明这些肌肉的出处，即一些在颈椎……一些在上颌，一些在气管，其他有如血管是如何滋养这些肌肉，神经如何使它们感觉灵敏……舌头既能辅助发单音，又能表达语言，在咀嚼过程中还能搅拌食物，也能洁齿和清洗口腔，舌头有七种主要运动……

细想，在唇和齿的协同动作下，舌头的运动如何发出我们所熟悉的各种事物的名称；如何凭借这种器官将一种语言的单词和复句传给耳朵，如果每个天然效果都有一个名称，那就有许许多多名称，加上自然机能和活动中的无数事物以及这些名称不只用一种语言表达，那就需用很多种语言表达，名称的数目则近于无穷多，更由于代代相传、国际交流、战争及其他种种原因，使人民相互混合，彼此不断交往，使这些名称不断变化，同一种语言也像一切现成的事物一样容易被遗忘和消亡；如果我们承认世界是永恒的，我们可以说，这些语言已经而且仍将有无限多种流传到无穷的岁月，这并不含有其他的意义，因为这仅仅涉及自然不断产生的事物，而自然创造的事物的一般形态并没改变，像自然中最伟大的人长期创造的事物那样。

关于我的本国语，我说了那么多话，我与其应当说是抱怨对事物缺乏正确的理解，倒不如应当说是缺乏能充分表达我思想意识的言词。

（5）唇

运动嘴唇的肌肉 运动嘴唇的肌肉数，人比其他动物多；因为有许多使用嘴唇的动作，需要这么多肌肉，例如，发 b，f，m，p 四个字母的音，吹哨，笑，哭以及其他类似的动作，还有戏台上的丑角在扮面相时做出的鬼脸等。

哪些肌肉使嘴紧闭，使其水平边靠近。

使嘴唇紧闭而本身缩短的肌肉就在嘴唇里，或者说，嘴唇是自身闭合的真实肌肉，实际上，改变嘴唇大小的肌肉位于与之相连的别的肌肉底下，其中有一对使嘴唇扩张的笑肌……收缩嘴唇的肌肉与构成下唇的肌肉相同，上唇同时发生相似的过程。另外有些肌肉使唇缩成一点，有的肌肉使唇拉平，有的肌肉使唇回卷，有的肌肉使唇前伸，有的肌肉专管扭曲，有的肌肉则使唇恢复原状。可见，总有与嘴唇各种姿态相对应的各种肌肉，并且还有使嘴唇恢复原状的数目相同的肌肉。我的目的就在于说明并完满画出这些肌肉，用我的数学原理证明这些运动。

有一次，我在佛罗伦萨看到一个聋子，你说话的声音再大，他也听不懂，可是，你若细声地慢慢地说，他就能从你嘴唇的动态了解你的意思。也许你会说，人大声说话时嘴唇的动作与细声说话时的动作不一样，或者说，说话时嘴唇的动作尽管相同，但不能同样被理解。对于这个争论，我让实验作结论；让人轻声细语地对你说话，并注意他的嘴唇动作。

（6）胚胎

尽管人类能够依靠智慧使用各种器械进行种种发明创造以满足共同的需要，但是这些发明创造远不如上帝所创造的精美、简单和直接；上帝的创造极其完美、超群。上帝在动物身上创造了异常匀称的肢体以适应运动，并在肢体内注入母体的灵魂，也就是在子宫里胎儿发育成人形时就给予母亲的灵魂，在适当的时候唤醒胎儿的灵魂。起初，胎儿处于昏迷状态，在母亲灵魂的养育下，从肚脐血管获得滋养、生命和心灵。脐带总连接着胎儿和胎盘，胎儿借子叶依附于母体。母亲的希望，迫切的愿望和感受到的惊恐对胎儿影响的强烈程度远远超过母亲本身，理由就在这里。胎儿死亡的情况各不相同……

由于一种精神统管两个躯体，母体的愿望、惊恐和苦痛都会像营养品一样地滋养着母体中胎儿的愿望、惊恐和苦痛。胎儿在精神上取得滋养的道理与从母体取得其余部分的滋养的道理相同。维持生命所必需的能源取自于空气，空气是人类和其他生物共同的生活依靠。

埃塞俄比亚的黑种人并非太阳的产物。在塞西亚，黑人婚生的子女也是黑的；黑色男人与白色女人结婚，生的子女是灰色的。这证明，在胚胎内父母的遗传作用是等同的。

我向人展示了人的第二本源——第二或许是第一本源——生存的原因。我把它分成精神和物质两部分。胎儿如何呼吸，如何通过脐带获得滋养，以及何以一个灵魂统管两个身体，像人们看到的那样，母亲喜欢的食物，孩子也带有这个特点。我还说明了怀胎八个月生的孩子不能活。阿维森纳争辩说，灵魂生灵魂，肉体生肉体及各个器官。可是他错了。[1]

（7）比较解剖学

蛙腿的骨骼和肌肉与人腿极其相似，你应先画出蛙腿以资比较，接着再画野兔腿，野兔腿具有发达的强壮有力的肌肉，它没有脂肪的累赘。

记下关节的弯曲及肌肉伸缩隆起的情况，并写一本专著论述这方面的重要研究成果；描述四足动物的运动，其中包括人在婴儿时手足并用的爬行。

人走路的方式与四足动物行走的一般方式相似，像马小跑时四条腿交错运动一样，人也交错地运动着四肢。例如，人走路时，若先迈出右腿，必同时伸出左手，等等。

青蛙即使无头，无心，无骨或无肠和皮仍然能活，一旦脊髓被戳穿，随即死亡。由此可见，好像存在着一个生命和运动的基础，动物所有神经都从这个基础发出，只要这个神经之源被摘除，他们立即死亡。

我发现人体构造中感觉器官比动物的相应器官更迟钝，更粗糙。器官的结构不灵巧，相应的感官的感受能力也较差。我发现狮子一类的动物，大脑中组成嗅觉的物质是如何与鼻孔内

---

① 阿拉伯哲学家（979—1037）阿维森纳的《灵魂》。

壁大量嗅感筛孔连接的情况。由筛孔经过具有大量通道的软骨细胞进入该大脑。狮子一类动物的眼睛有大量凹窝接头让视神经直接与大脑连通。人的情况则与此相反，眼内凹窝接头少，且视神经细长软弱，白天作用弱，晚上更不好。上面提到的动物晚上比白天看得清，夜鸟白天睡觉，夜晚捕食就是明显的例子。

动物的眼睛 所有动物眼睛的瞳孔都能随着太阳或别的发光体光强的大小而自动地按比例地放大和缩小。鸟类的瞳孔变化更大，猫头鹰一类的夜鸟如角猫头鹰、白猫头鹰和棕猫头鹰等的瞳孔随外界光强的变化尤其厉害，它们的瞳孔放大时差不多占据了整个眼睛，缩小时可缩到粟粒大小，瞳孔总保持着圆形。

但狮子一类的动物如美洲豹、豹、雪豹、虎、狼、山猫、西班牙猫及其他类似的动物，它们的瞳孔缩小时，由圆形缩成椭圆形。

然而，人的视觉比其他动物更微弱，受强光的损害较少，在黑暗的地方瞳孔放大也不多。前面提到的夜出动物的眼睛，例如，角猫头鹰这种最大的夜鸟在黑夜里视力却大大增加。如果这些鸟躲在暗处看东西比我们在正午光天下看得更清楚。如果这些鸟被迫飞到阳光普照的空中，其瞳孔收缩使光通量与视力同时减小。

研究各种眼睛的解剖，看看是哪些肌肉促使上述动物眼睛的瞳孔张开和闭合。

在晚上，如果你的眼睛处于光源和猫眼之间，你会看到猫眼像火。

鸟在闭上它的双层眼皮时，先从泪管侧向外眼角闭上第二层眼皮，再自下而上地闭上外眼皮，这两种运动交叉进行。鸟之所以先从泪管方向合眼，是因为它已看清前下方都安全，为了预防从后上方降临的危险，才只留眼睛的上部，而它先从外眼角的方向张开眼膜，是为了一旦发现敌人从后面来袭，来得及向前飞走。鸟眼长着一层叫做第二层眼皮的透明膜，是为了在张着眼睛疾飞时，有这一屏障可顶着猛风的袭击。

分析啄木鸟舌头的运动。

描写啄木鸟的舌头和鳄鱼的牙床。

艺术家掌握了解剖学，就可以按照自己的意思自由地描绘生物，把各种动物的局部合在一起构成一个幻想的动物。莱奥纳多想象中的怪物是他科学与幻想相结合的奇妙例子。这些画常常是理念的假托，或者是寓意的。

如何把幻想的动物画得自然 你知道，你不可能画出任何一只动物例如熊，使它的肢体与其他动物的某些肢体毫无相似之处。因此，你想把幻想的动物画得自然——假定是一条龙——你可以选取一种滑皮短腰的大看家狗或塞特种猎狗的头，取猫的腿，豪猪的耳朵，灵猩的鼻子，狮子的眉毛，老公鸡的颞和龟的颈，作为你幻想动物各相应器官的模特。

(8) 衣饰

衣饰有薄的，厚的，新的，旧的，褶皱的，柔软明快的，深黑的和暗淡的，根据远近和颜色又可分为清晰的或朦胧的；按照穿衣人的身份，外套有长的，短的，根据运动的状况有飘扬的或挺括的；根据衣饰的褶纹，表现人物屈伸时，衣服有上扬或下垂；衣饰是盖着足或与足分离，则应根据衣饰里面的腿是静止，是弯曲，是扭转或是阔步等情况而定；衣服是紧贴或离开关节，则应按人物在漫步、在运动或被风吹动的情况而定。

衣褶应与布料的质地是透明的或不透明的相一致。

关于妇女在行走、奔跑和跳跃中穿着的薄布及其种类。

如何根据实物质地画衣褶：就是说，若要画呢绒，应根据呢绒画衣褶，如果衣料是丝绸、细布、粗布、亚麻布、绉纱，则应按每种布料画出不同的衣褶。绝不能像某些人那样，用纸或薄皮披在模特儿身上画衣饰，这样做，你会受骗的。

一切物体都有保持静止的性质。密度和厚度均匀的服装都有伸直的倾向；因此，你若要使服装起皱或打褶，应注意在皱褶最强的地方顺从约束力的作用，离约束的地方越远，衣服越回复到其本来的状态，即自然平展。

不应让衣服布满许多紊乱的褶纹，只在手抓住的地方或手臂套住的地方画上褶纹，让别的地方顺其自然地下垂，不能让形体被过多的线条和褶纹交割。

穿着外套的人物不宜过分显示其体形，好像外套贴紧着肉体一样。如果你确实不希望外套紧贴着肉体的话，那就在外套和肉体之间穿一件衣服，以避免透过外套显示肢体的形状。肢体应画得粗壮厚实些，让人看起来就像在外套里还穿着别的衣服一样。那些只穿着轻薄衣裳的仙女和天使，衣裳被风吹得紧贴着肢体，才会显出身体各部分的原形。

（9）植物学

下面几页包括莱奥纳多论述草木的部分笔记。其他如岩石形成的调查，云和水的运动等有关风景方面的笔记编在第二章，风景中的大气，光和色方面的有关笔记则编在第四章中。

在他的手稿中我们能找到许多意大利本土生长的树木和花草的素描。他极有兴趣地研究水分和阳光对花木成长的影响，考察了葫芦属植物的生长过程（参看第365页），考察了地球引力对某些花木的吸引（向地性）和其他一些植物朝向太阳的习性（向日性），他检查树液并发现了树杆截面的年轮与树龄相对应，他对于叶子生长在枝上不同位置的顺序的观察是几世纪后创立叶序规律的开端。

谁不多才多艺，谁就对构成绘画的各部分不会同样爱好。例如，有的人对风景不关心，认为只要简单草率地看一看风景就够了。我们的玻蒂塞里就属于这类人，他说，研究风景是没有用的，如果你将一团彩色的海绵球掷向墙上，从墙上留下的污点就能看出一幅动人的风景。我认为这是千真万确的，如果你仔细观察这污点，一定会有许多新发现，像人头，像各种动物，像战场，像岩石，像海洋，像云团，像树木，像其他一切事物，正像一个人听钟声一样，能听出他所认为的那种钟声。尽管这类污点能助你构图，但不能教你如何精细地完成你的作品。

这类艺术家只能绘出极其平庸的风景。

四季的描绘及其有关事物 在秋天，你应当根据时令作画，就是，起初，树上的老枝叶子开始褪色，褪色的程度与树生长的土地的肥沃与贫瘠多少有点关系，结实较早的树，树叶较红较白。

即使树的远近一样，也不能像许多人那样，把各种树木都画成相同的绿色。至于田野，树木，各种地土，岩石，树干也总是不尽相同的。因为自然界是变化无穷的，不仅品种不同，即使同一种花木也能看到不同颜色，也能看到某一枝桠上的叶子比另一枝桠上的叶子更硕大，美丽。自然如此丰富多彩，千变万化，即使同一种树也找不到两棵树一般模样，不但从整棵树看是这样，从树的枝桠、叶子和果实看，也找不到两个非常相似的枝桠、叶子和果实。

因此，要多观察自然，并尽量多变化。

植物的枝条除非被果实的重量压弯，其末梢总是尽量指向天空。树叶的正面向着天空，以便接受夜间甘霖的滋养。

太阳给树木以精神和生命，地球给树木以润泽。

从主干分出并与主干构成一定角度的较低分支，总向下弯曲，免得与生在同一主干上的别的分支挤在一起，以便从空中获得滋养。

每个幼芽和果实都产生在叶子的着生点上（这点起母体作用），以便承受夜间从上面循枝而下的雨水和露水，避免阳光的热烤。

叶子在枝干上的生长　两叶之间枝干粗细的变化，其大小最多等于叶子上叶芽的粗细，也就是，从这一叶子到下一叶子间后继枝干减少的粗细。

自然对许多树木新枝的叶子是这样安排的：第六片叶子总在第一片叶子正上方。若此规律不遭破坏，就依次续排。

这样安排对树木的生长有利：第一，次年，从叶腋抽发新枝和结果时，润湿这新枝的水分可循枝而下至叶腋以滋润幼芽，水分保留在叶腋；第二，次年新枝生长时，彼此不会遮光，因为五支枝条朝五个不同方向，而第六枝在第一枝之上一段距离。

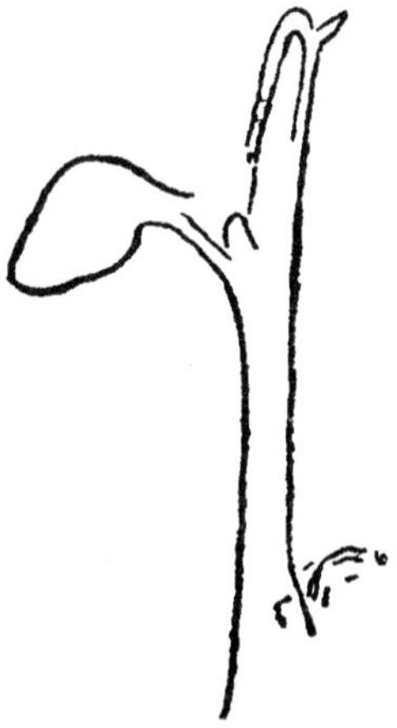

直接受阳光照射的花朵结果实，只受太阳反射光的花朵不结果实。

如果你将树皮剥掉一环，则环以上的树枯萎，环以下的树仍活着。如果你在月色朦胧时割树环，然后在月明时，从树底下砍树，则月明时砍的树还活着，其余的则枯萎。[①]

树枝总在树叶之上长出。

树枝的始端总以其粗细的中心线〔轴〕指向树干的中心线〔轴〕。

通常，树的所有直立部分都有些微弯曲且弯向南方，朝南的树枝比朝北的树枝更长更粗，更茂密，这是因为阳光把树液吸向靠近太阳一边的树面。除非有其他树木遮住阳光，这情况谁都能看到。

从树的高度的每一段看，全部树枝合在一起，其粗细与主干相等。

运动情况相同，沿河长各段支流的流水之和等于主流。

---

① 莱奥纳多有关树木液汁的实验，可参阅贾姆巴蒂斯塔·迪·托尼的《莱奥纳多·达·芬奇的绘画与动物》，第9页，（1922年）。

树木枝条的着生点 树木从主干抽枝的方式与其枝条发叶的方式相同。树叶层层生长的样式有四：最常见的第一样式是第六片叶子总生在下面第六片叶子之上方；第二样式为上面三分之二叶子生在下面三分之二叶子上方；第三样式为上面第三片叶子生在下面第三片叶子上方；第四样式如枞树一类是分层排列的。

所有种子在成熟时都有珠柄。同样的，像看到的药草一样，他们有母体和胎盘，所有的种子都在荚中生长。而那些在壳中生长的，像榛子和阿月浑子之类，在未成熟时，显出珠柄。

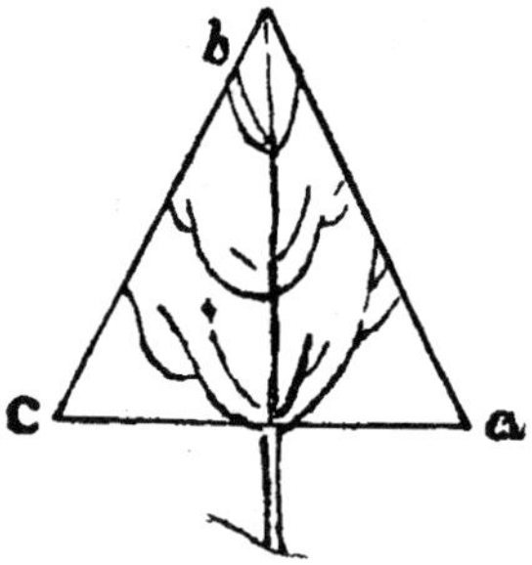

樱桃树与枞树相同，它的树枝也围着主干一层层地生长着，树枝分为彼此相对的四枝、五枝或六枝；从中心向上直至树顶构成一个锥形；而胡桃树和橡树从中心向上则构成一个半球形。

树叶的正面向着天空，以便全面接受从空中渐渐降落的露水；树叶在树上的分布尽量减少彼此遮挡，像爬在墙上的常春藤那样层层相错，这样分布有两个作用：第一个作用是留出空间让空气和阳光通入；第二个作用是从第一片叶滴下的水珠，可滴到第四片叶子上。别的树则可能滴到第六片叶子。

画风时，除了应画出主枝的弯曲和树叶顺着风向，还应画出翻滚的空气混杂着细小的尘埃的云团。

幼树的树叶比老树的柔软明朗，树皮比老树光滑，尤其是胡桃树在五月比在九月鲜艳。

树干横截面的年轮表示树龄，由这些年轮的厚薄可推断出相应年份的润湿和干燥程度。根据年轮还可以判断树枝的朝向，因为朝北部分比朝南部分长得厚，因此，树干的中心离朝南的树皮比离朝北的树皮近。

尽管，在绘画中这些知识并不重要，我还是把这些知识写进来，为了尽量减少我对树的知识的遗漏。

4. 精神的表现

> 艺术家仅有解剖学的知识是不够的。他必须看得更深刻。动作是内心激情的表现。面貌和手势反映人的精神状态。人体是心灵的显露，是精神的具体化。画家必须显示人物的动态，创造反映精神状态的形象。
>
> 莱奥纳多认为绘画表现心灵的意向是艺术家的最崇高目的。他本人在这方面尤其突出，他的《蒙娜丽莎》一直被人认为是一幅表达内心意向的杰作，他的其他名作也是一样的。在他残存的素描中有许多面谱显得极其滑稽可笑。

手和手臂的各种动作应显示使之运动的思想意图，使见识相同的人看到画中的各种动作就能理解其内心意向。雄辩家为了说服他的听众相信他所说的道理，常常在演讲中作着各种手势。只有愚蠢的人才不注意用手势增添语言的说服力，他像木偶那样站在讲坛上，嘴巴的作用只不过是个任后台人摆布的话筒。在实际生活中这是个大缺点，在绘画中更糟，如果一个画中人物若不由其创造者按照他想象中的画中人物的意向而给以生动的动作，人们将会说这人物是双料的死人，因为画中人本非活人，且动作死板。

回到我们的主题来，我们将在下面描述许多情感形象，即愤怒，苦痛，受惊，哭泣，溃逃，期望，号令，冷漠和担心等等。

一个好的画家应画好两个主要的东西，即人和人的心灵意向。画人容易，画人的心灵就难，因为人的心灵意向要用人的肢体的运动及姿态表现。仔细观察哑巴的动作可获得这方面的知识，因为哑巴的动作比任何人的动作更生动自然。

绘画中最重要的事是每个人物的体态应表现他的内心境界，如期望，鄙视，愤怒和同情等。

绘画中人物的动作在任何情况下都应显示其思想意图。

每个动作必然表现在运动中。

求知与志向是人的思想的两个活动。

辨别，判断，反映都是人的思想活动。

我们的躯体归天堂，天堂归灵魂。

一张图画或一张人物画应当画得使观众容易从人物的姿态看出他们的思想意图……正如一个既聋又哑的人看两个人在谈话，虽然他耳聋，却仍能从谈话者的姿态和手势理解谈话的内容。

劳动者的四肢的肌肉应画得健壮饱满，非劳动者的四肢肌肉少且柔软。

应将你的人物的动作画得适当，足以表示其心意，否则你的艺术品就不是好的艺术品。

一幅人物画若不能以人物的动作表达出其内心的激情，就不值得称赞；若能以动作最完美地表达出人物的心情，这样的画最值得称赞。

老年人的动作应当画得缓慢迟钝，站立时两腿平行分开，屈膝弯腰，头前倾，两臂微伸。妇女的姿态应画得端庄淑静，两腿并拢，两臂合抱，头向一边微侧。老太婆的手势应画得热烈，急切，匆促，像阴间的冤魂，她的头和手的动作应比腿更激烈。小孩坐着时活泼扭动，站着时显得羞怯胆小。

内容及其形式 爱者被其所爱者感动，正如感官感受外界事物一样，爱者与被爱者合二为一成为统一事物。作品首先是联合的产物；若以被爱事物为基础，则爱者变成基础。若参加联合的事物与接纳者和谐相处，则必出现欢乐、愉快和满足。在爱者与被爱者合成一体的地方必是宁静的，释重负时获得安静……

5. 构图

艺术家受委托画一幅纪念某事件的图画时，他不能临摹实况，只能构图。画面是处于合适的背景且与一定空间相适应的群体。莱奥纳多劝告画家观察墙上的污渍，从中寻找构图的启示。这说明他在使事物适应二维模式中如何高度评价自由想象的作用，他要求画面充满生活气息。描绘空间中所有物体的相对位置、照明度、颜色、比例、结构和姿势，应彼此协调。

研究的顺序 我认为，你应当先研究人的肢体及其机制；完成这项研究工作后，再根据人物的情态研究肢体的动作；第三是主体构图，若情况允许，应时刻观察人物的各种自然动作，积累资料。在街上，在广场，在田野注意各种人物的举动，用简单的符号记下各种体态，例如用 O 表示头，用直线或折线表示手臂，腿和身躯也同样用符号记录。回家后，再把这些记录整理成完整的图形。反对的意见认为，在初学阶段，为了锻炼和做大量工作，应临摹各派画师画在纸上或墙上的种种构图，这样，可以获得实际的技艺和良好的方法。对于这意见，我的回答是，如果我们所依据的那些构图完美的作品是出之于技艺精湛的画师之手，这办法是很好的。但这样的画师太少了，即使能找到，也没有几个。更确切的办法应是深入自然实际，而不是临摹那些失真度很大的作品，况且，这样做会养成不良习惯。能喝到泉水的人绝不找水缸。

如何描绘在人群中谈话的人　你想描绘在人群中谈话的人，应考虑到他谈话的内容，并使其动作与谈论的主题相一致。如果内容是属于劝导性的，动作应与内容一致；若是在陈述观点，可让讲话的人用右手的几个手指扳住左手的一个手指，并使两只较小的手指靠紧弯曲，面向群众，显得机灵，口微开，好像正在讲话的样子。如果他是坐着讲话，应将他画得好像要站起来的样子，头前倾。如果他是站着讲话，应让他的头和肩稍微倾向群众，画面上要显得寂静，群众注意力集中，以钦佩的神态注视着讲演者的面孔。一些老年人对听到的话显得新鲜，嘴角往下拉，面颊的皱纹连接着扬起的眉毛，额头出现道道皱纹。有些人坐着十指交叉抱着疲乏的膝盖；一些驼背老人两膝交叠着，一只手搁在腿上，另一只用肘支撑着的手托住长满胡须的下巴。

关于《最后晚餐》的笔记　一个刚喝过酒的人将杯放回原处，头转向讲话人。

另一个人扭着双手，严肃地望着他的同伴。另一个人伸开双手，掌心显露，两肩高耸及耳，惊得目瞪口呆。另一个人对旁人耳语，听者侧耳细听，一手拿着餐刀，另一手拿着切下一半的面包。另一个人手执餐刀转身时碰翻了桌上一只玻璃杯。另一个人双手放在桌上眼光凝视。另一个人张口喘气。另一个人用手遮眉，身子前倾看着讲话者。另一个人把身子缩到前倾者背后，从墙壁与前倾者之间窥视说话者。[1]

---

① 若将这些笔记与画好的画进行比较，就能发现，有些情况是记述使徒姿势的。

画家准备在壁上绘制历史故事画时，应当经常考虑人物安排在什么高度上，在他为此画构图进行写生时，应当让他的眼睛所处的位置低于所画物体的高度恰好等于构图中物体与观众眼睛之间的高度差。要不然，这作品应受到指摘。

何以应避免画重叠的人物群像　某些画家在教堂的墙壁上作画时，一种应当受到严厉指责的习惯作法是先在一个水平高度上画了风景和建筑物，往上些又从另一个角度画出另一个景色，用同样的方法从不同的角度接连地画出第三幅和第四幅，在一面墙壁上出现四个视点，这些画师真够愚蠢。

我们知道，视点应放在画的观赏者眼睛的对面。如果你问我，如何在同一面墙壁上画出一个圣徒分成许多段的生活经历呢？我的回答，你应将前景的视点放在画的观赏者的眼睛同一水平上，把第一段故事在画面上放大，然后逐渐缩小山峦和原野及相应的建筑物和人物。这样，你就能画上全部故事情节。在墙壁的其余部分直到顶端，你可画些与人物比例适当的树木，和故事情节相符的天使，小鸟和游云之类的东西。别的你就不必自找麻烦了，否则，你的一切作品将是错误的。

除了上述的这些箴言外，我禁不住想再提出一个与学习有关的新劝告，尽管这个劝告似乎很浅薄甚至是荒唐的，对于引起各种创作思路却是非常有用的。这就是，当你考虑某些创作时，看到彩石或墙壁上的污渍，你仿佛从中看出许多迷人的景色，有山川，岩石，树木，原野，河谷，群山，还能看到战场，活动的人物，怪脸和服饰以及你能分出形状的无数事物，这一切杂乱无章地呈现在墙上。正如你可以从钟声中想象出各种声调和语言一样。

如何增进才干激励发明创造　细看溅在墙上的一些污渍或各种彩石，你能从中发现一些画面与某些景色极其相似。这些景色中有各种山川、岩石、树木、沃野、河谷和丘陵。你还能看出各种战场、奇形怪状、面谱、服饰以及无数神奇事物，你可以把这些奇形怪状的事物简化成一个完整的形态。在墙上污渍和彩石上看到的这些奇迹，（其作用）正如你在听到的阵阵钟声中尽你所能想象出的各种声音和语言一样。

千万别轻视我的意见，我提醒你，在墙上污渍前，在灰烬、浮云、泥浆前以及类似的地方稍停片刻并仔细观察它们，这对你并不难，你真能产生奇异的联想。画家的精神是追求新发现，进行有关人类及动物的争战构图，进行风景和诸如魔鬼一类令人害怕的怪物的构图。这一切能给你带来荣誉，因为模糊的事物能激励人们去发明创造。

描画战斗的方法　应先画出鏖战人马在空中激起的尘土与炮火的烟雾相混合。应该这样描绘这团烟尘：地面上的尘土虽然很轻微且易飞扬升腾和空气相混合，但它毕竟有重量，会重新往地面降落。飘得最高部分最不容易看清，颜色和空气差不多。满载尘土的空气和烟雾相混合飞腾到一定高度好像一团黑云；在顶上烟雾比尘土显眼，烟雾呈浅蓝色，尘土保持原来的颜色。这一团尘土、烟雾和空气的混合物，对光的一边比背光的一边亮。战斗越剧烈，战斗者就越难看得清，他们的明暗对比越不明显。你应当给面孔，给人物及其周围的空气，给枪炮手及附近的人画上红润的光辉。这光辉离光源越远越暗淡，处于你和光源间的远处人物，有明亮背景的衬托显得暗黑。下肢离地面越近越难看得清，因为越近地面尘土越浓厚。如果你画马在人群中飞驰，要画上一团团尘土，团与团之间的间距与飞马跨步的距离相等，离马最远的尘团最模糊，因为尘土飘得越高，越散越薄；越靠近马匹，尘团越清晰，越小越浓。满天乱箭，有向上的，有向下的，也有水平飞驰的。炮弹尾部拖着长长的烟雾向前飞行。在前景中人物的头发、眉毛以及平坦可承纳灰尘的部位都积着尘土。画胜利者瞪着血眼向前猛冲，头发和别的轻细东西随风飘荡；他们的手足猛向前伸，也就是，如果右腿向前迈出，其左臂也应向前伸。你画任何人倒下时，应把他跌倒的地方的尘土画成满是血渍的污泥；画上在半湿的土地四周人马蹂躏而遗留的脚印。画出一只战马拖着主人的尸体，沿尸体滑过的泥土留下痕迹。被征服者面色苍白，眉头紧皱，额前布满痛苦的皱纹，鼻子两侧分布着从鼻孔到眼角的弓形纹路，鼻孔往上提——这是上述纹路的成因。嘴唇上拱露出上齿，牙齿像痛苦时那样分开。画一个人用手遮住惊恐的眼睛，掌心向着敌人，另一只手撑着地以支持半抬的身体。画一些逃亡者张着嘴边跑边喊，还应在战斗者脚下画上各式各样的武器，如破盾、残矛、断剑以及别的类似的东西。在尸体上满盖着或部分盖着尘土，尘土与从尸体上徐徐流出的血混成深红的血浆，用血的颜色显示血从尸体弯弯曲曲地流向地面，有的死者痛苦地咬紧牙关，翻着恨眼，紧握拳头护着身体，腿脚扭曲；还能看到一些战斗者被敌人打倒，解除武装，扑向仇敌，用牙咬手抓进行残酷的反抗。你还可以画一匹失主的战马在敌阵中横冲直撞，用马蹄踢伤敌人。你可画些负重伤的战斗者倒在地上，用盾牌保护着自己。敌人正弯着腰给予他以致命打击，还有许多尸体成堆地压在一只死马上。你还会看到一些胜利者离开人群，双手揩着眼睛，面颊沾满泪水和尘土混合的污泥。

你还能看到一队队增援部队满怀希望地站着，警惕地竖起眉毛，手搭遮光篷，窥视着浓浑的烟雾，等待队长的命令，队长也急忙地走向援兵，用指挥棒指向他们必须去的方向。还可画一条河流，战马在河中奔腾，激得浪花四溅，溅在马腿、马身。你还应审视你的画，不能在画中留下任何一块没有踩染血印的土地。

描画夜景的方法 完全失去光明就是黑暗。黑夜就属于这种情景。你若要描画夜景，先得引入一大堆明火。近火者必将深深染上火色，因为最靠近某元素的东西必定最深刻地带有该元素的特色。火色赤红，被火光照耀的一切东西都呈现火红的色调，离火较远的物体必较多地染上黑夜的黑色。在明亮的火光中，背对火光的人显得乌黑，因为，你所看到的那一面背离火光而染着夜的黑暗，站在两旁的人半边显得暗，半边显得红亮，在火焰边缘外看得见的那些人衬着黑暗的背景显出暗红的色调。人的姿态也不尽相同，靠近火堆的人用手和斗篷作屏障抵御着火热的辐射，面则转开，仿佛要走开似的，描画离火较远的人多数举起手遮住被耀眼的火光刺激的眼睛。

描写大陆和海上的风。

描写暴风雨。

如何描画风暴 如果你想描画风暴，请先设想并安排好风暴带来的一切后果。风暴席卷海面和大陆时，扫荡着未曾固牢的一切。要画风暴，应先画出急风驱赶着撕裂的块块云团，夹杂着岸边刮起的沙尘、杂物、满天飞舞的树枝、树叶。树木被吹弯伏倒，好像都要被风刮走一样。树枝偏斜，树叶凌乱不堪。画中的人，有的跌倒在地满身泥水，面目全非；仍然站着的人，在树后双手死抱着树免得被风吹走，另外一些人蜷缩地蹲着，双手遮眼以避风沙，他们的衣服和头发随风飘荡。在海面狂风激起惊涛骇浪，汹涌澎湃，强风吹击着细沫，满天浓雾迷茫。海上的船只篷帆破裂，碎片和断绳随风飘舞，桅杆折倒，怒涛冲击着倾斜的船身，人们则死抱着海面上一切飘浮着的破碎东西号叫着，疾风驱赶着云团冲击山峰，像海浪拍打着岩石激起层层漩涡。满天尘土、雾水和浓云，阴森漆黑，令人心寒胆战。

洪水的描绘　面对着冷酷的自然规律，人类显得无可奈何，这是下面描绘洪水的基本思想。莱奥纳多对山川、河流及海水运动的深入研究，画了由各种景色组成的连贯的记事画卷，按照一定的因果关系，一个接着一个生动地描画着，涓涓源水汇成洪流，千里之堤，溃于蚁穴，山边一个似乎偶然的故障会渐渐地引起山崩地裂的灾难。他试图显示《启示录》的预言，显示世界毁灭的情景，迫在眉睫的世界末日终将降临。

从他的附有旁注的关于波、漩涡和瀑布的素描原稿可更清楚地显示他对于洪水运动的描述。

首先需画一座巍峨的山峰，山下环绕着河谷，坡面的土壤与小灌木的细根一起滑下，周围露出一大片光秃秃山岩。这些东西从悬崖绝壁塌落，冲击那纵横交错的脱了皮的大树根，将树根剥光折断。让光秃的高山露出古代地震遗留的断裂沟壑。画出山谷堆满了许许多多从巍峨的山峰侧面落下的灌木碎片和岩屑，让这些灌木碎片混合着泥土、树根、树枝以及夹杂在泥土和石块里的各种树叶。画山上一些碎石落入谷底，给涨了水的河流筑起一道河坝，河水决堤而出，浪高流急，冲毁城墙和村庄的田野。画出这些城市高大建筑物倒塌时冲起的尘土烟柱就像与落雨相顶撞的环形云团。画高山和大建筑物落下的大堆大堆碎块冲击大湖的水面，反向溅起大量水花，也就是说，反射角等于入射角。顺河水漂流的离对岸较远的物体，显得沉重硕大。高涨的流水被约束在湖里回旋，涡流冲击着各种障碍，激起污浊的浪花直冲空中。当它落回水面，又激起浪花。从冲击处退回的波浪挡着迎面而来的别的波浪，两浪冲激向空中涌起巨浪。

人们还可看到衰减的波浪涌向湖水的出口处，水从出口处飞落空中获得重量和冲量。冲开低下的水面，直达水底，在水底反弹，带着与它一同侵入水里的空气弹回湖面；这些空气混在木头以及其他比水轻的东西间的泡沫里；这周围又构成了新波的波源，新波的振动越剧烈，其波前达到的范围也越大，随着波前的扩大，波的振动也按比例地减弱。因此，当波传得很远时，几乎就看不见了。如果波在传播过程中遇到障碍物而反射时，迎面与另一波相遇，它们仍然各自按照原先运动中所显示的同一发展规律，扩展它们的波形。从云端降落的雨水，在云的荫蔽面呈现与云相同的色调，除非阳光真的透射那里，雨水的颜色才显得比云团淡。如果高山或大建筑物的沉重碎块冲击水潭，激起大量的浪花，溅入空中的浪花方向与冲击潭水的巨大碎块的方向相反，也就是说，反射角等于入射角。顺水漂流的物体越沉重硕大，离两对岸越远。漩涡中的水越近中心旋转得越快。海浪的波峰落向波谷时，拍擦着水面的气泡，落下的水被磨成细粒，化成浓雾，在暴风中形成龙卷烟云，转入高空，最终结成云团。空中的雨水受到气流的冲击和激荡，随着风速的缓急而显出疏密，大气中因此产生了由上述雨水形成的大量透明云层，这可以透过观察者附近的条条雨丝看得清清楚楚。

海浪想打破山坡的限制，汹涌飞速地冲击着山脊，当它往后退时又与另一个冲击浪相撞，带着巨大的咆哮声又回到大海的洪流中去。

还应画出许多居民，人和各种动物被高涨的洪水驱赶到受水包围着的山顶。

洪水及其在画中的描绘　让人看到阴暗沉闷的空气受狂风的袭击。雷雨，冰雹，闪电交加，无数残枝夹杂着数不尽的败叶。周围千年古树被狂风拔起，被急流冲得光秃秃的山上碎石随着急流往下冲，堵塞了河谷，河水泛滥，淹没了平原、房舍和居民。你还可看到许多山头上挤满了受惊而显得温顺的各种动物与拖儿带女的男人和女人为伍。洪水淹没了田园，水面上到处漂流着桌子、床架、船只和其他为了急需和救命而临时制作的各种漂浮工具，上面挤满惊慌失措、痛哭号叫的男男女女，老人和小孩，风鼓水，水推风，风势越吹越猛烈，渐渐地形成狂飙，狂飙中夹杂着死尸。几乎没有一件漂浮在水面上的东西不挤满受吓发呆的各种动物，其中有狼、狐狸、蛇及各种逃生的动物。水浪以各类溺死者的尸体从侧面打击它们，这打击会致那些奄奄一息的动物于死地。

你能看见手执武器的人群保卫着他们占据的一席地，防备狮、狼及寻找安全处所的肉食猛兽的袭击。啊，在这雷鸣电闪的漆黑夜空随时都能听到令人恐怖的惊叫声！刺破云层的雷电摧毁着一切障碍！你能看见，在风雨交加的夜空中人们由于害怕霹雳巨响而双手掩耳，另外一些人由于不忍目睹愤怒的上帝冷酷地屠杀着人类的悲惨情景，紧闭双眼似嫌不足，还用双手蒙住眼睛……多令人惋惜呀！多少人在惊恐中跳崖。爬满了人的巨大橡树枝干在狂风中掠空而过。许多船只被倾覆，有的船身完整，有的被砸碎，许多人在船上挣扎着，从他们的姿态和动作可断定他们难免一死！你还能看见有的人忍受不了极度的痛苦，作出绝望自杀的姿态，其中有的人纵身悬崖，有的人自扼而死，有的人猛然拖过亲生儿女一拳打死，有的人则用自己的武器伤杀自己，有的人拜倒在地祈求上帝保佑！啊，有多少母亲为溺死的儿女痛苦呼号，双膝跪地，朝天高举着双臂，抗议天神无道！你还能看到另外一些人紧握拳头，咬紧牙关，吞食着咬伤流出的血，由于极端难忍的剧痛而把胸膛紧贴着膝盖。

成群的动物如马、牛、绵羊和山羊之类被水围困，迫上山的绝顶，挤成一堆，挤在其中的牲口有的爬到别的牲口身上，彼此践踏着，殊死地搏斗着，许多牲口因缺少食物而死亡。

飞鸟再也找不到任何不被洪水淹没又不被任何活着的动物占据的处所，只得往人和其他动物身上栖落；饥饿，这个死神夺走了无数动物的生命，膨胀的尸体从水底浮到波涛汹涌的水面上，相互碰撞，像充气的皮球那样从撞击点弹回，压在别的尸体上。

在上面描绘的这个世界末日的情景中，天空乌云密布，天庭霹雳划破夜空，电闪忽东忽西地照亮着茫茫的黑夜。

在旋风中可隐隐约约地看见远方飞来的成群飞鸟，在它们随风回旋过程中，时而显露鸟群的侧面，也就是它们最狭窄的一边，时而显出最宽的正面；在它们刚刚出现的时候，形状像一块块模糊不清的云块，接着第二群，第三群，越飞越接近观察者，越看得清楚。

最近的一群鸟斜着往下飞，栖落在随着洪水漂荡的尸体上，争着啄食，直到鼓胀的尸体失却浮力，沉入水底为止。

组成部分　黑暗，狂飙，海上风暴，洪水泛滥，森林大火，骤雨，天上雷电，山崩，地震，城镇夷为平地。

旋风把水、树枝和人统统地卷上天空，被风刮断的树枝连人紧紧地挤压在风的会聚处。

载着人的断树。

被岩石撞碎的船只。

羊群。

冰雹，闪电，旋风。

树上摇摇欲坠的人群，树木和岩石，挤满人的山丘和塔，船，桌，盆及其他漂浮的工具——站满男人、妇女与动物的山头，云端发出的电闪照亮了场面。

二、艺术的比较

1. 绘画、音乐和诗

莱奥纳多在各门艺术的实践才能和见识使他有可能比较各门艺术的异同和优缺点，这就加深了他对绘画王国优越品质的认识。他对当时流行的经院哲学式的人类知识分类法表示异议。这种分类法认为七种“自由艺术”是最高尚的人类成果。诗和音乐属于“自由艺术”，而绘画则被贬黜为“机械的艺术”，只是包括各种体力劳动的手工艺，是低级的。

诗和音乐相似之处在于诗的言词音节与音乐的曲调相当。诗句有韵律，音乐有抑扬顿挫的旋律。画家虽然没有抑扬顿挫的旋律，却将谐和注入形体的轮廓中。普卢塔西曾将物体的轮廓与韵律变化相比：舞蹈就像确定的形体轮廓线——舞蹈像无言诗，诗则是语言的舞蹈。

然而，韵律本身是第二位的，音调的变化与协调却是莱奥纳多所强调的。绘画艺术和音乐一样也考究比例，也有类似乐音之间音调的高低变化比例。绘画中优美和谐的比例就像各种音调在同一时间发出的和声一样。这种同时的和谐给人以极大的美感。诗的短处在于它在某一时刻只能发出一个音调。从这个角度看，和谐与韵律远远超越于一种艺术的界限，它给人以美感，而且按照各门艺术的情况而有不同的表现。你可曾知道，我们的心灵是和谐的产物。

画家是形形色色的人和万物的主人。如果画家想看到使他迷恋的人，他就能创造她；如果他想看到令人害怕的庞然怪物，或滑稽可笑的人物，或令人同情的人物，他就是创造这些事物的神；他还能创造渺无人烟的荒凉区域，创造炙热中的荫凉地或严寒中的温暖处所。如果他想要河谷，想从高山之巅俯瞰伸展到海平面的大平原，想从平地仰望高山……这一切他都能实现。事实上，宇宙中一切实在的，想象的，或本质的东西，画家总先用脑想，后用手表现。画家的才能是如此杰出，他能使人一眼就看到一幅完美的和谐匀称的同自然一样的画面。

谁轻蔑绘画，谁就既不爱哲学也不爱自然。如果你轻视绘画，轻视一切具体的自然事物的唯一仿造者，你必定轻视深含哲理的精巧发明，你必定鄙视对包围在明暗中的一切自然形态——海洋和陆地，植物和动物，花草——的深刻周详的思索。绘画完全是一门科学，是自然的嫡生女儿，因为绘画是自然界产生的，确切点说，它是自然的孙女儿；一切已成事物都是自然创造出来的，而这些事物又创造了绘画，因此，我们可以公正地说，绘画是自然界的孙女儿，是上帝的血亲。①

① 参看但丁《神曲·地狱篇》第十一歌，105."因此艺术仿佛是'神灵'的孙儿。"（见朱维基译本，上海译文出版社，1984年2月新1版，第81页）。

资质差的人不能教以绘画，不能像数学那样，教师教多少学生学多少，不能像描红那样写得与原本一模一样，也不能像雕塑那样，雕塑得与原形一般模样，也不能像书的印刷那样，无限地翻印。

绘画无比高尚；它只给作者以荣誉，自己保留着无双和高贵；世间从来没有任何作品能与其匹敌。绘画的无比崇高超过一般科学。我们不是看到东方的皇帝总把自己遮得严严实实的吗？他们唯恐自己的形体暴露在群众之中，有失威严。我们不是看到描绘上帝的图画总把上帝隐藏在华贵的服饰底下，在圣画前举行着大的基督教仪式，许多人唱着有乐器伴奏的颂歌；帷幕拉开的瞬间，聚集在那里的人群，跪地崇拜，祈求上帝，心目中能给世人带来健康和永恒救助的上帝仿佛与他们同在。人的任何其他作品不可能产生和这相同的效果。如果你强调，这不是画家的功劳，只不过描画了主题。我们的回答是，若果真如此，人们完全可以安静地躺在床上使自己的梦想实现，用不着到那乏味的地方去，进行朝拜。有什么必然性促使他们去朝拜呢？你深信，是上帝这个偶像促使他们顶礼崇拜，再多的著作无论在形式或能力方面也不能产生同这个画像一样的效果。看来，上帝既喜爱这张画，又喜爱崇拜他的人，更喜欢受仿效这一形式的崇拜，并按照聚集在这里的人的虔诚程度而赐予恩惠和救助。

音乐可称为绘画的姊妹，因为音乐有赖于第二感官听觉。①

---

① 根据古代传统，五官按高尚顺序排列。视觉第一，听觉第二，这两个感官与绘画和音乐密切相关，高于嗅觉、味觉和触觉。

它的和声是由同时发出的各均衡声部共同组成的，按照一种或多种和谐韵律升降。可以认为，这些韵律统领着构成和声的各均衡部分，像人体的轮廓包围着构成人体美的各个组成部分一样。

绘画高于音乐，因为绘画不像不幸的音乐那样方生即逝，恰恰相反，尽管绘画局限于一个平面，却能长久生气勃勃。多神奇的科学呀！它能保持人们的瞬时美，比那些随着时光而不断变化最终难免老朽的自然万物保持得更长久。这样的科学与深奥的大自然的关系，同它的作品与天然的作品的关系一样，这是它令人爱慕之所在。

音乐家自称他的艺术与画家的艺术同等，因为音乐也是由许多部分组成的整体。欣赏者可从其许多谐和节奏中体会出音乐的优雅，这些旋生旋灭的节奏能愉悦人体内的灵魂。画家的答复是，画家画的由许多部分构成的人体，虽然既不能通过谐和的节奏给人以愉快，也不构成旋生旋灭的节奏，却能保持长久，其优点还在于生动保持着比例的和谐，造物主即使费尽全力也难做到这一点。多少图画保持着当时神美的形象，天然的原作却常毁于旦夕，所以，画家的作品比造物主的作品更高尚地活着。

铜鼓敲得像一弦琴或柔和长笛

音乐有两个缺点，一个是消亡，另一个是消耗；消亡紧跟在发音之后，消耗产生于重奏，造成讨厌无价值。

诗人和画家在表现人体方面的差别就像被肢解的肢体和整体的差异一样。诗人只能点点滴滴地表现人体的美或丑。画家则能立即同时全部显示出来……诗人的做法与音乐家相对比，就像音乐家将一首四部合唱的歌曲分开单独唱一样，先唱女高音，再唱男高音，次低音，最后唱低音。这样唱不能在同一时间内表现各泛音之间的和谐美……音乐也在和谐的节奏中，安排着各声部组成柔美的旋律。但诗人则缺乏声音和谐的眼力——他不能提供与音乐和声相当的东西，因为要同时说出不同的事物确实是超出他的能力。画家的和谐比例则由各部分同时起作用，而且可以立刻同时看到整体和部分的协调和谐美……由此可见，诗人在表现有形事物方面比画家差得多，在表现无形事物方面又不及音乐家。

假使诗人知道如何描写形体的外貌，画家则能以明暗手法使面部表情显得有生气。这里，不能从诗人的笔得到的东西却能从画家的画笔获得。

如果说，诗人通过耳朵使人领悟，画家则替最高贵的感官——眼睛服务。我只要求将一位优秀的画家描绘战场激烈战斗的画与诗人描写同样战斗的诗篇同时展现在公众面前，你将会看到是画还是诗吸引更多的观众，引起更热烈的讨论，获得更多的赞扬和满足。毫无疑问，绘画将更容易被理解，更能引起美感。一边写着上帝的名，另一边画着上帝的画像，你会发现画像将获得更多的尊敬。绘画包含着自然的一切形态，而诗人除了事物的名称以外则一无所有。名称不像形态那样普遍，你们若有演示的效果，我们则有效果的演示。例如，诗人向一位恋人描述其情人的美，画家则画出她的肖像，你定能看到是哪一边获得更多迷恋的判断，事实证明，天性将引他偏向肖像的一边。

你把绘画归为机械艺术。倘若画家也真能像你那样用文辞称颂他们自己的作品，我怀疑他们能容忍这样的侮辱。如果因为绘画是要用手画出想象中的内容的手艺而称之为机械艺术，那么，你们诗人也是用笔写出你脑中想象的内容的，如果你认为是为金钱而画才叫它为机械的，那么有谁能比你犯的错误更大——如果这可以叫做错误的话？你讲学，不是找报酬高的地方去吗？你曾经做些没有报酬的工作吗？我这样说并非指责为报酬而工作，因为所有劳动总希望得到报酬。诗人可能说，我能写一篇意义深远的文章，画家何尝不能这样做，亚佩尔斯画《诽谤》就是这样做的。如果你说诗能耐久，我说铜匠的成品更耐久，因为他的成品能比你们或我们的作品保存的岁月更长。但这样的成品缺乏想象。若在画上涂以瓷漆，画可以保存得更长久。

我们的艺术可以称为上帝的孙女。

如果诗研究伦理哲学，绘画则研究自然哲学；若诗描写人的精神活动，绘画则探讨反映在人体运动中的精神活动；如果诗能用地狱的虚构令人恐怖，绘画将同样地以令人毛骨悚然的故事显示在人的眼前。设想诗人和画家较量，不管用什么方法和形式描写美和丑的景物，或面目狰狞的怪物，画家更能令人满意。我们不是曾经看到某些与实际事物极其相像的画，使人和动物信以为真吗？

绘画以其奇妙的构思胜过人类的一切作品　眼睛，这个心灵之窗是人了解自然的主要感受器，依靠这个感受器可最充分最完满地鉴赏自然的无穷作品。耳朵则居于次要地位，它靠收听眼睛看到的事物才获得体面。你们史学家、诗人、数学家如果用文字记述不是亲眼看到的事物，那将是很不完全的。诗人啊！如果你用笔描写某个故事场面，画家用画笔描画将更全面更不费事，更能令人满意。如果你称绘画为哑巴诗，画家就可以称诗为盲人画。试想想，盲人与哑巴，哪一种更伤残？诚然，诗人的创作和画家一样自由，但诗篇不能像绘画那样给人以美的满足，诗虽然可用文字描写形态、动作和处所，画家用形体的实在外貌进行了再现的创作。试想，是画像，还是人的名称与真实的人更接近？人的名称在不同的国家叫法不同，如果不死，形体总不会改变的。

在马希亚斯国王[①]的庆祝寿宴上，诗人献了一首据说是为了世界的利益的赞美诗，画家则送了一幅他所喜爱的图画，国王立即合上诗稿，转而以极其钦佩的目光注视着图画。诗人极其不满地说：啊，陛下，仔细读我的诗，就能从中发现比一幅哑巴画寓意深重的东西。国王对责备他喜欢哑巴诗的回答："安静，诗人呀！你不知道你说些什么？这幅为更高的感官服务的画，比你为盲人服务的作品好。请给我一些我能看得到、摸得着的东西，不单只是听得到的东西。别责备我把你的作品放在一边，而用双手捧着图画，使我的眼睛欢快；因为我的双手自觉地按照为最高的感官服务而不是为听觉服务而进行选择。我自己的意见是画家的艺术比诗人的艺术强，因为它为更高的感

① 马希亚斯·科维努斯，匈牙利国王，司伏萨的朋友，文学艺术的保护者。

官服务。你可曾知道，我们的心灵是和谐组成的，而和谐只有在同时看到或听到事物的协调比例才产生的？你可曾看到，你的艺术不能按比例同时作用，而只是一部分一部分相继产生，后者还没生，前者已死灭。因此，照我的意见，你的发明远不如画家的发明，唯一的理由是你的发明没按和谐比例。这不能使听者或观察者精神得到满足，像美丽的形体比例。在我面前的端庄美貌，以其精巧合度的比例同时作用，给我以无限的欢快，我想，世界上再没有任何别的作品能给人以如此巨大的快感。”

2. 时间和空间

万物的比例 比例不仅存在于数字和量度，也存在于声音、重量、时间、空间以及任何能力之中。

时间性质的描述与几何定义不同。点无部分，线是点的过渡，点是线的边端。

瞬间不是时间，瞬间的运动构成时间，瞬间是时间的边际。

虽然把时间作为连续量，然而，由于它是无形的且非物质的，不能归入几何学范畴。几何学讨论的是日常生活经常看到的有形的物质的无数事物的形体及其部分。与几何学有关的和谐只涉及其第一原理，即点和线。从时间的角度看，把点比作瞬间，线则可相应地看成是一定的时间长度。正如点是所说的线的始末，瞬间则构成任一时间间隔的始末，尽管线是无限可分的，时间间隔也可以无限细分的。像线的细分彼此有一定的比例，时间间隔也可按比例细分。

3. 声音和空间

抛石入池，池水激起许多同心圆形波，石入水处为圆心。声音在空中也以圆形扩散，处于明亮大气中的任何物体都以球形扩散，并以自身的像充满周围空间。

我认为，回声是声音传播遇到障碍物而反射到耳朵引起的，正如物体的像经镜子反射到眼睛的情况。物体发出的像射入镜子，再由镜子反射到人眼，其入射角与反射角相等，声音在山谷中传播经障碍物反射而传到耳朵，其入射角与反射角也相等。

接受声音的灵敏物体能将获得的每个印象继续保留一段时间。印象在接受者内保留的时间越长，其作用的能量越大，保留的时间越短，其作用能量越小……

灵敏的印象是指像钟一类的回响物体承受打击的影响，或像耳内的声调，要是耳朵真不能保持着各声调的效果，只听到单一的声音总不能引起快感。若从第一声调到第五声调一直通过一个人的耳朵，他得到的印象仿佛同时只听到第一和第五两个声调，好像听到由第一和第五声调组成的真正谐音；如果第一声调的印象不在耳内保留一段时间，随之而来的第五声调听起来好像是单独的；单一声调不可能有任何谐音可言，所以，任何单音不可能引起人们的快感。

像人们看到太阳或别的发光体的光辐射后能在眼里保留一些时间一样，单独火点沿圆周迅速旋转就构成均匀的连续的圆形火圈。

从云层降落的雨滴看起来像连续的线；由此可知，人的眼睛是怎样保留着见到的运动物体的印象。

声音通过空气，并没赶走空气，当它碰到障碍时就反射回声源。

画家量度离眼后退物体的距离正如音乐家用耳朵测听声音的间距。虽然离眼远去的物体看起来好像相互间越靠越近，我仍取它们相互间的每一间距为二十意尺作为一系列测量的单位，借以建立我的规则。像音乐家把串连在一起的声音按照声音之间的距离，建立声音区间，叫做第一音、第二音、第三音、第四音和第五音等等，并根据人的声音高低给这些音定名。①

4. 绘画与雕塑

绘画与雕塑比较　绘画要求富有想象力和熟练的技巧。绘画艺术比雕塑更了不起。作为自然和艺术之间的解释者，画家的精神须与自然的精神一致。画家应能说明自然规律种种表现形式的道理，阐明眼前种种物体如何经瞳孔在眼内成实像，应能区别同样大小的许多物体，哪些物体看起来比较大，颜色相同的物体哪些较深哪些较浅，放在同一高度的物体哪些显得高些，远近不同的物体中哪些清晰，哪些模糊。

---

① 参考莱奥纳多的理论，同样大小的各个物体，按 20 意尺间距，等距离地往后排列，物体的大小，看起来按 1/2，1/3，1/4 和谐地缩小，这与琴弦的弦划分八音度，五音度和四音度极其相似。里昂·巴蒂斯塔·阿尔伯蒂把这些比例应用于建筑学：“人的耳朵对声音感受的最适宜的数，也将给人的眼睛和灵魂带来同样神奇的欢乐。”

绘画艺术的领域包含着一切现成的事物，诸如强度改变着的各种物体，颜色深浅的改变，及物体的透明度等等。雕塑则显出局限性，雕塑家显不出更高的技能，只是简单地向你显示自然物体的外形。画家能根据物体与眼睛间大气的情况以及颜色的变化表示不同的距离；他能画出扑朔迷离的云雾，笼罩着山峦与河谷的烟雨，画出围绕战斗者旋转的尘土烟团，画出浑清不一的溪水和水中遨游的小鱼，画出青山绿水中洁净沙滩上色彩斑斓的种种卵石。他还能画出苍穹的灿烂星辰，画家还能做出雕塑家难以梦想的无数其他效果。

雕塑家不能刻画透明或明亮的物体。

眼睛看不出轮廓范围内物体的形状并非光影所致。有许多科学如果没有光和影的知识就不可能存在——如绘画、雕塑、天文及大部分透视学等等。

可以证明，雕塑家若没有光和影的帮助，他就不能工作，因为没有光和影，材料的雕塑只呈一种颜色……受均匀光照的水平面处处保留着本色的明暗度，颜色的完全相同表明表面的均匀光滑。由此可断定，若材料的雕塑不受光和影的覆盖以显示肌肉的突出和凹下，则雕塑家就不能不断地审视他的工作的进展，就像他白天看到的型式须在黑夜中进行雕塑一样。

绘画　绘画借助于光和影，使平面呈显各种凹凸感，且彼此间的距离不等。

雕塑家声称浅浮雕是绘画的一种。就素描而论，由于浅浮雕多少带点透视，这说法还有几分道理。但就光和影来说，浅浮雕则远不如圆浮雕和描画。例如，浅浮雕的各部分阴影就不能像绘画或圆浮雕那样，按远近比例缩小而有相应的深浅程度。这艺术是绘画和雕塑的混合体。

雕塑比绘画缺少理智，也缺少许多固有特质　我研究过绘画艺术和雕塑技艺，对这两门学问都有一定的造诣，深信不会偏袒任何一方，并能明确指出这两门艺术间哪一门技巧较高超，哪一门较困难，较完善。

首先，一座雕像依赖于由上射下的一种特定的光线，一幅画则处处带着自己的光和影。光和影对雕塑是不可缺少的。在这方面浮雕的特点帮助了雕塑家，因为浮雕的光和影是自然而然产生的。画家则用自己的艺术在自然通常显示光和影的地方创造了它们。

雕塑家不能区分物体的各种自然色；画家在这方面有他独到之处。雕塑家的线透视显得不够真实，画家的透视可使其作品显示于百里之外。雕塑家的作品没有任何空气透视的效果，他们既不能表现透明体，发光体，也不能表现光的反射，不能表现像镜子一类具有晶亮表面的闪光体，不能表现云雾、沉闷的天气以及其他无数事物。在这里就不一一列举，以免乏味。

雕塑的一个优点就是能经久……

绘画更优美，更富有想象，更富有资源，雕塑除了更经久，再没有别的优点。

雕塑不费劲得到的东西，在绘画中变成神奇的东西，模糊的变成了实在的，平滑的东西显出浮雕感，远物变得近了。

事实上，绘画具有雕塑所得不到的无限可能性。

三、建筑计划

包括一些圆顶大教堂建筑设计的莱奥纳多手稿构成一个中心计划，这个计划从艺术家的观点论述了结构问题。他也替他的保护者设计了要塞、别墅、城堡、庭院和马厩等，他的建议涉及米兰和巴维亚教堂的完成。

他注重从理论上解决实践中的问题——如教堂的建筑形式怎样才能最好地满足音响的要求。他的论文论述拱顶，栋梁及其承受力，论述墙破裂的原因和发展及其防止的方法。

他论述城市建设规划，房屋和园林布局的思想，把艺术与技术紧密地结合起来，他还考虑到采光和通风，广场，隔音房间及立体交通等等。

此图是从他的一个笔记本复制的，说明根据维特鲁维乌斯和里昂·巴蒂斯塔·阿尔伯蒂提出的有关顶楼柱基比例的规则[①]。

① 里·巴·阿尔伯蒂在《绘画》中介绍了将物体正确地安插在图画平面的正确位置的方法；洛马佐的《绘画艺术论文》中以及杜雷尔的《测量指导》中都有介绍。

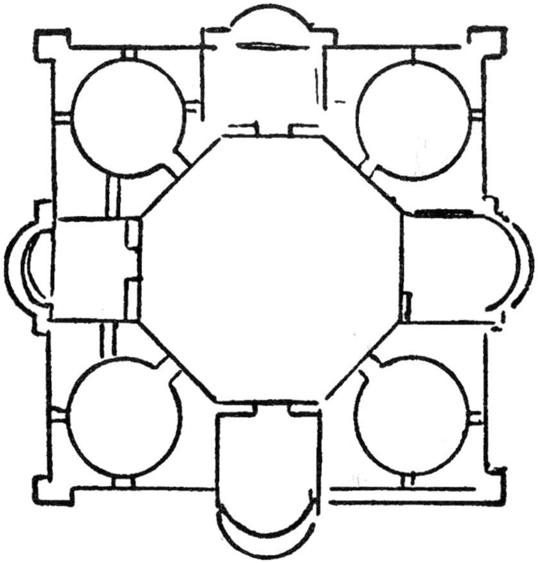

M

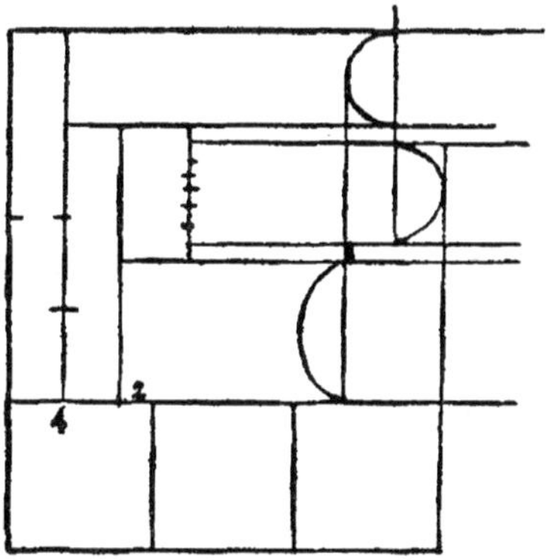

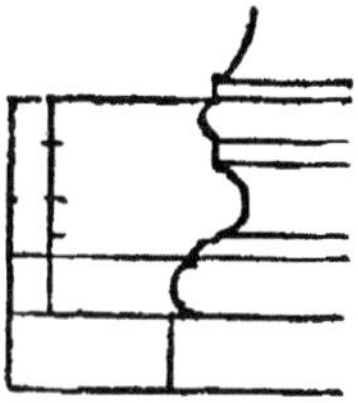

什么是拱顶？ 一个拱顶不是别的，正是由两个弱体所引起的强力；建筑物中的拱顶是由两个弓形体构成的，每个弓形体本身很弱，且有下落的倾向，当一个弓形体阻挡另一个弓形体降落时，两个弱体就变成单个强力。

拱顶的重力性质 拱顶一旦形成，就处于平衡状态，因为两边相推的力量相等；如果一个弓形体比另一个弓形体重，较重的压制较轻的，其稳定性终归被破坏。

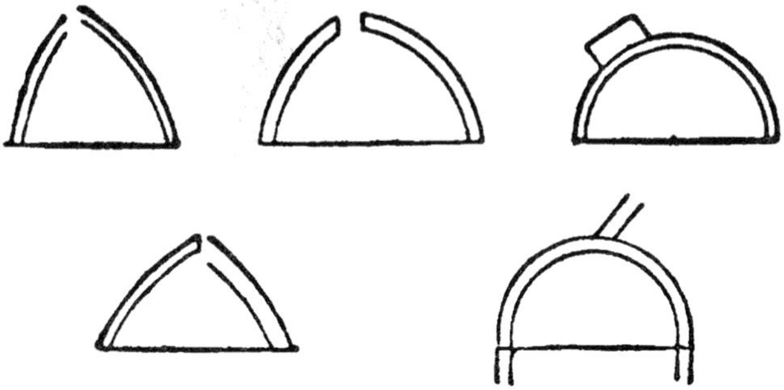

此图表示由八角形边构成的拱顶如何将角墩往外推。直线 hc 和 td 将墩 m 往外推，也就是他们具有迫使角墩离开八角形中心的趋势。

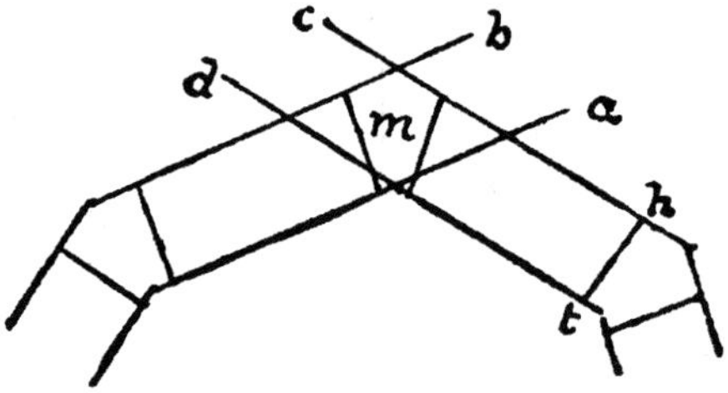

实验证明，放在拱顶上的重物，没将其全部重量加在支柱上。情况恰巧相反，加在拱顶上的重量越大，拱顶传给支柱的重量越少。实验如下：让人坐在井里轴杆中央的钢秤上，然后伸开手足，抵住井壁，你就可看到他加于钢秤上的重量减少。若在他肩上加以重物，实验指出，加在他肩上的重量越大，手足伸开的作用也越大，压壁的力量也越大，压在钢秤上的重量越小。

一座新塔部分地以旧的砖石工程为基础。

流水台阶　当河水从闸门泻落时，河床下面的冲击点被掏空了，从这些地方降落的水在堤坝底基一点也不造成洞穴，在飞溅反弹时也不带泥土，所以，也不形成新的障碍，只在底下沿闸门地基侧向横流。此外，在水道斜对过的堤坝最低处造成一个像楼梯那样的深的宽台阶，水总是从这最低的台阶自然地垂直降落并挖掘着堤坝基础，在降落时再也不会形成太大的冲

击力。在维吉瓦诺城堡的司伏齐斯卡草原的落水就属于这类台阶式的降落，水从五十意尺高奔流飞泻。

水可由整个圆周 ab 降落。

城市规划　街宽应等于普通的屋宽。

上层公路比下层公路高六意尺，每条公路路面宽二十意尺，公路边缘比路中低半意尺，在路中央每隔一意尺开一个一指宽一意尺长的小孔，让雨水经小孔流入下层公路，路的两边桥墩上应有一个六意尺宽的连拱廊。

谁想沿着上层公路走完全程，可利用连拱廊，无论谁也可以同样地沿着下层公路走。上层公路禁止货车或其他交通工具通行，专供上等人行走。所有大车和载重车以及普通人限走下层公路，在下层公路两旁筑有相互背向的房子，房子开着门以便提供木材和酒。厕所、马厩和有毒处所应经地下通道清理，地下通道位置与两拱门相距三百意尺，每个地下通道由街道开口采光，每个拱顶应有螺旋形梯……首先要有一个门可通厕所，还应连通上下层公路。

上层公路的起点应与六意尺高的门边相接，地点选在近海或濒临大河的地方，以便城市垃圾由水路运走。

建房规划　建筑物应与周围事物分离，以便看清其真实外形。

〔建筑素描〕 主人居住的大房间，房间，起居室兼餐厅，食品室，警卫室，家庭成员大房间和厅堂。

主人居住的大房间与家庭成员大房间之间应有起居室，食品可经大的窗和低的窗口或旋转台送到两个房间，家庭成员大房间在起居室的另一边，好让主人听不到噪杂声。

家庭主妇应有独自的一套房间和明厅，与家庭成员的房间分开，以便女佣人在同一厅的另一张桌吃饭。另外，她还应有两个属于她的房间，一个供女佣人住，一个供保姆住，放器具也要有较大的处所。一个连通各种衣食住行设备的房间也是必要的；花园和马厩靠近。

住在伙食房的人要有通向餐厅的通道，以便迅速而有效的工作。餐厅的窗要对着伙食房，方可提取木材，餐厅要有便于清洗锡铝合金器皿的设施，以减少在房里往还传送。我希望有一个大门统管全屋。

水轮机 利用水轮机我能随时产生一股气流；夏天，使水不断涌出，冒泡。沿着像〔素描〕所示的平面空间流动。半意尺宽的通道用来储存最新鲜的瓶酒。别的水根据需要流入花园浇灌橘子树和香橼树，通常选择容易覆盖和保温的地点种香橼树，香橼树就能耐久。在冬季，覆盖保温的方法远比直接用火烤强，其理由有二：第一，泉水的温暖是天然的，且与所有植物根部的温度相同；第二，火照保温是外来的，是不可测的，因为火排除了水分，既不均匀又不连续，起初比终了更暖，且用火照常因管理粗心而照顾不周。

小溪的杂草应常割，以便透过清澈的河水看清铺满圆卵石的河床，只需保留作为鱼食的植物，如水田芹之类。养的鱼应当是一些不会将水弄得浑浊不堪的，也就是不可养鳝鳗鱼，也不放欧洲鲤和梭鱼，因为这些鱼会侵害别的鱼。

利用水轮机可将水经管道引入屋里，从不同的地方喷出，也要埋一些管道在常有人走过的各个地方，让水从下方喷出，从妇女及其他人走过的下方喷出，也可以洗淋浴。

可用一些细钢丝网遮盖花园的顶，网下〔关〕着各种鸟类，你可尽情享受鸟语花香之乐。

借水轮机之助，只要水轮机不停地运转，你就可听到像各种乐器奏出的动人的连绵的音乐。

四、艺术家的生活

画家同自然竞争。

画家应孤身独处，细想所见的一切事物，反复推敲，以便选取其中最优良的部分。画家的行为应像一面镜子，真实地反映放在面前的一切事物的各种颜色。真能如此，他就像是第二自然。

画家的画室生活　为了身心健康并保持精力充沛，画家或素描家应孤寂生活，特别是在专心致志地进行某项研究，回顾不断呈现在眼前的事物，为记忆提供储存的时候更需清静独居。如果你孤身独处，你就完全属于你自己；如果你只有一个同伴，那你只剩一半属于自己，或者更少些，这就与同伴的言行举止轻率程度有关，同伴越多，你将陷入更深的麻烦之中。你会说，我离开他们，走自己的路，就能更好地研究自然事物的各种形态。我要告诉你，那更不好办，因为你难免要听到他们闲谈，一仆难事二主，你既不能尽朋友之谊，也难对艺术进行精心的探索。但你还会说，我将走得远远地，耳不闻心不烦。我可以告诉你，人们会认为你是疯子，应注意，如果你真这样做的话，起码你也是孤单的。你若要友谊，那就到你的画室中找……这将帮助你获得各种好处。别的所有朋友对你都是非常有害的。

小房子使人思想集中，大房子则使精神分散。

拒绝接受画家不应在节日工作的主张 绘画是了解神奇万物创造者的方法——这是热爱发明者的方法。事实上，伟大的爱产生于对所爱事物的真正理解；你若不理解你所爱的东西，你就爱得不深，甚至于不爱。

如果你是为了从伟人那里得到好处而爱伟人，你就像狗那样摇着尾巴蹦蹦跳跳地扑向能给你一根骨头的主人吧，倘若狗知道且能了解这主人的德行，它将会爱得更深！

画家乡间生活 画家需要与绘画有关的数学知识，应与志趣不同的朋友断绝关系；画家的头脑要有适应眼前各种事物变化的能力；他还应无忧无虑。如果在你思考某个问题时，第二个问题突然出现在脑子里，你应确定这些问题中，哪一个问题更难，就迎着困难上，深入研究，直到完全搞清楚为止。然后再研究分析其他问题。至关重要的是他的头脑应像镜子那样明净，能够如实地反映客观事物的万紫千红。他的朋友在这些研究问题上应与他志同道合，若找不到这样的同志，宁可单独探索，因为他终究会发现知音难求。

睡前或醒后在黑暗中思索　我从切身经验发现，晚上躺在床上时，将已经研究过的事物的梗概或其他经过仔细思考而值得注意的事物，全面回想一遍，会获得很多好处。这肯定是一种值得提倡的方法，它有助于增强记忆。

画家的灵魂应像一面镜子，反映物体的颜色，反映面前一切物体的形象。因此，你应该明白，假如你不能用你的艺术描绘自然创造的一切形态，你就不是一个多才多艺的画家。要做到这一点，你就得观察周围事物，记住它们。当你在野外行走时，应把注意力集中到观察各种不同的事物上，一会儿看看这儿，一会儿看看那儿，采集各种资料，去粗存精。千万别像某些画家那样，他们感到疲劳时就不想工作，东游西逛，他们思想懒散，对周围的一切事物漠不关心，遇到亲戚朋友招呼也无动于衷。人们以为他是没有教养的。

啊，人呀！是什么东西引你远离家门走进城镇，是什么东西使你离别双亲和朋友，奔向乡村，登高山，涉河谷，若不是自然界的美，又是哪一个？你若仔细思量，你只能通过视觉器官获得欢快；诗人宣称要和画家竞赛，你为什么不拿诗人对风景的记述文躲在家里，免受烈日炙晒？躲在阴凉的地方不受日晒，不是更舒服，少劳累吗？但是你的心灵享受不到通过眼睛（心灵的窗口）获得的欢乐，得不到明亮地方的反射光，看不到弯弯曲曲的河水冲击形成的阴凉河谷，既看不到能给眼睛带来和谐感受的万紫千红的花朵，也看不到能呈显眼前的万物。如果画家在凛冽的寒冬把画着这个或那个乡村景致的画给你看，你就会享受到像亲临泉边那样的欢快，你能看到在绿荫底下的万花丛中，一对情人在谈着绵绵情话。难道这不能比你只读诗人对此情景的记叙文更激起你的欢乐吗？

研究题材选择的时间 青年学生的冬夜应在整理夏天准备的素材中度过；就是将夏天收集的所有裸体素描集拢在一起，从中选出优美的肢体和身躯，以备实际应用和记忆。

姿势 以后，在次年夏天，你可挑选不曾穿紧身衣长大，身体健康，姿态自然优美的人，让他做些优雅灵巧的动作，即使他身体轮廓内的肌肉显得平淡单调也无关紧要，只要你能从他那里获得优美的身姿就足够了。你可以用冬天选取的资料修正其肢体。

如何正确学习历史画中群体的构图法 等你学会了透视，记住了人体的形态和各部分的比例之后，你在散步的时候，就应注意观察和思考周围事物和人的举止。他们怎样说话，怎样争吵，怎样欢笑，怎样打架以及打架时，当事人的动作和表情，旁观者或劝和者的动作和表情。迅速将这一切记在随身带的由不易擦掉的颜色纸订成的小本子上。旧的本子画完了，就换一本新的；这些东西不容易擦掉，要好好保存，自然事物的形态和位置无限众多，任何人的记忆力都无法全部记住，保存这些草图作为你的向导和师傅。

合伙作画比单独作画好吗？ 我肯定地说，合伙作画比单独作画好。有许多理由：第一，如果你作画能力较差，在作画人群中间会自感惭愧，羞愧的感觉能激励人勤奋学习；第二，健康的羡慕心能促使你加入先进者的行列，旁人的表扬是对你的鞭策，此外，你还能得到绘画技巧比你高明的人的帮助。如果你技术比别人高明，也可从别人的缺点受到启发，别人的赞扬能促使你勤奋努力。

关于对自己的画的评估　我们很清楚，旁观者清，当局者迷。别人作品的缺点容易看清，自己作品的毛病不易认识。人们常常对别人吹毛求疵，对自己的错误却熟视无睹……我认为，你作画时，应准备一个平面镜，可时时查看你的作品在镜中映现的倒像，这倒像看起来像是别人的作品，更容易看出其中的缺点，这是查出自己作品缺点的好方法。此外，常常放下工作，稍事休息，也是好办法，因为休息后回来时，头脑清楚，能作出更准确的判断；如果工作时坐得太近也很容易分不清，后退一段距离，画面显得小些，眼观全貌，更容易看出物体的色彩和肢体比例的失调情况。

物体因反向运动范围的扩大而变得很缓慢，从而产生较激烈的冲击，而较短暂的运动力量较小，所以，对同一对象的研究，经历的时间长，作出的判断较正确，而且更容易认清本身的错误。这道理对画家的眼睛同样是正确的，画家作画时应离画面远些。

优美面貌的挑选　在我看来，画家的主要优点就在于他能赋予他的人物一种优雅的风采。画家若非生就这特长，应养成随时留心观察的习惯：四下观察，从许多公认的并非出自你的判断的容貌中挑选最美丽的部分，如果你选取与你自己的面貌相似的容貌，很可能自己欺骗自己。因为这种相似仿佛能使我们喜欢；如果你长得丑，挑选的面孔也不美，你将像许多画家那样，画的面孔也是难看的，因为师傅的画像总与他自己相像。因此，你应照我教你的办法挑选美丽的容貌，并牢牢地记着。

使容貌显得最优美的配光 如果你有一个可以随需要而舒卷的亚麻布篷覆盖的庭院，就能得到最理想的光照，或者你可选阴沉多雾的天气或黄昏时替人画像。让被画者在庭院里背靠着一面墙坐着。在黄昏或天气阴郁多雾的时候，你留心观察街上来来往往的男男女女，他们的面庞显得多么柔和优美。画家啊！你可把你的庭院墙壁刷成黑色，一个突出的狭窄屋檐遮盖着庭院的一部分。庭院应宽十意尺，长二十意尺，高十意尺，在阳光照射时用亚麻布篷覆盖。在黄昏，多云天或雾天的光线最理想，最适宜于画人像。

少年学习绘画的规则 我们很清楚，视觉是最敏捷的动作之一。尽管一眼能收无数事物形体，每次还是只能理解一件事物。

假定读者，你们对这页书一览无余，一眼看出书页上满布着各种字母，至于这是些什么字母，它所代表的意义，你看一次并不全然了解。因此，你必须一行行，一句句，一个字一个字地读，才能理解其含义。正如登高者必须一步一步，逐级而上，否则达不到顶峰。你生来爱画，我才对你说，你若想掌握事物形态的知识，应从事物形态的细部入手，一步一个脚印。

前面的若还没熟练、记牢，切勿进入后面的，你若不照这样做，必然浪费时光，延长学习时间。切切记住，先要勤奋，勿贪图快速。

先学勤奋，再图速效　作为素描家，若想学有所得，应使自己习惯于慢慢地进行素描，鉴别光线中最明亮部分，阴影中这一部分比那一部分较暗，明暗之间是如何交融混合的；观察明暗的深浅及其相对比例，记下轮廓线的朝向，注意各线条中哪一段弯向远边，哪一段弯向另一边；哪些地方较显眼，哪些地方较模糊；何处粗，何处细。最后，应使明暗交混像烟雾，没有明显的笔触和边界，你的手和判断力经过如此勤奋的锻炼之后，你就能得心应手，运用自如。

这些法则只适用于检查图形；因为每个人在其最初构图中难免存在某些错误，自己未曾发现和订正。因此，在检查你的作品时发现错误，立时订正，并牢记勿重犯。倘若你想在构图中试用这些法则，你将无从着手，作画时无所适从。

这些法则是想给你一个自由的良好的判断，因为良好的判断来源于透彻的理解，透彻的理解来源于由合理法则派生的理性。合理法则是可信赖的经验（一切科学和艺术的共同的母亲）的女儿。因此，请记住我关于法则的告诫，在你作订正判断时将作出正确的判断，并识别作品中一切不成比例的东西，无论是属于透视的，属于图形或别的方面。

许多未曾学过明暗理论和透视理论的人转向自然，临摹自然，他们如此简单地进行一种临摹自然而不深入研究或分析自然的实习。也有一些人透过玻璃或透明纸、面纱观察自然的物体，在透明表面上描绘图样，继而修正轮廓线，各处增添使之符合比例法则，按照明暗对比法添入位置、大小和明暗的形状。这种实习是值得赞扬的，他知道如何根据想象描绘自然的效果。只有借助于这些实习才能省事，才不至于在对需要准确描绘的物体的真正临摹中疏忽最细微的特色。那些既不实习绘画，又不用自己头脑分析的人是应受到责难的，因为如此懒散将毁坏自己的聪明才智，没有聪明才智的人一事无成，这类人在富有想象力的作品和叙事画前总是显得平庸无力。

不运用理智单靠眼睛判断和实践的画家就像一面镜子，只映出摆在它前面的一切事物，对这些事物却茫然无知。

热爱实践而脱离科学理论的人，就像水手登上一条既无舵又无指南针的船一样，永远把不准航向。实践必须建立在坚实的理论基础上。透视学是登上理论殿堂的向导和台阶，绘画没有透视必将一筹莫展。

不博学多能的画家不值称赞　坦率地说，有的人称那些只能画头像或人像的画家为“好画师”，这是自欺欺人的。如果一个人毕生专攻一事而获得某些成果，当然不能说有多么伟大的成就。我们知道，绘画包罗自然万象，描绘人们的一切偶然动作。简单说来，绘画包含着眼睛看到的一切事物。我认为，仅能画好单个物体的画家只不过是个平庸的画匠罢了。难道你未曾看到单是人的动作就有千千万万吗？难道你未曾看到，自然界有多少不同种类的动物，树木，花草？有多少山峦，平原，清泉，河流？有多少满是公共建筑和私人住宅的城市和人们使用的器具？有多少服装式样、装饰物品和技艺？所有这一切，对于被人称为“好画师”者都应描绘得尽善尽美。

不应过分信赖记忆而鄙视写生 我以为过分自负地夸耀自己能记住自然的一切形态和效果的画家是极其无知。自然现象变化无穷。我们的记忆能力有限。因此，画家应警惕，切勿让贪欲之心取代艺术的荣誉。因为荣誉的赢得比财富的谋赚更伟大。根据这种种理由，你应当努力作素描，根据你思想上的构思意图和发明，变成清晰的形式，再作些必要的增删，直到满意为止。然后，找一些穿衣或裸体的人作模特儿，把他们安置在你画中预定的位置，摆好姿态，使比例和尺寸都符合透视的要求，在画中不遗留任何不合理和不合自然效果的错误，这是在你的艺术生涯中获得荣誉的好办法。

画家若相互抄袭模仿，必代代衰败 画家若只以别人的画为标准，画出的画必然没有多少价值。画家若研究自然，必成果累累。罗马时代以后的绘画，相互模仿成风，使绘画艺术衰败了好几世纪，此后，直到出了乔托，他是佛罗伦萨人，他不满足于模仿他的老师奇马布依的作品，他出生于荒凉偏僻的山区，那里只有山羊之类的动物，自然引导他走入艺术王国。起初，他只将放牧的山羊动态画在岩石上，渐渐地他画乡村中能看到的一切动物。就这样经过长年累月的精心研究之后，他不仅超过同时代的一切画师，而且超出了过去许多世纪所有的画家。以后，绘画艺术再次衰败了，因为人们只晓得模仿过去的范本，就这样地衰败下去……直到佛罗伦萨人托马索，人家又叫他做马萨基俄，他以其完善的作品证明那些不以自然——一切名师的主人——为师而随意模仿前人范本的人浪费了多少精力。对于这，我要说，有关数学研究也一样，只盲目崇拜权威，而不师法自然，那就不是自然——一切优秀作者的主人的儿子。攻击别人向自然学习的人却不指责那些原本是自然的徒弟的权威，是多么的愚蠢！

因此，不了解这些规律的画家呀，如果你想免受那些研究过这些规律的人的责备，就应按自然的原貌真实地描绘自然的一切，千万别像那些专为攫取而工作的人那样贬低这样做。

不超过师傅的徒弟是可怜的。

第五章 故事和寓言

莱奥纳多的笔记包括一些故事、寓言、警句、谜语等。其中有些故事和寓言可能是为在社交集会上朗诵而创作的，语言简明易懂，文笔精练、幽默、锐利。

下面的一些有关动物生活的故事选是我们从他的古代藏书中选出的，后面的是他自己创作的寓言和警句，创作这些寓言和警句的依据有的是他观察自然的结果，有的则是作为道德规范的古代习俗，为了揭露忘恩负义、邪恶和愚昧，赞美谦恭、善行和诚实。再后，编入一些“预言”选和少数叫做“笑话”的故事。

本章的最后部分是有关自然的幻想描述。

一、动物寓言

下面13个故事录于名为《美德之花》的中世纪动物寓言。这些寓言从13世纪以来就很流行。

忠贞的爱情 据说，云雀飞到病人前面时，若病人垂危，它就扭转头，决不再看病人一眼。若病人正在康复，云雀则目不转睛地注视着，病人的一切病痛都将因此治愈。

忠贞的爱情与此相像，爱情从不计较低微和卑贱，她总在真诚和善良之中，就像鸟喜欢栖息在绿林花丛中一样。爱情本就艰难多于顺遂，正如光明寻找最黑暗的地方一样。

悲伤 每当大乌鸦发现生下的小乌鸦全身白色时就感到极度的悲伤。它极其悲痛地丢下幼鸟走开了，不愿喂养幼鸟。直到发现幼鸟身上长出极少的几根黑色羽毛为止。

和平 传说，被追击的海狸一旦知道它被追击的原因是它的睾丸具有药用的优点，并且已无法逃掉时，为了与追击者和平相处，就干脆站住，用尖锐的牙齿咬下睾丸交给它的敌人。

忿怒 据说，有一次，大熊袭击蜂巢，抢夺蜂蜜，蜜蜂群起螫熊。熊为了报复只好丢下蜂蜜，想抓住螫它的所有蜜蜂。结果，仇未报到，怒不可遏，气急败坏，躺倒在地，想用四肢自卫也不可能。

贪婪 癞蛤蟆以土为食却总是瘦骨嶙峋的。因为它从没感到满足——唯恐有一天缺土。

谄媚 莎琳（半人半鸟的海妖）唱着甜美的歌曲，催航海者入睡，紧接着爬到船上杀死酣睡着的航海者。

谨慎 蚂蚁由于天生的深谋远虑，总是夏存冬粮，它将收获的种子杀死，免得发芽，以备适当时候食用。

愚蠢　野生公牛对红色反感，猎人将树干染红，公牛跑来愤怒地将角顶入树干，随即被猎人打死。

公正　我们应有蜂王的公正美德，它公平地分配和安排一切事务，派一些蜜蜂采蜜，一些蜜蜂劳动，一些蜜蜂抵抗黄蜂的袭击，另一些蜜蜂专司清洁卫生，还有一些蜜蜂负责陪伴和护卫蜂王；当蜂王老了，翅膀脱落，蜜蜂抬着蜂王。任何失职的蜜蜂总要受到惩罚。

虚伪　狐狸看到寒鸦、鹊等鸟群时，就张着嘴躺在地上装死，寒鸦、鹊等不知底细，飞来啄食狐狸的舌头。狐狸就一口咬掉小鸟的头。

隐伏　鼹鼠眼睛很小，常潜伏地下；一生生活在黑暗之中。众所周知，它一旦暴露在光天化日之下，立即死亡。所以，它必须隐伏。

怯懦　野兔生来胆小，秋天落叶也吓得它惊慌万状，逃之夭夭。

坚贞不屈　长生鸟以其生就的复活特性，象征着坚贞不屈，它的坚贞不屈表现在虽经熊熊烈火焚毁后还能再生。

下面的故事摘录自切科·德·阿斯科利的《辛辣》，

作者是一位占星学家，是但丁的同代人。

鳄鱼——伪善者 鳄鱼把抓到的人立即杀死之后，就悲声痛哭，泪流满面。假仁假义地哭过后，就凶残地把杀死的人吃掉。伪善者的心肠与鳄鱼一样，常常为了一点小事而泪流如注，内里却埋藏着虎狼之心。他幸灾乐祸，却装出一副悲天悯人的伪善面孔。

牡蛎——给背信者以可乘之机 月圆时，牡蛎张开嘴；蟹看到这情景，随即把石块或海草塞入牡蛎张着的嘴里，牡蛎再也闭不拢嘴，蟹因此饱餐一顿。一个人开口说出自己的秘密时，必定使自己处于居心叵测者掌握之中。

毛虫——普通的美德 毛虫以优良的设计和精巧的制作，作茧自绕。随后冲茧而出，化成彩蝶飞入空中。

蜘蛛 蜘蛛吐丝织网，巧夺天工，网以捕获物作为报偿。

下面的记事文是由普林尼的《自然史》改编的。

象 大象具有人所缺少的天性，就是诚实、谨慎、正义感和宗教式的恭顺。每当新月高悬，大象就庄重地入河沐浴，在向星相致以虔诚的敬礼之后，都回到森林中去。生病时，温顺地躺在草木堆上遥望天空，同要奉献牺牲一样。年迈时将脱落的象牙埋入土里。两支象牙中，一支挖树根觅食，另一支保留着锋利以便战斗；当筋疲力尽被猎人捕获时，就折断象牙用以赎身。象温顺善良，每当它独自发觉人影隐现时，本能地躲在人影消失的小路隐蔽处，发现人的脚印时，因担心受害而停步不前，同时，向别的象发出警惕讯号，然后结伴警惕前进。

大象常常成群结队行进，老大开路，老二断后，结成一群。大象怕羞，只在晚间秘密成对栖息。归队前必先入河沐浴。象天性极其温顺善良，从不欺侮母象，也不伤害弱小动物。遇到羊群，用象鼻把羊群赶到一旁，避免踩伤小羊；除非受到攻击，平时从不伤害别的动物。如果一只象落入陷阱，别的象用树枝、泥土和石块填垫陷阱，把陷阱底垫高，让落入陷阱的象跳出。大象最怕听到猪的呼噜声，每当听到这类声音就急忙往后退。正如不愿踩伤自身那样，也不愿用脚踩伤敌人。大象喜爱河水，常在河边漫游，因为体重无法在河里游泳。它舐光石头，树枝是它们喜爱的食物。大象最恨老鼠。苍蝇喜欢它的气味。当苍蝇在它背上停留时，它便使皮肤起皱折，挤死苍蝇。过河时，先将幼象送到急流之下，大象站在急流之上以分开水流，减弱水势，避免被水冲走。蜻蜓常在象身下盘旋，用尾刺象脚，以翅膀和爪钳象的肋骨；用牙咬喉咙；象从上倒下，压死蜻蜓。

大象以死向他的仇敌进行报复。

二、寓　言

莱奥纳多的寓言给我们描绘了秀丽的意大利农村景色。成行的柳树，树梢修剪整齐；葡萄藤爬上树枝交叉形成藤架，柳树与葡萄藤紧紧地缠绕在一起；果树结满胡桃、栗子、桃子、无花果和大柠檬一类果实；阳光中的大葫芦以其巨大的叶片遮满大地。托斯卡纳和伦巴第的农业方式自莱奥纳多时代至今没有显著变化，是艺术的杰作。

女贞和画眉 莱奥纳多以这个寓言嘲笑那些自以为周围的一切事物都是为他服务的人。

女贞觉得它那结满硕果的细嫩树枝被傲慢的画眉钩形嘴和利爪刺痛了。它凄惨地规劝画眉说，你偷了甜美的果实，至少也得留着树叶以便遮挡炙热的阳光，保护树皮，请别再用利爪伤害细嫩的树皮吧。画眉却恶狠狠地说："嘿，野贱的灌木住嘴！你可知道，大自然正是为了培养我才让你长果实，难道在这世界上你不该向我提供粮食吗？卑贱的家伙，你可知道，明年冬天你将被吃光并葬身火海？"女贞毫不悲哀地耐心听着。此后不久，画眉陷入罗网，被人抓住。人们砍树编鸟笼，柔韧的女贞枝条被用来编鸟笼的各支脉。女贞想到自己能使画眉失去自由，高兴地说："啊，画眉，你的预言没兑现，我没被烧毁，好好地在这里。倒是在你看到我被烧毁之前，我看到你被囚禁着。"

月桂，樱桃和梨树 自豪的梨树不同情月桂和樱桃的可怜处境，因为梨木可作为木刻家的上等材料，可用于艺术雕刻——而月桂和樱桃只能扎花环，不耐久。

月桂和樱桃看到梨树被砍倒，大声地惊叫起来："啊，梨树，你要去哪儿？当你结满成熟的果实时，不是显得很自豪吗？现在，你再也不能以你茂密的叶子给我们以荫蔽了。"梨树回答："我将同砍倒我的庄稼人一道走，他要把我送到优秀的雕刻家的工场里去，雕刻家将以他高超的艺术技巧把我雕成朱庇特神，安置在神殿里，受人崇拜。而你们的主要枝条将被扎成花环，安放在我的周围，向我表示敬意。"

栗子和无花果　自满，且看不起别人的人，总自我吹嘘。

栗子看到人爬上无花果树，折枝摘果。将果子放入口中，用锋利的牙齿咬碎，断枝残叶撒得满地。栗子激动得惊叫起来："啊，无花果，你保护自己的能力天生比我弱，你看，我如何将甜美的果子封闭在一层层的外壳里，在裹着果肉的柔软包衣外面围着一个坚硬而有条纹的壳，这还不够，硬壳外面又长满尖刺，人手伤害不了我。"听了这些话，无花果树及其果子放声大笑，接着说："你可懂得，人更机灵，他可用棍棒和石块损害你的果实，先弄倒你，再用脚踩，进而用石砸，捣碎你的保护层，使你的果子暴露无遗。然而，他们对我们却细心地用手折，没像对待你们那样，使用棍棒和石块……"

柳树和葫芦　弱者对强者有利，弱者试图摆脱逆境，很容易变成更坏的寄生者的牺牲品。

可怜的柳树发现自己不能享受看着幼枝生长的欢乐，也未能随意长高，直指云天，因为柳树常常受到砍伐和损害，受到葡萄藤和近旁树木的困扰。它聚精会神，苦思冥想，想从植物界中寻求不捆扎它的枝条的盟友。沉思良久，葫芦的形象闪电似的出现在它的脑子里，它极其欢喜地轻轻推开它的所有枝条，心想，总算找到自己梦寐以求的同伴了，因为葫芦用不着别人捆扎。得出这个结论后，柳树伸直树枝，遥望空中。期待着能使它的希望实现的中间人。在鸟群中它看到飞近的喜鹊，它对喜鹊说："啊，尊敬的喜鹊，当饥饿、凶残、贪婪的小鹰要抓住你吃掉你的时候，你会发现，我的树枝就是你的避难所；当你合拢翅膀需要休息时，也能找到我，你可以在我的枝头上同你的同伴尽情地玩耍，享受欢乐。亲爱的，我请求你帮我寻找葫芦，从葫芦那儿要一些种子来。并且转告葫芦，当种子发芽生长时，我会像对待自己的子女那样照顾他们。就这样用所有动人的言词说明一个目的。我深信你善于言辞，无需我多说。倘若你愿为我效劳，我将乐于免费让你和你的家族在我的树杈做窝。"之后，喜鹊同柳树一起再商谈了某些新的协议——主要是柳树永远不能给蛇或臭猫以任何允诺。喜鹊随即翘起尾巴，低着头，将全身重量加在张开的翅膀上，从树枝往下低飞，搏击着翅膀，以尾作舵迂回盘旋，到处侦察，终于找到葫芦。喜鹊和颜悦色，毕恭毕敬地向葫芦说明来意，因此，它得到所需的种子，带回给柳树。柳树异常高兴。喜鹊用爪扒开柳树附近的土地，沿着四周用嘴将种子撒下。

没多久，葫芦的种子发芽，枝叶生长扩张，开始侵害柳树的所有树枝。葫芦宽大的叶子遮住阳光和美丽的天空，灾难到此还没尽头，沉重的葫芦渐渐地坠向地面，柳树的细嫩枝梢受到强烈的扭曲而万分苦恼。

柳树尽管极力摇晃，也无法摔掉葫芦，这时柳树成天抱怨也没奈何，葫芦缠绕得越来越紧，风越吹越猛烈，柳树老而空的枝干从头顶到底部裂成两半，倒下了。它只能自叹无能，命该如此。

葡萄酒的传说和穆罕默德　莱奥纳多描述葡萄酒的傲气及醉酒的危害。他赞成穆罕默德禁酒的提议。

浓甜的葡萄酒装在穆罕默德桌上富丽精致的金杯中，散出阵阵不可一世的傲气；葡萄酒却猛然听见另一种声音在对自己说："我有什么值得高兴的，你没看出我正面临死亡，离开我的金杯，进入人体发臭的无底洞里，由芳香甜美的液体变成恶臭的流体。更糟的是，我将长期留在丑恶的容器中与其他腐烂变质的东西相混合，最后，从人体的大肠排出。"他恳求上帝为他所遭受的巨大损害复仇，从今以后彻底结束这样的损害。尽管本国生产了世界上最优质的葡萄，至少也不应酿成酒。之后，朱庇特让穆罕默德喝了酒，酒魂升入他的大脑，污染了他的灵魂，发了疯，做出了一连串蠢事。当他清醒时，定了一条法律：任何亚洲人不得喝酒，今后，葡萄只作水果。

酒一旦进入人胃，开始发酵膨胀，人的灵魂脱离躯体，升入天空，大脑失去控制，神志不清，像疯子一样地说胡话，甚至于犯下不可挽回的错误，杀死亲友。

蚂蚁和粟粒　理智支配行动时，长篇大论是冗赘的。

蚂蚁拾到一颗粟粒。粟粒深知自己被抓住，大声哀求说："你如慈悲，让我完成繁殖任务，我将百倍地报答你。"事情果真如此。

蜘蛛和葡萄串 无耻的贪婪者以怨报德，必自食恶果。

葡萄以其香甜吸引着蜜蜂和各种飞虫。蜘蛛在葡萄串上找到了一个便于布网的好地方，织好精巧的网后，就迁入新居。每天，隐藏在葡萄串的间隙中，像强盗一样伺机袭击毫无戒备的可怜的小动物。几天后，采集葡萄的人来了，割下这串葡萄，将这串葡萄与别的葡萄一同榨成葡萄汁。显而易见，葡萄既是骗人的蜘蛛的陷阱，又是被人骗的飞虫的罗网。

核桃和钟楼 利欲熏心者必巧妙地维护其私利。

核桃发觉自己被乌鸦带到高大的钟楼顶上。因上帝的恩典，这钟楼有高大的墙壁和声音洪亮柔和的大钟。核桃从危险的乌鸦嘴里落到墙上裂缝时，它请求钟墙帮助，在它落到老核桃树绿枝底下落叶覆盖着的闲置地前，钟墙万万不能抛弃它。因为，当它发觉自己困于残忍的乌鸦嘴里时，就发誓，它若能从乌鸦嘴里逃脱，宁愿死在洞里。大钟听到这些话，怜悯地移向核桃掉落的地方，把核桃遮挡得好好的。事隔不久，核桃开始破壳，根越扎越深，嫩枝从洞里往上爬，一直爬上屋顶；根越长越粗，墙缝越裂越大，古老的石头被挤离原位，当钟墙发觉致毁的原因时已为时过晚，悲叹也是徒然的。不久，钟墙爆裂，很大一部分崩塌了。

飞蛾和蜡烛 送给为追求一时的荣誉而舍弃真正光明者的警言。

自负而游荡不定的飞蛾不满足于悠闲自在地在空中漫游，在富有魅力的蜡烛光焰的引诱下，扑向火焰。可是这欢快的动作却埋伏着祸根。火焰烧毁了它那美丽的翅膀，不幸的飞蛾被火烧伤了，掉到蜡烛底下。它万般悲痛地擦着满面泪痕，仰面长叹："啊，骗人的火光！过去有多少飞虫像我一样地受你欺骗；我要追求光明，何以不区分阳光和脏臭的羊脂假光呢？"

香橼　自满和傲慢的后果。

牙咬舌　香橼以其美丽而自我吹嘘，它远离周围的树木，结果使自己处于风口中，暴风不仅折断树枝，而且把它连根拔出。

自负与愚昧的后果

香橼想结出香甜精美的果实，高悬树上。它集中全部液汁结出硕大果实，高直的树枝却被拉弯。

桃树妒忌邻近的胡桃树结满硕果，决心也要结出硕果，到了真的结出累累果实时，它的枝条却被拉向地面，有折断的，也有连根拔起的。

路旁的胡桃树以其硕果显示其富裕，却常常遭到过路人的袭击。

无花果没结果时，谁也不屑一顾，它想以硕果换得人们的赞誉，果实却折弯甚至折断了它的枝条。

榆树旁的无花果树想到榆树枝上无果实，还老脸厚皮地挡住正在成熟的无花果所需的阳光，满心不高兴地说：“啊，榆树，你站在我的面前，不觉得羞愧吗？到了我果子成熟时，你将无地自容！”可是到了无花果成熟时，一队士兵经过此地，他们砍树摘果，弄得无花果树遍体鳞伤。榆树说：“无花果呀，还是没有子孙好，有了子孙，本身却被弄到这个悲惨境地！”

在急流岸上的百合花　得意的美事借以建立据点的地基泥土渐渐地松动流失了。

百合花生长在蒂西诺河滨，流水把河岸连同百合花一道带走。

葡萄藤和柳树　一个人的命运决定于它结交朋友的好坏。

寄生在老树上的老葡萄藤随着老树的枯萎而衰落，随着不良的同伴而枯萎。

柳树想以其长树枝超越别的一切树木，由于它与葡萄藤结合在一起而逐年衰败。

路边石　热爱孤独和乡村生活。

在大石路旁的高岗上，离美观的丛树不远的地方，有一块刚被水冲洗干净的石头，置身于五光十色的花草中间，它看见底下的大路上堆集着许多石头，想滚到下面去，自言自语地说："我在此地与这些花草为伍，有什么意思，我要去同我的姐妹们生活在一起。"于是，它迅速地滚到它所希求的同伴中间。可是，事隔不久，它感受到车轮滚压、铁蹄践踏、行人脚踩的种种痛苦，遭受着接二连三的压迫。即使偶尔逃到较高的地方，尘土和动物的粪便又盖着它。只能百般无奈地遥望着它原来那个孤寂平静的地方。

那些放弃孤独宁静生活而迁到充满无穷罪恶的城市去的人，也遇到类似的命运。

剃刀　懒散的思想好比生锈的刀片。

一天，剃刀从护套中取出，在阳光的照耀下闪闪发光。对此，它感到极其自豪，并再三考虑扪心自问："我该不该再回到原来的店里？当然不！这么光彩夺目的东西只派如此卑贱的用途，不能使诸神欢乐！让我刮粗鲁农民满是肥皂沫的胡须，只做这么卑下的事务，真够愚蠢！难道我只配作这工作？当然不！我该躲到僻静的地方，过着平静安闲的生活。"于是，它躲藏了几个月，有一天，从阴暗角落出来，打开护套，看起来像一支生锈的锯子，表面再也不能反射耀眼的阳光。剃刀对自己遭受无可挽回的损害感到痛心疾首，后悔莫及地自言自语："我已经失掉如此锐利的刀口，在理发师那里还有什么用处！光彩的表面到哪里去了？实际上，令人烦恼难看的锈已经损坏了刀片！"

人的思想在懒散取代勤奋时也会发生类似情况，就像剃刀失掉锋利的刀口那样，无知的锈渍损害人们的形体。

彩色蝴蝶在黑暗中懒散地飞来飞去时，看到亮光，立即朝着亮光的方向飞去，惊奇地绕着绚丽多彩的亮光盘旋。它不以观看为满足，像往常飞向芬芳花朵那样地，开始边盘旋边靠近火光，火光立刻烧毁了它的翼尖、小脚以及身上其他突出的部位，随即落到火光底下。发生这样的事故，它感到茫然，一点思想准备也没有，真不知如此美丽的东西竟能给自己带来如此不幸的伤害。它渐渐地恢复了失去的体力，勉强再作一次飞行，正巧通过火焰本身，立即被烧着，坠入点燃火焰的油里，在奄奄一息中只能回想致死的原因。它说："可恨的亮光啊！我原以为能从你那里获得幸福和欢乐！我只能怨恨自己的糊涂，希望也是枉然的。我的毁灭使我认清了你的贪婪和残忍！"

火光则回答："谁不知道该如何正确使用我，我就这样对待他。"

这原则同样适用于某些人，当他们面前出现鄙俗的利欲事物时，不考虑这些事物的性质，就像彩色蝴蝶那样匆忙从事，而这些事物的性质常常是在他们的羞愧和失败中才被认识的。

被铁片撞击的火石以惊奇严峻的口气对铁片说："你为什么这么傲慢地打扰我？别麻烦我，你选错了对象，我从不损害别人。"铁片则回答说："如果你忍耐点，就能看到从你身上将迸发出什么样的神奇结果。"听到这话火石平静地容忍着痛苦。他看到自己发出神奇的火元素。火元素的神力是形成无数事物的因素。

这原理适用于那些在初学时信心不足，莫衷一是的人，他们到后来才深信自己并坚定地献身于神奇结果的研究。

三、预　言

俗话中“profetie”不论及将来的事件。在解答神奇传说时只引用了众所周知的事实和日常生活行为，而且这些解释总带有戏剧性的。

这里引用的第一部分内容包括预言的分类计划及其后来的缮本，并尽可能按这里推荐的顺序编排。

预言的分类　第一类是与理性动物有关的事物，第二类属于无推理能力的，第三类与植物有关，第四类属礼仪，第五类属风俗习惯，第六类主题为天命或争论，第七类属于与自然性质相反的命题——像谈及从它那里取得越多生长越快的物质，第八类则属于哲理性的事物。从次要的事情开始，直到末了保持着有影响的因素，先显示罪恶，后说惩罚。

许多人掠夺自己的母亲，并将她的皮肤褶皱——大地的耕作者。

人们激烈地打击赖以为生的东西：打谷。

锯木者　许多人一对一地手握锯子来回拉，他们除了疲劳彼此都不受损伤；这个向前推，那个往后拉，只有在他们之间的人受苦痛，他终将被锯成碎片。

形影不离 人以及动物的形影总紧紧相随，无论形体移到什么地方，影子也就跟到什么地方；令人惊奇的倒是影的表现千差万别，千姿百态。

太阳对某物的投影和水中的倒影同时出现。

一个人常常被看成三人在一起同时移动，其中最真的一个最像他。

公牛在很大程度上是城市毁坏的原因，马和水牛也差不多。

牵引炮旁。

受鞭打的驴子 公平的造物主呀，你为什么这么偏心，对某些子孙你不愧为仁慈的母亲，对另外一些子孙你是最残酷无情的继母。我看到你的儿女被人奴役，得不到任何好处，他们的辛勤劳动得到的报酬却是最严酷的折磨，他们为压迫者的私利付出了毕生的精力。

蜜蜂 蜜蜂的贮存和粮食遭人掠夺，缺乏理智的人残酷地把蜜蜂淹入水中。公正的上帝啊，你怎么看不到你的创造物遭受浩劫?

绵羊，母牛，山羊等等 它们的无数幼小子孙被抢走，喉管被割断，躯体被极其残暴地肢解。

活的食物　曾经活着的大部分躯体将变成别的动物的躯体，也就是死的动物肢体一点一点地通过活的动物躯体，满足他们的需要，排泄无用的；也就是说，人的生命是靠他所吃的东西维持，他们保留着死人的一些部分。

小鼠被鼬鼠围困在小洞里，鼬鼠机警地期待着小鼠的毁灭。一个细小的裂缝也会带来莫大的危险。此时，猫来了，抓住鼬鼠，随即吃掉。因此，小鼠由衷地感谢上帝，在给上帝的供品中它献上淡褐色的坚果，庆祝最近失掉的自由的恢复。小鼠从洞里爬出来，突然间，猫的利爪和牙齿使它失掉自由和生命。

画眉看到人逮住猫头鹰用带子紧紧捆住猫头鹰的脚，感到非常高兴。然而，猫头鹰后来用粘鸟胶使画眉不仅失掉自由而且丢了生命。这告诫那些看到统治者丧失自由而高兴的乡里人，这样做的结果将使他们自己得不到帮助，得到的将是敌人权势下的屈从，丧失自由和生命。

蚂蚁　蚂蚁组成许多群体，幼虫和粮食囤积在黑暗的洞穴中，几个月内不需要人造光或天然光，在黑暗中供养他们自己和全族。

浑浊的流水夹带着泥土，混合着雾气，雾与空气混合，热伴随着火。

所有元素混合成翻腾的巨大团块，时而趋向世界中心，时而奔向天空，一会儿从南方猛烈地吹向冰冷的北方，一会儿从东飞向西，随后又从这半球奔向另一半球。

最高大的山峰即使离海岸很远，仍从原地推动着大海：河流挟带着从高山流失的泥土淤积在海岸，泥土的堆积使大海缩小。

人们睡在由树木制成的木板上 人们要在森林中和原野上生长的树木间建造住宅，要吃，要睡。

胡桃，橄榄，栎子和板栗等等 许多儿女常挨父母痛打致残，泪流满面，躺倒在地。

橄榄树上落下的橄榄可榨成灯油 从上面急速落下的橄榄，给我们营养和光明。

帆船 金牛宫山，西奈山，亚平宁山和阿尔泰山上大森林的树木建造的帆船，借助风力迅速飞驶，从东往西，从南往北；风吹走了成群成群的人。啊，有多少心愿，有多少尸首！啊，有多少亲朋生离死别！有多少人背井离乡，远离祖国！有多少人曝尸荒野，白骨成堆！

耶稣受难日的哀悼 欧洲各地的各伟大民族都将悼念死于东方的某个人。

基督教徒 许多人仅以儿子的诚实以圣母的名义建筑教堂。

丧礼，送葬行列，荣光，钟声和信徒　最高的荣誉和隆重的礼仪应当给予背着他们的人们。

教堂和修士的住宅　人们放弃工作和劳动，轻视贫穷，住到豪华的大厦，过着奢侈的生活，还宣称这是崇奉上帝的最好方法。

修士只要弄口舌，得到的却是贵重的礼物和天堂。

无形的金钱使许多花钱人获得胜利。

修士是忏悔者　不幸的妇人自愿将她们的情欲、丑事和隐私向修士和盘托出。

雕刻　哎呀！能使谁明白？救世主再被钉上十字架！

被出卖的十字架　我知道，基督被出卖，再被钉上十字架，圣徒痛苦殉教。

圣徒礼拜图　人们要对那些耳聋者说话；他们睁大双眼却什么也看不见；他们对之千言万语却得不到回答；他们向有耳朵不能听的人请求宽恕，他们给瞎子点灯，对耳聋者大声呼喊。

天堂的出卖　好多人未经物主的许可，就公开而不受阻挠地出卖价值连城的东西。这些东西从来就不属于他们，也不在他们的权力范围内；人类的审判也不能避免发生这类事情。

靠已死的圣徒生活的修道士 死了几千年的人仍然支付着那些活着的人们的生活费用。

靠疾病生活的医生 许多人处于这样一种悲惨的境遇，这就是他应向那些从他的苦痛上，或从他们失掉的真正财富——健康上得益的人表示感谢。

少女的嫁妆 看来，父母的保护或坚固的院墙都难以使少女抵御男人的热烈追求和猛烈的进攻，即使这些少女富有、高尚和非常漂亮。总有一天，她们的父母和亲戚也要付给愿意同她结婚的人以巨大的款项。好像造物主一定要把人类当作世上无用的东西那样毁灭掉，把人类当作一切现成事物的破坏者。

襁褓中的孩子 海滨的城市呀！我了解你们，你们的男女市民们被不懂你们语言的异族紧紧地捆着手脚。你们只能自己解愁，悲痛哀号和叹息自己失去的自由。捆绑你们的人不了解你们，而你们也不了解他们。

云团降落的水改变其性质，以便长期静静地停留在山坡上。许多不同的地带也发生类似情况：

降落的雪花是水。

在毁坏中渐渐地大起来：滚雪球。

大部分海水飞向天空，长久不回来：云团。

高山巨石迸发火花，烧毁许多森林巨木，烧死凶恶和温顺的禽兽；

火绒箱的燧石发出的火烧掉从森林砍来的柴捆，并用此火煮兽肉。

火绒　用石和铁器使原先看不见的东西变成可见的。

金属　金属从阴暗的洞穴中挖出，它能使全人类陷入极端的忧愁，使人冒险并致人于死地。顺它者变忧为喜，逆它者将在贫穷和不幸中死亡。它是无数罪恶的根源，它使坏人增多，怂恿坏人去暗杀、偷盗和奴役；使它自己的拥护者相互猜疑；它剥夺自由城市美满的生活条件，致许多人于死地；它使人们陷入彼此欺诈，阴谋和背信弃义。啊，你这穷凶极恶的怪物，让你重新回到洞穴中去，对于人类不是更有利吗？正是你使大片森林被砍光，正是你使无数动物丧失生命。

火　星星火点迅速形成燎原大火。火不关心创造新事物，只凭借自身的权力改变一切事物的原本条件。

贫穷的恐惧　一个致命的可怕的怪物在人群中徘徊，人们在恐惧中想摆脱它，他们急于增强其无穷的能力。

这说明，为财富而斗争，对金钱的贪婪是一个基本的社会罪恶。

金和钱　金钱从多孔的陷阱里钻出来，使全世界各民族都过分劳累。人们流血，辛劳，希冀得到金钱的帮助。

从土坑中暴露出来的大炮　从地底下出来的大炮以其吓人的响声，震得邻近的人耳鸣目眩，它能在转瞬间杀死人，并摧毁城市和堡垒。

剑和矛本身从不给任何人以任何损害　那些本身温文尔雅缺乏进攻能力的东西，因有邪恶的同伴而变得凶暴残酷，能极其残忍地致众人于死地；将会杀死更多不穿铁甲的人。

从地下出来的无生命物体的猛烈运动使无数人死亡：

从地下出来的铁是无生命的，但铁制成的武器却杀死许多人。

啊，有多少宏伟的建筑物被火摧毁：大炮射出的火。

无生命的骨头的迅速运动掌握着推使它运动的人的命运：掷骰子。

鹅毛使人像鸟一样地飞上天：用鹅毛笔写的字。

无生命的物体带着活的物体周游各地：车和船。

梦　人走路没移动。他们对人说话，听话者不在场。他听话，说话者嘴不动。

人们仿佛面临天灾，火团从天而降又惊慌地飞开；他们听到各种生物说人话，他们没移动，好像瞬间走遍世界各地；他们看到黑暗中显出光芒四射的辉光。

啊，非凡的奇才！是什么东西迫使你如此神魂颠倒！你同各种生物低语，各种生物也说人话，你从高空落下却没受丝毫损伤；急流护送着你，你混在飞奔的洪流中。

由破布制纸的计划　造纸的计划应当受到尊敬和称赞的。造纸的方法应受到敬重和细听。起初，这方法被忽视，受到各种流言飞语的打击和干扰。

人的残酷　世间各种动物总是相互争斗。争斗各方都受到极大的损害和伤亡。人们之间相互残杀和吞并，怨恨无限；地上巨大森林的树木受到人的肆意砍伐；人在饱食之后，就想方设法给各种动物带来死亡，恐惧，苦役，恐怖和驱逐；人出于极度的自豪而臆想飞天，但沉重的肢体把他们约束在地上；地面上下和江河湖海里的种种生物无不受人的追逐、扰乱和掠夺；人的躯体成为被他们杀害的所有动物的墓地。

啊，大地，你为什么不裂开，让这些人沉沦十八层地狱，在天神面前再也不能显示如此残暴可怕的怪兽形象。

财富的追求　刚摆脱恐惧的人却追逐着最恐惧的事：那就是他们为减少忧伤更将堕入痛苦之中。

四、笑　话

笑话　复活节前的星期六，神父巡视他的教区，他习惯将圣水喷洒在屋里，当他走进画家的工作室时，就将圣水喷洒在画家的一些画面上。画家不无恼怒地责问神父，为什么这样地给他的画喷水；神父回答，这是他的习惯，也是他的职责，他在做好事。无论谁做了好事定能得到更好的报答，上帝准许人在世上做了好事，升入天堂会得到百倍的报偿。此后不久，画家爬上上面的窗台，等神父从里面走出来时，就将一大桶水浇在神父身上，还说：按照你所说的，因为你对我的照顾，用圣水损坏了我的许多画，我在这里从上面给你以百倍的报答。

圣方济各会的修士们保持着在禁食期间不在修道院内吃肉的习惯。外出时，住在慈善机构则可以吃放在面前的任何施舍食品。据说，有一次两个修士外出与某商人结伴，住在同一客店里，他们在同一张桌前坐下，因为客店简陋，桌上除了放着一只小的烤公鸡外，别的什么也没有。商人看到桌上只放着连他自己也不够吃的一点点东西，就对修士说："如果我没记错的话，在这个季节里，你们在修道院里是不吃任何肉食的。"修士们听到这些话，遵守他们的规矩，对商人的言语并不过分挑剔。商人满意地把鸡全部吃光，修士们只随便地吃点东西。

饭后，三个同桌朋友一同离开客店，走了一段路，来到一条既宽且深的河流岸边。三人在路途中——修士贫困，商人贪婪——按照交朋友的习惯，光着脚的一个修士应背商人过河。于是，修士脱下木屐，背起商人，走到河中时，他想起另一条规矩，就像圣·克里斯托弗那样站着并抬头对压在他身上的商人说："告诉我，你身上带钱吗?"商人说："你很清楚，我有钱。你想想看，像我这样的商人身上还会不带钱吗?""啊，"修士说，"我们有一条规矩，身上不准带钱。"说完话，就把商人抛入水中。当商人理会到这是修士对他刚才在客店的做法的报复，故意戏弄他的，他强作笑脸，极度羞愧而平静地忍受这个报复。

某人以毕达哥拉斯的权威证明，他比别人早存在于世上。别人不让他停止争论。前者对后者说："我记得你是一个磨坊主，这就是我较早在这里的证明。"后者受到这些话的刺激则表示赞同地说："不错，我记得说话者是具有曾经替他运载面粉的驴子的特征。"

某人同他的一个朋友断交，因为这个朋友有恶意攻击其他朋友的坏习惯。有一天，这个被断交的朋友责备他并极其委屈地恳求他说明忘掉他们间的伟大友谊的理由。他回答说："我不希望再被看成是你的朋友，是因为我喜欢你，如果你再在别人面前恶意地诽谤作为你的朋友的我，你会给人留下极坏的印象，正如你在我面前恶意中伤别人时给我留下极坏的印象那样。如果我们像仇人那样，你像往常那样恶意攻击我，你受到的责难总比我们是好朋友时少。"

五、象征性

短暂的自由

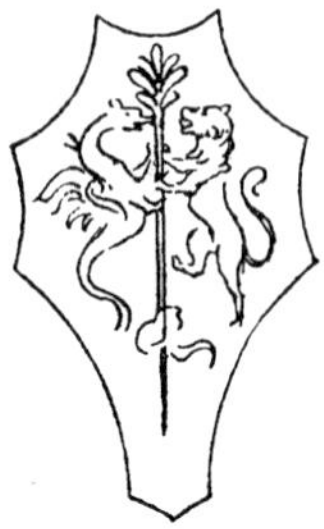

精明—力量

这应放在忘恩负义者手中，木头滋养着火，火却毁灭了木头。

别违抗

容忍的明谕　容忍抵御凌辱正如衣御寒，天冷添衣，不挨冻；同理，在大的损害前增加忍耐，思想不烦恼。

被锯断的树重发新枝。

我仍然满怀信心。

小鹰，时间

罪恶揭发出来时用不着惊慌失措。

罪恶产生于缺德。

欢乐与痛苦　欢乐与痛苦像孪生子，没有欢乐则没有痛苦，两者缺一不可，彼此相反相成，仿佛两者背靠背地站在一起似的。

如果你挑选了欢乐，就应知道欢乐后面将给你带来艰辛和悔恨。

欢乐联结着痛苦，像孪生兄弟一样，这是因为两者不相分离，彼此相反，背靠着背，它们存在于同一躯体上是因为它们有共同的基础，劳苦是欢乐的源泉，痛苦来源于空虚和放荡的欢乐。因此，就像右手握着一根无用和脆弱的芦苇一样，由它造成的损伤会引起中毒。在托斯卡纳，芦苇用来垫床，它意味着梦幻的降临，生命的大部分消耗在这上面，多少有用的时间就此消磨掉。在清晨，头脑清醒，静静地躺着，积蓄着新的劳力。这里同样产生许多虚泛的欢乐，头脑里出现许多虚无缥缈的事物，身体的欢乐常常是生命衰退的原因。

真实和虚伪　真实　太阳

　　　　　　　虚伪　假面具

火驱除虚伪，这是诡辩。火恢复真实，驱赶黑暗。火是作为每个诡辩的毁坏者而存在，是作为真实的发现者和说明者；因为火是光明，是黑暗的驱除者。黑暗则是一切实在事物的隐匿者。

真实　说火驱除一切诡辩，那是欺诈；说火坚持真实，那是金玉良言。真实终归隐藏不了，伪装是无用的，伪装在伟大的判官前一败涂地。

虚伪戴着假面具。

在光天化日之下，一切事物暴露无遗。

火是为真实而存在的，因为它驱除一切诡辩和谎言，假面具是为虚伪和伪善的，是真实的隐匿者。

真实是时间的唯一女儿。

〔画两张素描，箭和弓彼此追逐〕　物体一旦失其阴影，则德行失其忌妒。

幸运一旦来临，就用实在的手抓住她的前胸，因为她后面是赤裸裸的。

正如铁不使用会生锈，死水会腐烂发臭，天冷水结冰，我们的才智不用将衰退。

〔画一张飞蛾扑火图〕 盲目无知把我们引入歧途，把摇荡的乐趣当作欢乐。

因为它不知道真正的光明。

因为它不懂得什么是真正的光明。

虚泛的光辉消磨我们一生的能力……

在盲目无知引导我们的时候，应注视火的闪光。

啊，不幸的凡人，睁开你的双眼！

〔画圆规和犁〕 他飞向星空不回头。

困难不能使我屈服。

每种障碍引起严格的旋转。

〔犁的草图〕 严格，苛刻的行为。

六、对自然富于想象的描述

1. 鲸

鲸化石的发现，引起人们对最强大生物演变的思考。

像旋风驰过沙质洼谷那样，冲刷着沿途的一切事物，一切事物都被卷入旋涡之中……

若非在其他情况下，北风绕着猛烈的进程旋转……

在锡拉和查里贝迪斯大漩涡的海面上，北风激起的汹涌波涛从未发出如此巨大吼声；这既不是斯特龙博里或埃特纳火山中被抑制的烈火混合着闪闪发光的山石和泥土，从爆裂的山口喷出时的炽热火焰，也不是从埃特拉火山炽热的山洞喷出的有毒元素冲回本区时冲击一切障碍物的热流……

我怀着热切的希望，急切想看看自然创造的大量稀奇古怪的各种形态，我在悬崖绝壁间辛苦跋涉，终于走到一个山洞的洞口。我在洞口前迟疑片刻，使我惊奇的是原先竟然没发现有洞口。后来，我弯着腰，左手支住膝盖，右手搭在紧皱的眼眉上，左顾右盼地寻找洞中的东西。起初，觉得里面一片漆黑，看不清楚，只好在原地停留片刻。突然，我产生了两种情绪：恐惧和渴望——恐怕黑洞的危险，渴望看到洞里的奇异秘密……

啊，大自然中一度生气勃勃的庞然大物，你虽有推涛作浪之力，也须遵循上帝所赋予的创造自然的规律，在岁月的流逝中丧失安稳的生活。分流对你并无帮助，你惯用胸口猛烈地劈波斩浪，以健壮的脊鳍追逐捕获物。

受惊的大金枪鱼群和海豚在多少次中幸有一次逃脱你的凶残追逐，又被你的快速游隙、分鳍和叉形尾在海中激起的迷雾和汹涌的狂涛抛上毫无遮挡的海滩，海水退后，它们就成为附近人们极其丰富的掠夺物。

啊，时间之神，万物的消耗者，当你把获取的生命变成你本身的时候，也就给它们以不同的新住所。

啊，时间之神，万物的快速剥夺者，你毁灭了多少皇帝，多少人民，自从这条巨大的鲸异常奇特地死在这个弯弯曲曲的幽深洞穴里，有多少国家，多少状况发生了变化。随着时间的流逝，你耐心地和剥夺了的尸骨呆在这隐蔽的角落，现今只作为你头上高山的支柱罢了。

2. 金牛宫山

下面的信稿使人相信，莱奥纳多可能到近东旅行过，并且去过亚美尼亚，去亚美尼亚的目的是为完成埃及苏丹凯特·贝伊的代表，叙利亚的德弗特达的特殊使命。其他关于近东的笔记仿佛更加证实这种猜测。但是，这是没有确凿的证据。这里所引的讨论也可能是想象传说的草稿。

书的分类　忠诚的信条和劝导，
爆发的洪水及其后果。
城市的毁灭。
人民的死亡及他们的绝望。
搜寻宣传者及其释放和善行。
山崩原因的描述。
山崩造成的大破坏。
雪崩。
预言家的发现。
他的预言。
西部亚美尼亚低地的洪水泛滥，切断金牛宫山可有效地排除洪水。新的预言家如何证明洪水的破坏照他所预言的那样发生。

金牛宫山和幼发拉底河的描述。

为什么山巅在半夜呈显光芒，日落后住在西边的人看起来像彗星，而住在东方的人在黎明前看来是这样的。

彗星何以呈现各种不同形状，一会儿是圆的，一会儿是长的，有时分成二、三部分，有时则联成一体，且时隐时显。

致巴比伦[①]神圣苏丹的上尉，叙利亚的德弗特达的信。

我深信，新近在我们北部发生的灾害的恐怖不仅使你震惊，而且震撼着全世界，我先向你叙述后果，再谈原因。

我自己发现，为了实现崇高的信仰，而且由于记挂着你派我来的公事，我来到亚美尼亚地区，在最能达到我们目的的地方开始工作，我进入靠近我们的边境城市卡林德拉，这座城市位于金牛宫山麓，与幼发拉底河相隔，往西看到直插云霄的金牛宫山峰。世界上没有任何地方比这山高，它在黎明前就受到东方的阳光照射四小时，白色巨岩闪闪发光，亚美尼亚本地的官员把这比做黑暗雾色中美丽的月光。由于山非常高，比最高的云团高出四里垂直高度，西边大部分地区在日落后大半夜因阳光照射，可看到此山巅。正是这个亮光，以前在冷天，看作是彗星的光芒，这亮光在黑夜里形状千变万化，有时分成二、三部分，有时长短不一，这是由出现在太阳与山巅间水平线上的云团引起的，因为云团遮断阳光，山上的亮光被在不同空间的云团所截断，从而显出形状各异的亮光。

---

① 在中古时代，巴比伦常指开罗。

金牛宫山的形状　尊敬的德弗特达阁下，我想，你不会责备我懒惰，你的责备对我显得亲切。你以深挚的感情给我的恩典促使我极其细心地去探求如此巨大和神奇效果的原因。要做好此事需要时间，为了充分地满足你了解如此神奇现象的起因，需先说明这里的地形，然后说明现象。我相信，这样做也许能使你满意……

尊敬的德弗特达阁下，请原谅，我没及时答复你的急切询问，因为要说清你所要了解的问题性质，是需要一段时间的，若想说明如此神奇现象的起因，尤其需要准确描述这地方的自然特点；由此，你往后就容易独自理解上述的问题。

我不想对小亚细亚的地形及与之相邻的大海和陆地作详尽描述，因为，我深知，由于你的勤勉和细心研究，你对这些知识已掌握无遗了。为了达到预期的目的，我着重描写金牛宫山的形态，这是产生如此惊人的且有害的奇迹的原因。正如人们所说的那样，这个金牛宫山是高加索山脉的山脊；为了对这情况弄得十分清楚，我想对里海沿岸的某些居民说，因为他们告诉我，虽然他们的山名相同，但此山较高，并且肯定这是真正的高加索山。因为“高加索”一词在塞西亚语表示“最高”。事实上，我们未曾得到周围有比此山更高的山的情报。可证明这一点的是，在西边的某些地区居民看阳光照亮大部分山顶的时间占最长夜的四分之一，在山东边的地区居民看到的情况也相似。

金牛宫山的大小和构造　金牛宫山山脊的阴影在六月中旬太阳正午时可达塞玛蒂亚边界，有十二天旅程那么远。在十二月中旬的时候，其阴影伸展到极北的山，有一个月旅程那么远。山坡迎风的一面常常是云雾密布，因为当风冲击山石时被劈开，在山石的另一边重新聚集，风卷云团按这方式从各方面来，在冲击的地方留下。大量云层密集的地方常常雷电交加，使这一面岩石开裂，且堆满岩屑。

在山脚有最美丽的泉水和河流，住着富有的人民；这里土地肥沃，物产丰富，尤其是朝南的一面更富饶。上行约三英里后，我们来到满是杉、松和山毛榉及其他常绿树木构成的森林。在另一方向三英里远处的地方是草地和牧场，其余地方直到金牛宫山巅成年积满难溶的冰雪，总共约延伸十四英里高。从金牛宫山顶一英里高从来没有任何云团通过。我们走了十五英里山路，也就是上升的垂直高度为五英里，约与金牛宫山巅高度一样。我们上了一半路程，开始觉得空气变冷，无风，没有任何东西能长期在这里生活，在金牛宫山裂缝中找不到任何鸟食，只能到云层底下的树林里寻捕食物；这里尽是光秃秃的岩石，上面是云层，岩石纯白色；山路崎岖，不易攀登，不可能登上绝顶。

你曾多次从我的信中看到你的繁荣昌盛景况而万分欣慰。现在，我深知，作为朋友，你也将为我分忧，为了我的困难处境而焦急万分。我自己发现，前些时我多么忧虑和恐惧，我与这里苦命的农民失散了，难免想到死的恐惧。我当然不相信，当各种元素从彼此分离的混沌状态变为有序状态时，通过自己的力量结合起来，会给人类带来如此猛烈的破坏，正如我们现在所看到的和在这里所体验的；因此，我很难想象人类会遭受比我十天来的亲身经历更加深重的灾难和不幸。起初，我们遭受暴风的猛烈袭击，接着陷于高山雪崩的威胁中，积雪满山谷。我们的城镇大部分遭到破坏，更有甚者，暴风席卷着突然爆发的洪水淹没城市的低洼地区，加上骤雨，更确切点说，是毁灭性的暴风雨夹杂着泥土、岩石和各种树枝、树根以及各式各样的东西掠空而过，直向着我们倾泻。最后，一场大火，风助火威，活像三万个恶魔那样——完全烧毁和损害了乡村——而且至今仍没停息。我们当中剩下不多的几个人惊得目瞪口呆，面面相觑。我们都停止了工作，聚集在教堂的废墟上，男的女的，老的小的，像羊群一样地混在一起。附近的人出于怜悯以食品救济我们，这些人原先是我们的敌人。如果没有这些人的救济，我们将全部饿死。现在，你看到我们仍活得好好的。当然，这里的不幸与不久前威胁着我们的邪恶相比显得极其微小。你我至交，你必将为我的不幸而悲伤，至于我，在前信里曾经为你的顺遂而表示过欢欣。

3. 巨人

莱奥纳多把微小的人力与大自然的威力（人格化为巨人）相比，嘲笑人的自高自大品性。也许莱奥纳多思想上已有卢肯所说的巨人形象安泰。只要他身不离大地，就能从大地母亲身上不断吸取力量，所向无敌。本故事中提到的人本尼德托·迪是旅游日记的作者，他为了佛罗伦萨商人波蒂纳里的利益于1476年在法国、荷兰和瑞士旅行。

亲爱的本尼德托·迪，我从东方给你寄去有关事态的信息，让你知道六月间从利比亚荒漠来了一个巨人，这个巨人生于阿尔泰山，黑黑的皮肤，他同埃及人，阿拉伯人，米提亚人及波斯人一起反对阿塔克尔克斯；大海中的鲸、鲩和船是他的住处。

初看起来，他漆黑的面孔令人毛骨悚然，越看越害怕，尤其是浓黑眉毛底下那一双鼓暴的红眼睛，能使天变色，地发颤。真的，世界上还未曾有那么勇敢的人敢于同巨人凶相毕露的眼光相对视，而不插翅飞逃。如果拿撒旦的面貌同这巨人相比，撒旦就像天使。他鼻孔朝天，宽大的鼻孔直挺挺地长出许多粗大的黑毛，大鼻底下长着一个血盆大口，厚厚的嘴唇，长着猫一样的胡须，牙齿发黄。他高耸云霄地站立着，脚背远远高过骑在马背上的人头。由于满地泥泞和血污，傲慢的巨人像山崩一样地倒下时，震得乡村地动山摇，阴间冥王也惊慌万状，战神玛斯害怕得躲到朱庇特床下要求庇护。

巨人受地震的冲击而晕眩地躺倒在地上，人们突然地以为他遭受雷击而死亡，开始拨弄他的头发，像蚂蚁在被健壮的农民砍倒的橡树段上往来爬行一样，急急忙忙地爬过他那硕大无比的肢体，把他刺得遍体鳞伤。

不久，巨人惊醒，发现他自己头上爬满了人，猛然觉得满身伤痛，就像霹雳似地吼叫起来，一只手撑着地，抬起惊慌的面孔，把另一只手举到头上，觉得头上的人紧紧地胶粘着头发，躲藏在头发里。他猛烈地摇着头，把人们像暴风吹散冰雹那样地抛向空中，这些人难免一死。接着，他站起来，纹丝不动地站着，死抱着头发的人们，东藏西躲，像暴风雨中的帆船，水手们拉着绳索降低船帆，以减小承受的风力。

他对被纠缠的处境异常不满，他愤怒万分。为了摆脱人群的纠缠，发泄他的愤恨，他用脚践踏缠扰的人群，将爬在他脚上的人群摔向空中，人群像在冰雹激流中那样地被抛撒着，其中许多人面临死亡，这残酷的情景延续着，直到他的脚激起的灰尘满天飞扬，迫使他停息那恶魔似的狂怒，我们仍继续我们的飞行。

啊，有多少狂暴的怨恨袭击着悠闲自在的人们；啊，可怜的人民，对于你们再坚固的堡垒也是毫无用处的，城墙再高，人再多，也不管你有多少房屋和宫殿！这一切都荡然无存，除非像小的洞穴和地洞，像螃蟹和蟋蟀这类小动物栖息的地洞，在这些地方你可保安全和获得逃脱的方法。

多少不幸的父母被夺走了儿女，多少可怜的妻子失掉丈夫。诚然，我亲爱的本尼德托，我不信，创世以来只能听到由巨大的苦痛引起的悲歌和恸哭。果真，对此状况，人类应嫉妒其他动物，连老鹰也有力量击败别的鸟类，至少能迅速地飞走而免受欺凌。燕子以其快速的飞行逃脱了母鹰的捕食，海豚的快速游水逃避了鲸、鲵的捕食，除了我们这可怜的人，不能做任何飞行。这巨怪慢步时也超过最迅速的飞行者。

我真不知道该怎么说，怎么做，我仿佛发现自己低着头到处漂游，通过巨大的管道口，葬身于巨大的隆拱形里，与死者相混。

下面几行是安东尼奥·普希的《东方史》诗篇的变体。

他比大马蜂还黑，他的眼睛像燃烧的烈火那样红，他骑着六拃宽二十多拃长的公马，马鞍绑着六只巨兽，手持弓，另一只手提着的东西用牙咬着他。后面跟着野猪，从鼻子伸出的猪牙约十拃长。

第六章　生活的感想

这一章的内容是莱奥纳多的生活经历和对人们的风尚的感想，随意记在别的笔记本里的。

一、生活经历

人生多美好却不能长久。

前者推倒后者，这些方砖表示人类的生命和人类的辈代。

我们受诺言的欺骗，受时间的哄骗，死亡嘲弄忧烦；生活的焦愁是毫无价值的。

经常生活在贫穷中却又怕短缺的人最愚蠢；韶华流逝却仍希望享受从劳动中得到的欢乐。

取得最多的人最怕受损失。

啊，时光，万物的消耗者！在嫉妒的年代，你毁坏一切，你以年龄的坚齿一点点地吞没万物，使之趋于死亡。海伦照镜时发现自己面上已爬上了老年人常有的皱纹而伤感万分，对她自己的加倍衰老感到惊奇。啊，时光，万物的消耗者！在嫉妒的年代，凭什么万物都耗光！①

……可怜的生命，生活再不幸，也应死后留名声。

……铅：利用皮囊（一个由铅砣往复推动着的充气皮囊）的下降量度时间。我们并不缺乏划分和量度我们的悲惨日子的方法和手段，我们因未曾虚度光阴而感到欣慰。尽管不受赞扬，不出类拔萃，只要不虚度一生，就该感到愉快。

你，沉睡呀！什么是睡眠？睡眠就像死。啊，你为什么不勤奋工作，以便死后留下完美的生命形象，而宁愿在睡梦中虚度一生。

---

① 参考奥维德的《变态》，XV228—233：

“海伦照镜，看到她自己的老年皱纹而伤心地哭起来，泪流满面地扪心自问，为什么她要吃双倍的肉食。

啊，时间，巨大的毁灭者，嫉妒的年代，你毁坏一切；你以你的坚齿慢慢地咬嚼着。

人世间的一切事物，使之逐渐趋于死亡。”

不必研究那些随作者死亡而消灭的作品。

主呀！我崇敬你，首先是由于爱，我应当真诚地拥护你；其次，因为你左右着人的寿命的长短。

在河流中，你接触到的流水是流过的最后部分，流来的最前部分。时间的流逝也是这样的，不浪费时光的生命是长久的。

年华悄悄地相继流逝，他飞逝的只不过是年纪，却播种德行，收获荣誉。

年轻时应获得补偿老年苦楚的能力，如果你注意到老年需要营养的才智，就会在少壮时加倍努力，以免老年时有所短缺。

我以为我是在学习生活时，学的却是死。

抱负不凡的人既不满足于生活的欢乐，也不满足于世间的美好，他来到人世间，生活只是赎罪的苦行，他们既不占有幸福，也不占有人世间的美。

正如日子在甜睡中飞逝，生命总在死亡中度过。

每个灾难都在记忆中留下苦楚，唯有死亡这个最大的灾难使记忆中的苦楚与生命一同毁灭。

人们错误地叹息时光的流逝，责备时间过得太快，不认为时间是充裕的，自然赐给我们以好的记忆，使一切事物经历的时间比实际存在的时间还要长久。

我们对于不同时期出现的事物的判断，常常没按照事物原本的顺序，许多发生在早年的事仿佛就在眼前，许多新近的事却又像是发生在很早很早，遥远的年轻时代。眼睛观察事物也会发生类似情况，受阳光照射的远物好像近在眼前，而近物却显得远。

请注意，人们要回故乡的希望和意愿，要返回天地未开的浑沌世界，就像飞蛾扑火那样急切。你看到，人类不断地以欢乐的心情期待着每个新春、每个新夏，期待着新月和新年，总觉得他们所期待的事情姗姗来迟，他们却没想到，他们所焦急盼望着的正是自己的死亡。这个渴望就像禁锢在人类躯体内的灵魂，是自然的本质，是元素的灵魂，它急欲回到派遣它来的地方去。我提醒你，这渴望就是自然固有的本质，而人是自然的一种类型。

在我们之间最大的事物是虚无。虚无寓于时间之中，它的肢体伸到过去和未来，它与过去的和未来的一切工作（包括自然的和动物的）紧密相联系，并紧紧地连结着现在。然而，它并不涉及任何事物的本质。

虚无无中心，其边界也是虚无的。

我的反对者说，虚无与真空是同一件事，只是在称呼上才把它们分成两个名称，性质上并没有什么不同。回答是这样的，无论什么时候，真空存在的地方必有围绕着真空的空间。但是，虚无除了空间的占据外，别无他物；由此可知，虚无与真空并不相同，因为真空是无限可分，而虚无则不能分，没有比它小的任何东西，如果你从这取出部分，这一部分就等于全体，全体也等于部分。

二、躯体的生命

动物的躯体如何不断死亡和再生 任何躯体不管如何吸取营养品都不断死亡，也不断再生。原先的营养品耗尽的地方，后续的滋养品才能输入。若滋补的食品与消耗量不等，则生命将失去活力。如果你剥夺了躯体的食物，生命就完全毁灭。如果每天补充的与消耗的相等，生命的再生就等于枯竭的。正如蜡烛发光是蜡液提供的滋补，下面迅速供应的量等于上面消耗的量才能不断发光。在快完结的过程中，亮光变成浓烟，浓烟不断，死灭继续，滋补不断，浓烟也不断，滋补运动的完全停止，蜡烛全部亮光同时消失。

自然为什么不规定一种动物的生命不该建立在其他动物的死亡之上？ 自然界总以无限的快乐来不断创造新的生命和新的形体。她明白在扩大地球上的事物时，从时间的角度看，创造的比毁灭的还要快速。因此，自然有意安排，让这些动物作为那些动物的食粮，更有甚者，自然界常常降下毒气和瘟疫，降下天灾到动物群聚的地方，尤其是人类聚集的地方。因为人类不受其他动物的侵害，增长迅速。若原因被排除，则后果将消失。

因此，正如你提出和表明的理由，地球在不断再生生命的同时，也在消灭生命。后果出于原因，动物是世界生命的一种形式。

这里，自然界对一些动物像一个残暴的继母，对另外一些动物则像个慈爱的亲母。

我们的生命是建立在其他动物的死亡上面。在死的物类中仍保留着失去知觉的生命，它们在活着的物类胃里重新组合，重造生命，包括肉体的和智慧的。

人和动物确实是互相吞噬，彼此互为葬身的坟墓、死亡的安息地。从别人的死亡中创造生命（在别人的痛苦中获取欢乐），他们自己则成为腐烂物的包囊。

若自然注定动物为了保持因运动可能减弱或消耗的那些部分而感到苦痛；那么，植物不能动，当然不会撞击路中的任何物体，也没有苦痛的感觉。所以，当植物被折断时，不像动物那样会感到苦痛。

性欲是传代的原因，
　食欲维持生命，
　恐惧或羞怯延长生命，欺诈是隐秘手段。

怕危险者不会死于危险。

正如勇敢危害生命一样，畏惧保护生命。

恐惧只是起于瞬间。

谁都想赚钱交给医生——生命的破坏者；因此，他们应当富有。

要保持健康，最好远离医生，因为医生的药品只不过是炼丹术的东西，炼丹术有不少医药书。

医学是失谐元素的复原，疾病是元素的失谐注入活的躯体。

让他们按照圣者和别人的病症给你作出诊断和治疗，你会看到，这些人将被推举为医治他们不了解的疾病的医生。

此规则有利于保持健康：
饮食适量，少饮。
煮熟，细嚼，粗茶淡饭。
求医是失策的。
息怒，乐观。
起立身站直。
中午别睡觉。
少量低度酒，饮酒勿空腹。
坐姿端正。
锻炼适当。
不挺肚，不低头。
晚上盖好被。
头脑清醒，精神愉快。

避免浪费，注意限定饮食。

我以为，习惯不良的粗鲁人和理智不清的人不应有思想高尚能力强的人所具备的那么精细的器官和种类繁多的机构，他们只不过是一个接纳食物的袋子，食物由此通过。实际上，只能把他们看做是食物的通道，而不是别的任何东西。因为，在我看来，除了声音和形体外，他们没有什么东西与人类有任何共同之处。他们的一切都不如禽兽。

三、精神生活

在我的著作中，把你这个人作为自然界的精巧作品。如果你认为这是件可耻的事而毁坏它，这就显示人的生命该有多少恶行；无论这个外形结构对你来说是多么的精巧，与寓于这结构中的灵魂不能比拟；事实上，无论它怎么样，它总是非凡的，只要它乐意，总可以留在这外形之中，切勿由于你的狂怒和怨恨毁坏这生命——事实上，它并不重视这个外形，也不值得重视。

我不情愿与躯体分离，我深信，其忧伤与悲悯不是没有原因的。

能力有四种：记忆和智力，食欲和性欲。前二种为理性，后二种则属于感性。

任性放肆的人与禽兽无异，开头的邪恶比结尾的邪恶容易克服，你对你自己有相当的支配权。

劝告他好好克制自己。

如果你按照品德的标准约束自身，你对世界将无过分的希求。

良好的修养产生于优良的气质；由于原因比后果更受人赞美，与其赞美没有气质的修养，倒不如赞美没有教养的好气质。

最富有同情的地方一定有最深重的苦楚。

乐极生悲，聪明过头产生愚蠢。

为了避免缺陷，部分总倾向于与整体结合。

灵魂希望保留在躯体内，因为若没有躯体这个有机的器官，灵魂既不能行动也无感觉。

灵魂永远不会随躯体的腐朽而毁坏，灵魂在躯体内的作用就像风使风琴发声，若笛子坏了，风也不能产生好的效果。

谁要想了解灵魂如何寓于体内，就让他观察这躯体如何使用其日常住所，若住所杂乱无章，则灵魂也使躯体杂乱无章。

科尼利乌斯·塞尔苏斯　聪明最幸福，主要的不幸是躯体的苦痛。考虑到，我们是由两种东西组成的，就是灵魂和躯体。灵魂主要，躯体次要；理智属于主要部分，重要的不幸属于次要部分，而且是最差部分。灵魂中最优秀的是聪明理智，即使如此，躯体内最坏的东西是苦痛。因此，正如躯体的苦痛是主要的不幸一样，聪明理智是灵魂的主要优美品质，就是任何别的东西不能同聪明人的理智相比。

优秀的人生性好学。①

我知道，许多人认为这著作是毫无用处的，……人们要求的只不过是物质财富，而且极其缺乏理智，理智是精神食粮，是唯一的真正的精神财富。正如灵魂远比躯体高尚，灵魂的财富远比躯体的财富更高贵。每当我看到这些人中的某个人手捧此著作，连鼻子也未曾靠近，就像猴子那样，或者问我，这是不是好吃的东西，对此，我感到异常惊奇。

要使精神愉快应吸收营养。

请别看不起我！我并不贫穷！
人感到贫穷无非想多得些东西。
我应占据何地？此后不久，你就能知道应在何地。
你自己能找到答案的！从今以后不久……

啊，上帝，您以劳动的价格将一切美好的东西卖给我们。②

对你所不理解的事进行表扬是不适当的，若对此进行责难

① 参看但丁的《盛宴篇》“所有的人本性求知。”

② 在这上面是“oratio”字，可译为“祈求者”也可能指贺拉斯。贺拉斯说：“不勤奋工作，生命无异死亡。”

将更恶劣。

如果事实没弄清就表扬，效果不好，若批评就更糟。

下层人说好话与上等人说坏话一样。

嫉妒产生于错误的非难，也就是由于诬蔑。

私下规劝你的朋友，公开场合则赞扬他。

人善言谈，但大多是浮词虚泛。动物虽说得少，却真实有用。微小的真实总比弥天大谎好。

人们受到的最大欺骗是自己的主张。

他不惩罚邪恶，却怂恿为恶。
公正需要能力、洞察力和意志，这与蜂后相似。

许多人从事伪善和错误的交易，欺骗愚蠢的人们。

伪善者——就是神圣的修士们。

我把灵魂的固定住所的问题留给修士们去想象，那些人民之父受启示知道人间的一切奥秘，我留下的只是几本圣书，因为这些书是最真实的。

谎言是如此可耻的，拿谎言来赞美上帝，上帝的恩惠也会受损；实话如此美好，卑微的事物受到实话的赞美，也显得高尚起来。

毫无疑问，实话与谎言的关系就像光明与黑暗一样，实话本就十分美好，实话即使停留在卑微的事物中也比谎言攀附在高尚事物上无比崇高。即使我们认为谎言属于第五元素，对于事物的实话仍然是高级智慧的主要营养品，而不是欺蒙哄骗才智的营养品。

梦中的喜悦常常大于现实生活中的欢乐。梦境是虚幻的，是想象的；现实生活则是真实的，自然的，不骗人的。

精神和才智间的守恒　精神再找到它曾脱离的头脑，大声地说：

神圣的幸运的精神呀！你从哪里出来的？我深知，人总是反对我的爱好！他是罪恶的收藏所，是忘恩负义和种种罪孽的堆栈。我为什么要用无益的语言劳累自己？他的种种罪恶将被发现。倘若在人类中的任何人能有任何善事，他应当受到别人给他的和我自己的同等对待。事实上，我已得出结论，如果他们怀有敌意，就很不好；如果他们很友善，则更糟。

四、论 统 治

当你被野心勃勃的暴君围攻时，为了保存自然赐给的主要礼物——自由，我找到进攻和防守的方法。首先，我要谈论城墙的位置，然后，谈各种人如何拥护他们公正的好主人。

莱奥纳多向米兰公爵的建议 所有村社都服从其头人领导，这些头人与他们的君主联合并受其控制的二种方式是血族关系和财产纽带。血族关系指的是在他们的忠诚受到怀疑时，他们的子孙像人质那样被作为安全的保证人和抵押品；财产的纽带则是在你的城市里让他们中的每个人建造一个或二个房子，他们可由此获得税收；他们也可在住着三万人的五千个房子的十个城市收税；你应疏散像羊群那样拥挤在一起的人群，人群过分拥挤到处发出恶臭，传播瘟疫和死亡的种子。你若这样做，城市必将名符其实的繁华美丽，税收也足够用，永恒的声望将与日俱增。

第七章　莱奥纳多的生活道路

阳光照耀着莱奥纳多一生中各个时期的活动。这笔记按照编年学的顺序编录了能断定年代的个人事件，包括感想，信稿，有关朋友、书籍和旅游的引证。为了使这些不连贯的笔记的背景充实并给人以较全面的印象，我们也列出对他个人有影响的历史事件和经历的日期。尽管他未曾提到这些事件，这些事件在瓦萨里的回忆及同时代的文献中都能查到。

一、托斯卡纳　1452—1481

莱奥纳多·达·芬奇 1452 年 4 月 15 日生于依姆波里城附近阿尔巴诺山西面斜坡上的芬奇村。关于他的出生，他的祖父安东尼奥有如下记载："我的孙子 4 月 15 日星期六深夜三点出生，是我儿子皮尔罗的儿子，取名莱奥纳多。神父巴托洛弥奥·皮罗给他洗礼……"接着写下他的洗礼仪式的 10 位见证人的名字。他是身份低微的女孩卡特琳娜的非婚生儿子，他出生后父母离异。1457 年，他的母亲嫁给芬奇村的阿加塔布里加，皮罗·德·瓦加的儿子。

莱奥纳多出生的那一年，他的父亲皮尔罗先生与乔万尼·阿玛多尼的女儿阿尔比拉结婚。皮尔罗先生出身于一个佛罗伦萨家庭，在芬奇村有房产，像他的祖先那样是佛罗伦萨的有名公证人，他结过四次婚，有九个儿子，两个女儿，都出生于莱奥纳多24岁之后，他承认莱奥纳多是他的长子，并养育他成人。

下面的笔记是莱奥纳多回忆他摇篮时代的梦境。

好像命中注定我应描写飞鸢似的，在对我的幼年时代的第一个回忆中，仿佛有一次，我躺在摇篮里，一只飞鸢飞到我的身旁，用尾巴撬开我的嘴，在我的嘴里拍打了好几次。①

孩子在托斯卡纳乡村葡萄园中成长，他细心地观察自然。瓦萨里说到，他在他父亲的一个农民小屋墙上画了一个怪兽，为了画这个怪兽，他收集了各种大大小小的动物，如蜥蜴、蟋蟀、毒蛇、蝴蝶、蚱蜢以及蝙蝠等等，放在他自己的房间里。从这些动物之中选出不同的部分，拼凑起来，画成一个四不像的巨大怪兽。他成长为一个满怀希望才华横溢的青年。他在发扬自己绘画风格的同时，以精巧的手艺塑造了面带微笑的妇女和儿童的泥塑头像。他研究音乐并决心学习弹奏古希腊七弦竖琴的技巧。他以富

---

① 这段笔记是弗洛伊德对莱奥纳多精神分析的主要依据。莱奥纳多梦中的鸟是鸢〔意大利文为 nibbio〕和他研究飞行的鸟相同。当鸢展翅凌空翱翔时，叉开的尾翼是导航的强大舵轮，尾翼的轻微运动，下面的人是不容易觉察的。莱奥纳多对鸟有极大的兴趣的道理就在这里。弗洛伊德把 nibbio 错译成“vulture”，其理论的根据是埃及象形文字中“vulfure”和“mother”两字都用同样图形表示，而且按语音两者都发“mut”音。

有想象的特点和高雅活泼的气度用希腊七弦竖琴即席演奏乐曲和诗歌。他学习算术，显示出非凡的天才，老师常常被他的疑问弄得狼狈不堪。1469 年他的父亲成为佛罗伦萨城青年公证人，在圣翡冷翠广场内离旧官不远的地方租了一所房子。莱奥纳多去佛罗伦萨在安德烈·维罗启奥画坊中当艺徒，当时，维罗启奥正在雕塑年轻大卫的铜像，这铜像的面部很像达·芬奇。维罗启奥在为圣·沙尔维教堂画一幅基督洗礼画时，让年轻的艺徒帮着在画上画了一个天使。瓦萨里说："这正是安德烈从此永不再画画的缘故，因为他看到一个孩子在艺术上的学识比他高明而感到愤慨"。

1471 年，维罗启奥工场与别人一起参加了为筹办欢迎米兰公爵加里亚佐·玛利亚·司伏萨的庆典装潢行列。

1472 年，莱奥纳多作为佛罗伦萨同业公会会员，登记的名字为"皮尔罗·达·芬奇先生之子莱奥纳多"。

莱奥纳多亲手书写的最早日记是用鹅毛笔和河谷墨水写的论述绘画的笔记。现在保存在乌菲兹。

1473 年 8 月 2 日圣玛利亚感恩日。

约在 1474 年，维罗启奥接受一个任务，为皮斯托利亚大教堂里的多纳托·德·梅迪奇小教堂绘制一幅祭坛背后的画。莱奥纳多帮助完成这项工作，他画了一幅祭坛台座垂直面上的《天使报喜》。这幅画现在保存在巴黎的卢浮宫。在维罗启奥的画坊中的学徒有多米尼科·吉尔兰达伊奥，博蒂西尼，佩鲁吉诺，洛伦佐·迪·克里蒂，他小七岁。

1476年4月，他住在师父维罗启奥家里，正如当时审判文件所载，指责他和另外三个年轻的佛罗伦萨人为不正当的青年。这指责是匿名的，赶走他们的条件是，一旦有更充分的证据必须立即回来。对于这种不幸的事情，他写了一封申诉信给佛罗伦萨同业公会有影响的领导人贝尔纳尔多·迪·西蒙尼·科蒂吉亚尼。

你知道，正如我以前告诉你的那样，我没有任何朋友。

在信的反面有如下的一个疑问：

若无爱，该怎么办？

几年后，当他回忆起与幼年基督画像有关的一个不愉快事件时，他写了如下的笔记。

当我画幼年基督时，你把我关起来，现在，我画成年的基督，你待我更坏。

在瓦萨里的《莱奥纳多的生活》一书的第一版以及被禁的第二版有如下的说明："莱奥纳多的思想是那么异端，他不信教，与其说他是基督徒，倒不如说他是哲学家。"

1477年后，莱奥纳多很可能以一个独立的艺术家的身份在洛伦佐·德·梅迪奇的保护下工作。按照阿诺尼谟·

加狄亚诺的意思，他作为年轻的艺术家住在威尼斯共和国的贵族那里，后者雇他为圣·马可广场花园工作，他想在花园里建立研究院。下面的笔记，莱奥纳多提到花园和他可能已进行的工作。在同一页中画着一对标尺和重量的计算式。

赫尔克里斯为皮尔·弗·吉诺雷的劳作。
梅迪奇的花园。

1478年1月10日他受委托为贵族官的圣贝尔纳尔德小教堂绘制祭坛背后的画。这项工作一直未完成，以后交由菲利皮诺·李皮完成。

1478年4月16日朱良诺·德·梅迪奇在佛罗伦萨大教堂做弥撒时被暗杀。

下面的笔记写在人头画的书页上，现在保存在乌菲兹。月份省略了。

……月，1478年，我开始画二幅圣母像……
佛罗伦萨的费奥拉凡特·迪·多米尼科是我的最亲密朋友，亲如兄弟。

1479年12月29日或以后几天的某一日，莱奥纳多站在巴奇罗窗下画贝尔纳尔多·班迪尼的画像，此人因谋杀朱良诺·德·梅迪奇而被吊死。他在画旁注明罪犯的名字且有关于服饰的描写。这画现在保存在巴扬尼的邦纳特美术馆里。

一顶黄褐色小帽。

一件黑哔叽呢的男紧身衣。

黑色无袖紧身皮茄克，围巾和点缀着黑红色点天鹅绒的项圈。

镶着狐狸皮的蓝色外套。

黑色长筒袜。

贝尔纳尔多·迪·班迪诺·巴伦西里。

下面的笔记引述佛罗伦萨货币和在此期间的论述。

我从马蒂奥先生获得的钱：

第一次20格罗森，以后三次为3索尔多，接着为6格罗森，其次3索尔多，接着3.3索尔多。

制作纯绿色，绿色与沥青混合可使阴影较深，绿色与黄赭色混合可使阴影淡些，绿色与黄色混合阴影更淡，纯黄用于光线，绿色与姜黄混合使一切东西光滑。

制备鲜艳的红色，将朱砂或纯红粉与烧制的赭石混合用于暗影，较亮部分可用红粉与银朱混合，光亮部分只用纯银朱画，然后上一层透明薄涂层。

制备绘画用的好油：一分普通油，一分上等松节油和一分次等油配制而成。

下列一览表说明与莱奥纳多往来密切的著名人士。在同一页上有反映时间飞逝的类似沙漏的仪器草图，水取代了沙。

卡洛·马莫基的象限仪
弗兰西斯科·阿拉尔多先生
论数学，本尼德托
托斯卡尼里，保罗先生
多弥尼科·迪·弥迦利诺
卡尔沃·德格里·阿尔伯蒂
乔万尼·阿吉罗普洛先生

1481 年，莱奥纳多受圣·多纳托修道院委托，画《三王朝拜》像。这个修道院在佛罗伦萨城附近的斯科佩托。为此画而作的单色草图保存在乌菲兹，许多素描仍然保存着。

1481 年 9 月 28 日三个修道士受修道院之命送了一桶酒到莱奥纳多家里。这是人所共知的他一生中第一次居留在佛罗伦萨城的最后的日期。

莱奥纳多留在佛罗伦萨的个人财物中的作品一览表。同一页上还有一些头像和头盔的即兴画稿。

满头飘垂细发的青年正面头像。
自然的许多花朵。
卷发正面头像。
不同的杰罗姆画像。①
公爵头像。②

① 保存在梵蒂冈的一幅未完成的圣·杰罗姆画像。
② 可能是莱奥纳多计划完成的弗兰西斯科·司伏萨公爵的纪念塑像。

各种结的设计。

关于圣·安格洛板画的四种探索。

吉罗拉谟·达·菲格利尼的小构图。

鹅毛笔画的基督头像。

八个圣·塞巴斯蒂安。

许多天使构图。

玉髓。

细发的侧面头像。

一些透视躯体。

一些船用机器。

一些水道设备。

阿塔兰特抬头肖像画。

吉罗尼谟·达·菲格利尼的头像。

吉安·弗兰西斯科·博瑟头像。

许多老年妇女的咽喉。

许多老年人头像。

许多完全的裸体图。

若干臂、脚、腿和各种姿态。

完成的圣母画像。

另一个圣母侧面像。

升入天堂的圣母画像。

一个颈子很长的老人头像。

吉普赛人头像。

戴帽头像。

轮廓突出的受难圣徒的描绘。

扎着发束的女孩头像。

梳理头发的头像。

二、第一米兰时期　1482—1499

1481年10月某日莱奥纳多到达米兰。当时，米兰公爵吉安·加里亚佐·司伏萨十三岁，他的叔父罗督维科·依尔·莫罗是巴里公爵，是真正的统治者。据阿诺尼谟·马格利亚贝基雅诺所说，莱奥纳多三十岁时，受洛伦佐·依尔·马格尼菲科派遣，由阿塔兰特·弥格利奥罗蒂陪同，到米兰公爵那里，赠送一架七弦竖琴，因为他能极其娴熟的弹奏此琴。他的同伴只不过是一位十六岁的青年，是一位成功的演员、音乐家和乐器的制作家。按照瓦萨里的看法，由于莱奥纳多在音乐方面的突出才能，促使他来到米兰。他在一个音乐家的集会上用他自制的形状像马脑壳的七弦竖琴弹奏乐曲受到非常热烈的赞赏。这种琴弹奏的音乐声音洪亮清晰动人。

阿诺尼谟对莱奥纳多的容貌作了描述。他是一位漂亮的人，容貌端正，体态匀称，和蔼可亲。当他穿着长袍时，外面罩着一件长达膝盖的玫瑰色外衣，梳理得整齐美丽的纤细柔软的长胡须直达胸前。

莱奥纳多到达米兰不久，就为1481年成为罗督维科·依尔·莫罗夫人的采西丽亚画了一幅肖像画。这幅肖像画与克拉科夫柴托里茨基亲王美术馆中的那幅伴着白鼬的夫人像一致。下面的笔记是艺术家写给端坐着给他画像的人的：

采西丽亚，最尊贵的王后（女神），读了你的最优雅的……

比较第286页的采西丽亚的信。

1483年4月25日莱奥纳多同安布罗基奥·德·普雷狄斯及他的异母兄弟伊万格利斯塔商谈，如何共同完成圣灵受胎说公会委托的任务，就是共同绘制圣·方济各会附近教堂里的一个精巧的雕刻框架，框架涂金，中心部分由“佛罗伦萨人”画，由安布罗基奥画边板。现在，保存在伦敦国家美术馆的《岩间圣母》是莱奥纳多的作品。框架的作品值七百里拉，莱奥纳多的作品应得一百里拉。稍后，艺术家宣称提高价格。诉讼继续了几年。图画交了货，以后要求归还。参看第312页和第320页。

在下面莱奥纳多给罗督维科·依尔·莫罗的信中列举了可以为公爵作出的一些贡献。罗督维科掌权前，就有个计划，要雕塑一座骑马的青铜像以纪念他的父亲，一位军事冒险家弗兰西斯科·司伏萨。在信的末尾，莱奥纳多建议将这个任务交给他。除了多那太罗以外，再没有其他佛罗伦萨市民，在帕多瓦竖立威尼斯式冒险家加达美拉达的骑马铜像。

最高贵的殿下，我仔细检查了现今那些自称是战争机器的发明家和能工巧匠们的战具之后，发现上述的机器的发明和作用与普通使用的机器没有什么特殊的不同，我愿意毫无偏见地亲自向殿下说明，愿将我的秘密向尊贵的殿下公开。在你方便的时候我可以将下面简略列出的所有设备当面向殿下表演。

1. 我设计的一种桥既轻便又坚固而且便于携带，用这种桥便于追击溃逃的敌人；在战火中确保安全不被毁坏。这种桥容易提升和安装，是摧毁敌人的好设备。

2. 某地被包围时，我懂得如何排除战壕里的水，如何建造无数的桥梁、暗道和阶梯，以及为迅捷目的所需的其他器械。

3. 若遇到堤防高或地势险要坚固而不易爆破攻陷的地点，我有办法攻毁每个要塞，或每个建立在岩石上的堡垒。

4. 我设计了臼炮能极其方便地像暴风雨般地喷射小石头。由大炮喷出的浓烟将使敌人惊恐万状，损失惨重。

如果战斗发生在海上，我也设计了各种最有效的进攻和防守武器，还有能抵御最猛烈炮火攻击的战舰。

5. 我有办法在壕沟和江河底下挖掘弯弯曲曲的秘密地道，可以不发出任何响声地通到某一固定地点。

6. 我将制造装甲战车，这种车既安全又坚固，可冲锋陷阵，无论多大的武装队伍都无法阻止它。步兵紧跟在装甲战车之后十分安全，不会遇到任何阻碍。

7. 如果需要，我能制造大炮、迫击炮和各种很美观而合用的轻武器，与通常使用的武器不同。

8. 在炮轰无效的地方，我设计出弩炮、射石机、围城用的冲城机以及其他能发挥奇特功效和广泛用途的器械。简单说来，为了应付各种变化的情况，我设计了许多不同的攻守手段。

9. 在和平时期，我深信，在建筑方面，我能像其他任何人一样，做个令人十分满意的建筑家，建筑私人的和公家的房屋，挖掘水道，将水从一个地方引到另一个地方。

我也能雕塑大理石、黄铜和陶土，我也能绘画，别人能做到的，我也不比别人差。

此外，我能铸青铜骑马像，以显示殿下的父亲司伏萨公爵的不朽的光辉形象和司伏萨家族的荣光。

倘若殿下认为上面列举的各种机器似乎是不可能的，或者是谁也未能付诸实施，我愿意在殿下的花园里进行试验，或者在殿下指定的任何地方进行试验。对于殿下，我是最恭顺的。

上表列举的东西较少表现其艺术才能。着重点在军事和海军工程上。莱奥纳多是在佛罗伦萨或在到达米兰之后获得这些知识的吗？当米兰与那不勒斯结盟时，费拉拉和教皇面临着与威尼斯的战争，他作为工程师是很容易被接纳的。1484 年战地军事会议在米兰举行，1487 年，米兰吞并李古里亚和热那亚港。

信的日期不明确。在莱奥纳多生活的编年史中的 1482 年和 1487 年间留下不能解释的间隙。有人认为他访问了近东正在从事战争的埃及统治者凯特·贝伊。但是，他旅行的区域仍然是个疑问。

在这期间，他的兴趣集中于机械学。他设计了配合投掷和弩炮的武器，应用了较先进的大炮思想。他发明机关枪，后膛负载枪，战车和具有机械弹射能力的火焰喷射器。他绘制了军用桥梁，要塞以及其他防御设备的计划。至于海上战争他也进行了攻防设计，如战用吊车，双壳船，使毁坏的船只不沉，潜水衣和游水保险带。

这个设备用于印度洋的珍珠采集。这是由许多环形皮革制成的。它不会沉陷，观察用的窗口固定在船上，在采集珍珠和珊瑚时，可通过前面的防霜玻璃眼镜观察，前面还安装着尖刺护甲。

下面的笔记附有关于奇特装备的设计草图。莱奥纳多想用这种装备从水下凿通敌人船只，解救俘虏以减少提供的罚金。

学识渊博而不自夸。

雇用纯真的年轻人并在家里缝制外衣。

阻止舰长的军舰，击沉别的军舰，把炮火压服。

……哨兵走过之后，在船尾周围放小艇，并突然一同开火。〔画有潜水衣草图〕

盔甲的胸甲连着帽盖，紧身衣裤……一个充气的皮囊，附加半个铁圈使皮囊与胸部分离。若皮囊有开关……把气放走，沙袋的重量使你往下沉；充气，则把你推出水面。

一个玻璃凸眼面罩，其重量恰能使你游水时浮起。

带着锋利的刀，预防被网缠住。

带二三个小皮囊，根据需要而随时充气或放气。

带着和你意志相同的官员和许多镣铐，让他们隐藏在河边。你应事先弄清楚不打折扣支付赎金的协议……把赎金亲自交给马尼托。①

带着号角以便及时传送原先意图是否实现的信息……

他的第一架飞行机的结构设计约作于此时。

让真实的飞行机在水面上空试验，以确保坠落时不受损伤。

---

① 索尔米认为马尼托就是马尼蒂。1500年莱奥纳多在威尼斯时，努力争取在列潘托战争中被土耳其人俘虏的威尼斯人获释（未成功），但卡尔维认为这些笔记约在15年前写的。

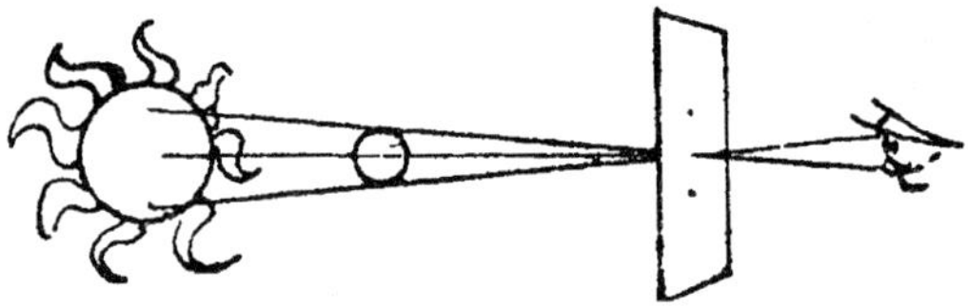

1485年3月26日莱奥纳多观察日全食。

眼睛不受损伤地观察日食的方法

取一纸片，针刺一小孔，透过针孔观看太阳。

1485年4月13日罗督维科·依尔·莫罗通知他在匈牙利国王马希亚斯·科维努斯的使节，他已要求米兰的一位伟大的画家为国王画一幅肖像画。这个画家可能是指莱奥纳多（参看第167页）

下面的回忆录写于到科摩湖神奇区旅游的时候。

在贝利亚乔城堡对面是拉特河，一个飞瀑从一百多意尺高的源头喷出，垂直地落入湖里，发出隆隆巨响。这源头只在八、九月间才喷水。

在科摩湖上面约八英里处是普里尼亚那别墅，这里的水每六小时涨落一次，水涨时，向两个水磨供水还有剩余；水落时，使泉水干涸；再高两英里为尼索河谷，这是由于河水降落时的猛烈冲击在山中形成的峡谷。

旅游在五月间最适宜。

在这些地区最巨大的岩石分布在靠近列科的曼德洛山和距列科30英里的贝林佐那的格拉维多那山以及加文纳河谷的山。其中以曼德洛山的岩石最大，水流冲成的峡谷伸到下面两百步左右的湖，在这里成年刮风和结冰。

沿着维莫尼奥和英托洛比奥之间的瓦尔·萨西那右边一条去列科的小路，可达托洛吉亚河，这条河从很高的岩间流出，降落后流入地下，河流以这里为终端，距此地三英里多远，就到人们叫做普拉托·桑·皮托洛附近区域的铜矿和银矿的建筑群，还有铁矿和各种各样奇特的事物。这地区最高的山是拉·格里格纳山，整个山光秃秃的。

科摩湖上去德国的地方是梅拉河入湖的加文纳河谷，这里尽是悬崖绝壁的高山，山中能找到鸬鹚等水鸟。山上生长着枞树、落叶松、松木，还有鹿、野山羊、小羚羊和凶猛的熊。若非手足并用，谁也上不了山。农民在下雪天带着大的器具上山赶熊，使它坠下悬崖。这里群山起伏，山间河水流转，左右绵延20英里。沿途旅馆林立，食宿方便。河上有高四百意尺的瀑布，极其壮观，一顿美食只花4索尔多。木筏顺流而下。

像前面所说，瓦尔特尼纳是巍峨峻陡的群山环绕的河谷，这里生产了大量烈性葡萄酒，饲养着巨大的牛群。农民估计，牛群挤的牛奶比生产的葡萄酒多。上游流经德国四十余英里的阿达河横贯此河谷，河里有许多茴鱼，在沙中发出闪闪银光。

这地区人人卖面包和葡萄酒，每瓶酒卖一索尔多，每磅小牛肉一索尔多，盐和奶油均为十第纳里。他们的磅等于30盎司，一定量的鸡蛋卖一索尔多。

瓦尔特尼纳河谷的源头在博尔米奥山，此山极其险峻，常年积雪，白貂在这里繁殖。

1487 年，米兰大教堂工作部考虑建造建筑物的中心顶部。

莱奥纳多在木匠贝尔纳多·马吉·达·阿比亚蒂的帮助下，制作了这个蒂布雷奥模型，模型费用的支付分别在 7 月 30 日，8 月 8 日，18 日，27 日，9 月 28 日和 30 日，还有 1488 年 1 月 11 日。此后，模型随信送交工作部，下列的信稿仍保存着。他把需要修复的建筑物比做病体，把建筑师比做医生。

我的尊贵的殿下，上帝的全权代表，正如医生、护士需要了解人体构造，人的生命和健康情况以及如何维持各个器官之间的和谐和保持平衡一样，一旦失谐和不平衡，人体就将毁灭，一个在这方面的知识渊博的医生总比一无所知的人在治疗中方便得多。

你知道，良药利于治病，医生既了解药物的特性，又充分明了人体的构造、生命以及健康的含义，他医术高明，能治好病。他不仅透彻了解其正面，也深刻了解其反面，这就能得心应手，手到病除。

你知道，药物能使人恢复健康。谁能了解药物的性质，了解人和生命及其构造，了解健康的含义，他就能应用自如。通晓这些事物的利弊规律，他就能比任何人更有效地治愈病人。腐朽的大教堂所需求的与此相似——它要求负责修复的建筑师透彻了解大建筑物结构，建筑大厦的正确方法所遵循的规则，这些规则的出处，它们分成几部分，又是怎样构成整体的，怎样维持住，还应了解重量的性质，力的倾向，力的结合以及各力间的关系，合成力产生的效果。在这些方面有真才实学的人才能以其智慧和工作成绩让你感到满意……因此，我不损伤任何人，只用论据和工作使你感到满意，有时从原因显示效果，有时根据实验进行推理……参考古代建筑学的某些原理和他们建立的大厦的实例，说明建筑物毁灭的原因和保护的根据，等等。

同时，我还要证明，重量第一定律；建筑物毁坏的原因以及建筑物是怎样毁坏的；保持其稳定性和永久性的条件。为了不使殿下感到迷惑，我将从大教堂的优秀建筑师的设计开始，清楚地指明，他在大建筑物开始显示的意图。了解这些之后，你就容易判明，我的模型中所包含的对称、和谐和一致性。这些特点属于开始时已谈到的：什么是大建筑物，建造大建筑物的理论依据，大建筑物有多少组成部分，它们如何结成整体。

如果不是我，而是别人能更清楚地阐明这道理，那就应放弃一切偏见，而选择他。

圣·玛利亚感恩院，米兰，科摩和巴维亚等处的大教堂的实际建筑形式促使他研究以方形和八角形为基底向上筑成拱顶的有关问题，并画了许多有关的建筑草图。

这里不应当是任何钟楼；正相反，应当像佛罗伦萨圣·乔万尼钟楼，大教堂钟楼以及比萨大教堂钟楼那样独立分开。这些地方的钟楼和圆顶分得很开，每个钟楼都显出独自的完整性。倘若你想让钟楼与教堂相连，只要像加拉瓦里教堂[①]那样在钟楼上挂灯笼。

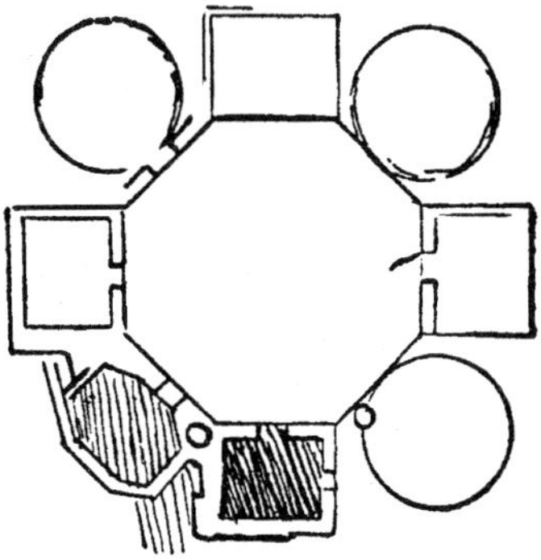

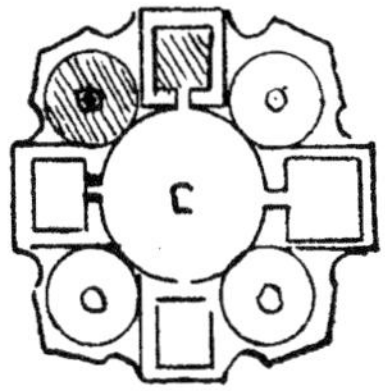

他也画了一座充满阳光和空气的新城市设计图稿。这个城市还有立体公路，下层公路作为行车运货用，上层公路留给绅士们专用。

可能是1483年米兰发生的瘟疫引起的可怕后遗症促使他做这项工作。

下面的回忆是关于他在米兰时的兴趣、活动和交游。

马利亚尼[②]的代数，是他父亲编写的。

米兰城及郊区的测绘，画米兰城图[③]，米兰的计划。

---

① 加拉瓦里教堂离米兰几英里，在交叉路口有一中心塔。

② 吉罗拉谟·马利亚尼是《代数》的作者，是著名的医生，他的儿子也是医生。

③ 在另一页，有米兰的鸟瞰图稿和画有城门的粗略计划。

一本记述米兰及其教堂的书，这本书在去科杜西奥广场路上的新近出版商处。

科特·维基亚的测绘，城堡的测绘。

圣·洛伦佐的测绘。①

请算术老师教你由一个三角形求方形的方法。

向法齐奥老师借有关比例的书。

向布雷拉修道院的修士借《称衡》书。②

阿尔奇诺的论比例，法齐奥先生的马利亚诺的笔记。

意大利，亚里士多德论天体现象的书③，法国人乔万尼允许我看关于太阳的测量的书。

备忘录，请教吉安尼诺·邦巴迪里有关无孔洞的费拉拉塔的情况。

请教马斯托洛·安东尼奥如何在白天或黑夜在设防阵地安装迫击炮，马斯托洛·吉安托的横弓。

请教本尼德托·波蒂纳里有关弗兰德斯人在冰上行走的问题，关于运河、闸门、支架及大船的测量和费用。

找师傅学习水管道工作，请他教你修理及修理费用、教你伦巴第式的水磨、运河和船闸。

吉安·安格洛，画家，有一本从他父亲继承的论水的书。

保利诺·斯卡皮利诺，叫做阿西奥洛，在水道方面的知识渊博。

布拉曼蒂的编结装饰品。④

---

① 圣·洛伦佐是一座注明 16 世纪的八边形建筑，其圆顶是当时已建成的最独特的圆拱顶。

② 布雷拉，直到 1571 年是修道院，现在的米兰图书馆和美术馆。

③ 气象学。

④ ‘knots’如图示，双层装饰品。

1489年4月第二天，有一本《人体图》的书。

这是莱奥纳多笔记中第一次谈论解剖的日记。

在同一页上，画着脑壳素描，显示面部血管。反面列出思考的一系列问题：

哪条肌腱促使眼睛运动，一只眼驱动另一只眼？

皱眉。举眉。垂眉。

闭目。开眼。

鼻的抬高。

齿合唇开。撅嘴。

微笑。惊恐。

怎么打喷嚏？如何打呵欠？

患病，痉挛，瘫痪，冷得发抖，出汗，疲劳，饥饿，瞌睡，口渴，欲望。

描述人在子宫形成时的情况……

格·帕·洛马佐对莱奥纳多研究人的表情的方法有如下的描述：他的仆人说过一个故事，有一次，莱奥纳多想画一幅欢笑农民的画，没画成，只好推在一旁。他挑选了一些能符合他心意的人，跟他们认识之后，摆一桌酒席请他们和他的一些朋友，靠近他们坐下，给他们讲稀奇古怪荒唐可笑的故事，逗得他们哄堂大笑（他们并不了解他的意图）。他极细心地观察他们的各种姿态和可笑的举动，紧记在脑子里；等他们走后，立刻回到房间，把看到的人们欢笑的种种形象画成详尽的素描，就和在酒席上被莱奥纳多逗得前仰后翻的人们的模样一样。

（1489 年?）4 月 28 日我从马奇西诺〔斯坦加公爵秘书〕那里得到 103 里拉和 12 索尔多。

1489 年 7 月 22 日在米兰的佛罗伦萨大使皮特罗·阿拉曼尼写信给洛伦佐·德·梅迪奇："罗督维科公爵想为他的父亲建立一座很好的纪念像，莱奥纳多遵照他的命令塑造了一个模型，弗兰西斯科公爵全副戎装骑着青铜高头大马。由于尊贵的殿下头脑中有些特别精彩的，以往从未有过的东西，他指示我写信给您，恳请您派一二个技艺优良的适合做这项工作的艺术家。此外，他虽然已经委托了莱奥纳多，我总觉得他不相信莱奥纳多能完成这项工作。"

如果沙巴·卡斯蒂利奥尼关于莱奥纳多用了 16 年的时间才制成司伏萨骑马纪念像模型的说法是正确的话，那么，他在到达米兰后不久就该开始做这项工作。

下面的笔记是许多年后，记载约在此时发生在罗德斯的地震情况。

89 年〔1489 年〕在靠近罗德斯的阿塔里亚海发生一次地震，地震使海底裂开，在裂口附近激起巨大漩涡急流，海水流失，海底露出，持续三小时，最后，恢复地震前的状况。

1490 年 1 月 13 日莱奥纳多与宫廷诗人贝尔纳尔多·贝林希奥尼合作，在米兰城堡上演《天堂的节日》，欢迎米兰公爵吉安·加里亚佐·司伏萨及其年轻的王后阿拉贡的伊萨伯拉。舞台上布置了巨大的镀金半球和拟人化的星座。

1490 年 3 月 28 日在科摩签订由莱奥纳多在米兰建筑的圆顶的石头运送合同。在他的笔记里画有小圆拱形建筑物的设计和立视图草稿。

米兰公爵夫人花园的圆拱顶。

米兰公爵迷宫中央的圆顶的基础设计方案。

反面是关于房屋的设计方案并有如下笔记：

如果让你的家庭成员住在屋里，住所应按这方案设计：晚上，由房门控制使家里人和客人与你住房隔开。为了使他们不能进入你的起居室，关上太平门 m，就能关闭整个房子。

称为 M·S·C 的新笔记本此时开始记，专用于论述光和影的问题。

1490 年 4 月 23 日我开始用此笔记本，重新研究马。

他在建造司伏萨纪念像时，寻找作为模型用的马。终于在罗督维科·依尔·莫罗的女婿加里亚佐·迪·圣·西维雷诺的马厩里找到了他所需要的马。

下面的笔记是他记在马的素描旁边的。

加里亚佐先生的西班牙产大马。
加里亚佐先生的西西里马。
西西里马的大小，后脚、前脚提升。

在帕马和皮亚森扎群山的岩石里仍能发现大量贝壳和珊瑚在蛀洞里。我在米兰雕塑大马时，有的农民把一大袋贝壳送到我的工场来，这些贝壳中有好些仍然保持着它们的原始状态。

1490 年 5 月 10 日米兰大教堂工作部根据莱奥纳多的要求，把他建立的蒂布雷奥模型归还他，要求他作好准备。莱奥纳多曾经表示修改这模型的愿望。一星期后，他收到建造新模型的 12 里拉。

1490 年 6 月 8 日罗督维科·依尔·莫罗写信给他的秘书巴托洛米奥·卡尔科，说是巴维亚大教堂工作部急欲听取西爱那建筑师的意见。并附带提到，莱奥纳多和伦巴第建筑师阿马德奥也将去巴维亚。

1490 年 6 月 10 日，巴托洛米奥·卡尔科复信说，西爱那建筑师为完成米兰大教堂的蒂布雷奥模型而艰苦地工作着。莱奥纳多总受公爵自由支配。

1490 年 6 月间，莱奥纳多和西爱那建筑师弗兰西斯科·迪·乔吉奥·马蒂尼一起骑马与随行的工程师、助手们去巴维亚。他们在“萨拉西诺”旅馆住宿，住宿费由工作部于 6 月 21 日支付。前面已提到，他们都是被特邀去商讨大教堂的建设问题的。

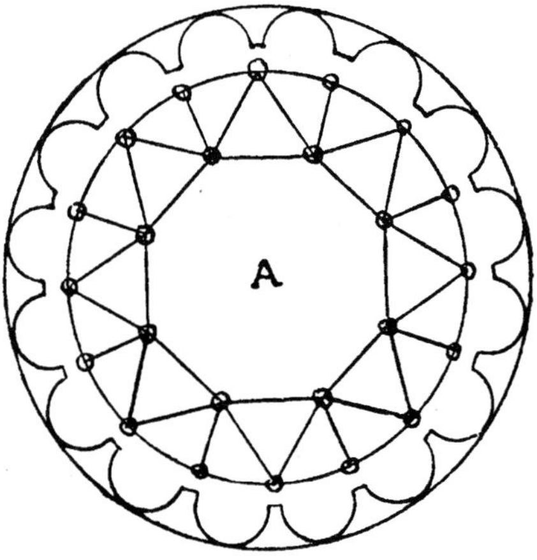

巴维亚，普拉蒂扎的圣·玛利亚大教堂设计方案

在巴维亚时，他使用称为 M S. B 笔记本。他在著名的司伏萨图书馆看书，13 世纪波兰医生维托洛尼的透视学引

起他的注意。

试从巴维亚图书馆借阅维托洛尼的透视学和数学论。
维托洛尼的透视学中有关于透视的805条结论。

在巴维亚中心教堂前面广场，竖立着一座叫做“勒吉索尔”的骑马青铜像，这是查理马格尼从拉文纳搬来的。时刻记挂着司伏萨塑像的莱奥纳多细心地研究了这只马的神态。

在巴维亚的那座骑马青铜像最值得称赞的是它的运动神态。
对古代作品的模仿比模仿近代的作品强。
优秀和功利不相容，正如要塞与人之间的矛盾一样。
小跑几乎是不受拘束的马的特点。
死气沉沉的地方急需激动人心的意外喜事。

我注意到地基建在蒂西诺河岸的巴维亚宫墙的修建部分。老的橡树堆黑得像木炭，红色桤木像巴西苏木；它们都很重。硬像铁，没有污点。

1490年6月27日在米兰城堡举行了有罗督维科·依尔·莫罗和大主教参加的评议会，决定大教堂的蒂布雷奥模型的取舍。讨论了四个模型，没有一个是莱奥纳多设计的，建设的任务交给两个伦巴第建筑师。

下面的笔记记录了吉亚科摩·萨莱成为莱奥纳多家庭成员的事。他是学徒出身，和莱奥纳多一直生活在一起，直到莱奥纳多去世。

1490 年，圣·抹大拉的玛利亚日（7 月 22 日），10 岁的吉亚科摩来和我住在一起。他是个小偷，爱说谎，既顽皮，又贪吃。来的第二天，我给他裁制了两件衬衫，一双袜子和一件茄克。我把支付这些衣服的钱放在一旁，他从钱包里偷走了。虽然我非常肯定他偷了 4 里拉，我毫无办法使他承认。

我同吉亚科摩·安德利亚共同进餐后的一天，别人和吉亚科摩吃了两次晚饭，他恶作剧四次，打碎了三只大肚酒瓶，酒流出。之后，来到我吃饭的地方……

九月的第七日，他从马可那儿偷了价值 22 索尔多的银制窗棂。当时马可和我住在一起。吉亚科摩从工场里偷走的。马可找了许久，最终在吉亚科摩的箱子里找到——1 里拉 2 索尔多。

1491 年 1 月埃斯特的贝特丽采作为罗督维科·依尔·莫罗的新娘来到米兰。她利用了成为意大利最显赫的宫廷之一的女主人的地位，在她周围聚集了许多名流、诗人、艺术家，如尼科洛·达·科雷乔，贝尔纳尔多·卡斯蒂利奥尼，布拉曼德和莱奥纳多·达·芬奇等等。

莱奥纳多帮助罗督维科的女婿加里亚佐·迪·圣·西维雷诺先生筹备公爵婚礼的庆典。下面的记载是关于吉亚科摩·萨莱的品行。

〔1491 年〕1 月 26 日，我在加里亚佐·迪·圣·西维雷诺先生屋里安排庆典时，一些男仆脱衣试穿即将在庆典上演出的奇装异服，我看到吉亚科摩走到这些人中的一个人脱下的衣服旁，从口袋里（这衣服和别人的衣服一起放在床上）取出一些钱——2 里拉 4 索尔多。

另则，我在同一屋里，巴维亚的阿戈斯蒂诺先生给我一张土耳其兽皮作为制靴用；这个吉亚科摩在一个月内从我这里偷走了这张兽皮，卖给皮匠得20索尔多。他自己承认，用此款买了八角子和蜜饯——2里拉。

另则，还有4月的第2日，吉安·安东尼奥，在他的图画上放着一只银质髫针，仍然是这个吉亚科摩把它偷走了，这只髫针值24索尔多。

第一年：大衣2里拉，衬衫六件4里拉，皮茄克三件6里拉，四双长筒袜7里拉8索尔多，亚麻马甲一件5里拉，鞋24双值6里拉5索尔多，帽一顶1里拉，绶带花边1里拉。

1492年7月10日

135莱茵金币	1.445
6索尔多的第纳尔	1.112s16
5.5索尔多的第纳尔	1.201s19
9金币的第纳尔和3斯库德	1.53
	1.811　共计

失掉的并非财富，美德才是我们的真正财富，品德崇高者应受敬重，不能缺德；除非生命先离开我们，品德是不会抛弃我们的。资财和外部财富使人发抖，资财的占有者失掉财富常陷入羞辱之中。

这段笔记帮助我们断定了莱奥纳多有关绘画实践的最重要手稿（B.N 2038和A)。除了论述绘画外，还包含拱门结构的笔记以及有关水的论文初稿。

（1492年）9月27日，星期四，马斯托洛·托马索回来，为他自己工作到最终（二月某日）。

1493年3月18日日耳曼人吉乌利奥来和我住在一起，住在一起的还有安东尼奥，巴托洛米奥，卢西亚，皮罗，莱奥纳多。

卡特琳娜，1493年7月16日来。

马利奥洛先生的佛罗伦萨的黑棕马是一只细颈项美头的大马。

养猎鹰者的白公马有精细的后腿肉，马在科马西纳城门后。

日耳莫尼诺的大马，吉乌利奥的大马。

罗督维科·依尔·莫罗1493年颁布命令，要在米兰附近的马特萨纳开通一条可通航的运河。莱奥纳多关于这个问题的下述方案是相当合算的。

尊贵的殿下，罗督维科·巴里公爵：佛罗伦萨的莱奥纳多·达·芬奇……恳请您审查一个对您和我都有益的模型，而且，对于那些和我们的事业有帮助的人也是有用的……在这里，尊贵的殿下，许多绅士表示，如果允许他们用水灌溉，建磨坊和航行的话，他们愿意承担这笔开支，在他们的投资得到补偿时，他们将支付马特萨纳运河的费用……

吉林格洛师傅的继承人有皮拉加诺的作品。

斯蒂法诺·卡波尼医生住在洗礼场。他有欧几里德几何学。

1493年11月第一天，我作了结算。

付吉乌利奥4个月工资和托马索师傅9个月工资。后来，托马索师傅做了6个烛台，10天的工作；吉乌利奥做了一些火钳，

15天的工作，之后，他做自己的事直到5月27日，他为我做了一支杠杆直到7月18日，再为自己工作到8月7日，为某女士每日工作半天直到15日，然后再回来为我做两把锁直到8月20日。

1493年莱奥纳多做完了司伏萨纪念像的马的泥塑模型，从马头到地基23英尺高，不计骑马的人。这模型在罗督维科·依尔·莫罗的侄女比安卡·玛利亚·司伏萨与马克西米良皇帝结婚时，在米兰的卡斯特洛广场的凯旋门下展出，婚礼定于1494年3月16日在因斯布鲁克举行，新娘将在社会名流的护送下，从米兰向北行进，要通过科摩湖，瓦尔特利纳，直到泰勒尔。莱奥纳多也接受邀请参加护送行列。我们知道，这几月他在维吉瓦诺。

现在的问题是如何将这个庞大的泥塑马模型铸成青铜的。

马的模型

将马模型固定在坚实的底座铁架上，擦好油，敷以涂料，让涂料干透，再涂一层，连续涂几层，涂层达三指厚。此时，根据需要，用铁紧固。

之后，移开模型，加厚，逐渐将模型充实，使完整，周围浇以铁，由靠近青铜的内部焙干。

1494年1月29日

裤布料	4里拉3索尔多
衬　料	16索尔多
制　作	8索尔多
萨　莱	8索尔多
碧玉环	13索尔多
闪亮石	11索尔多
给卡特琳娜	10索尔多
给卡特琳娜	10索尔多

1494年初，莱奥纳多在维吉瓦诺，蒂西诺河岸的司伏萨夏宫。布拉曼德重建的城廓，其中增建了宽敞的夫人宫。他对以罗马史为背景的厅堂装饰以及哲学家的画像的费用进行了估算。

厅堂至庭院为128步长，27意尺宽。

厅堂顶上狭窄造型模30里拉。

造型模下层，每幅分立的画估计7里拉；蓝色颜料，金色颜料，白色颜料，石膏，靛青和胶水等价值3里拉；3天时间。

画下面的造型模，每根支柱 12 里拉。

我估算大青、蓝色和金色及其他颜色价值 $1\frac{1}{2}$ 里拉。

壁柱，结构制作及别的事预计需三天。

每项目小拱顶需 7 里拉。

蓝色和金色的费用 $3\frac{1}{2}$ 里拉。

时间为 4 天。

窗 $1\frac{1}{2}$。

窗下的楣柱每意尺 6 索尔多。

24 幅罗马史图	每幅 14 里拉。
哲学家画像	10 里拉
壁柱的每盎司蓝色	10 索尔多。
金	15 索尔多。

墙顶多少意尺高？

123 意尺。

厅堂多大？

花饰多大？

30 达卡银币。

在同一笔记本里（H，78—79）画着将在公爵领地上建立的木质穹形顶建筑的草图和计算，他对楼梯建筑和水道也有极大的兴趣。

1494 年 2 月第二日在司伏萨卡〔维吉瓦诺〕我画了每级为三分之二或一意尺高和八意尺宽的 25 级楼梯。

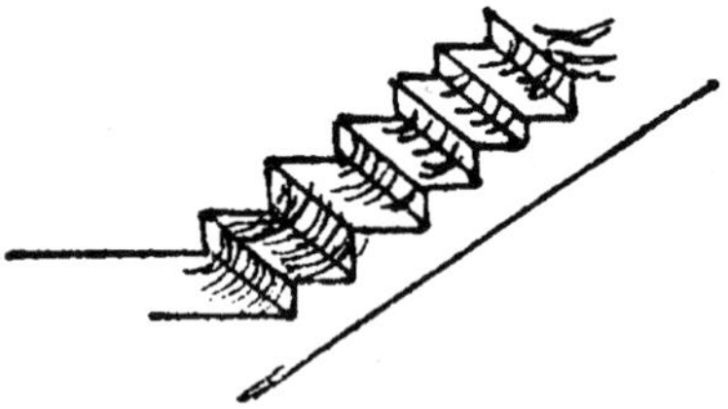

在司伏萨卡下的维吉瓦诺台阶，为130级，每级1/2意尺高，1/2意尺宽。瀑布降落，在瀑布落点任何东西都留不住，流沙土壤沿着台阶下泻，使池水干涸，淤积，也就是说，泥沙淤积，使极深的湖变成草原。

维吉瓦诺的葡萄园。1494年3月20日。他们在冬天添土。

在这段笔记下，画出了这些葡萄园中的植物分布平面图，这与现时在维吉瓦诺和伦巴第的葡萄园中的植物分布相像，而与冬天并不太冷的托斯卡纳葡萄园的情况不同。莱奥纳多记得青年时代在托斯卡纳农村的情景，了解其特点。

8月23日由普利索纳得12里拉。

1494年3月14日加里亚佐来和我住在一起，同意每月支付生活费5里拉，每月14日付清。

他的父亲给我2莱茵金币。

7月14日我从加里亚佐那里得2莱茵金币。

1494年9月15日吉乌利奥开始为我的画室装锁。

1494年法兰西查理第八带着军队进入伦巴第向那不勒斯王国挺进，他是以罗督维科·依尔·莫罗的同盟者在巴维亚受到款待。此时，杜克·奥林斯，后来的路易十二，带着皇家军队的先锋队，占领热那亚并威胁着米兰。他曾经梦想着维护他对建立在他的祖父与维斯康蒂的联姻的基础上的这座城市的权利。

1494 年 10 月 21 日年轻的米兰公爵吉安·加里亚佐死于巴维亚。他的死状使人怀疑是他的叔父罗督维科下令毒死的。不久，罗督维科在米兰城堡宣布接替吉安·加里亚佐未成年的儿子，因为在这紧急的年代需要掌管领导权的人。

1494 年 11 月 17 日在政治事件的压力下，罗督维科公爵将原先准备浇铸莱奥纳多的大马模型的青铜装船由波河运往费拉拉铸大炮。

我们在莱奥纳多当时的笔记里发现他用寓言的形式描述两个公爵间的关系。

依尔·莫罗戴着双孔眼镜
　　猜忌伴随着虚伪的信息，
　　公正对依尔·莫罗意味着凶兆，
貂皮袍满溅着污泥，
加里亚佐处于宁静的气氛和命运飞翔之间，
与其无耻地生毋宁纯洁地死。

在同一笔记本里，记载着许多通俗的中古动物寓言，这些寓言可能与宫廷的朗诵和表演有关。

星期二，我买了早晨喝的酒，（1495 年）9 月 4 日星期五做同样的事。

记载着买酒日期的小笔记本中主要涉及机械问题。

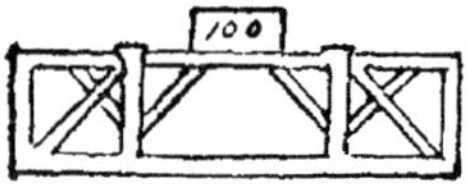

双层

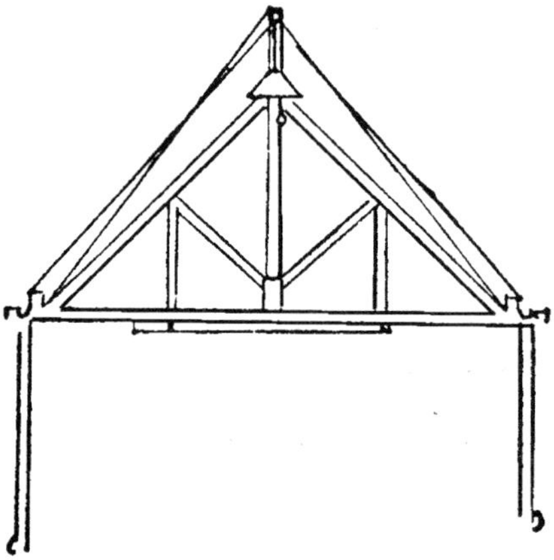

城堡旗杆屋顶。

从佛罗伦萨运来大量粮食。

卡特琳娜葬礼的开支

3 磅小蜡烛	27 索尔多
棺材	8 索尔多
棺衣	12 索尔多
十字架装饰物	4 索尔多
躯体整容	8 索尔多
付四个修士和四个办事员	20 索尔多
铃，书和海绵	2 索尔多

付挖坟人	16 索尔多
付主持人	8 索尔多
付当局许可证	1 索尔多
	106 索尔多
医生	5 索尔多
糖和蜡烛	12 索尔多
	123 索尔多

卡特琳娜1493年来到他家，与他一起生活了几年。

她可能死在医院，因为莱奥纳多在同一笔记的次页记着下述的事。有人暗示这妇女就是他的母亲，名字相同（参看274页），这似乎是不大可能的。

布罗尼亚医院的皮辛·达·莫查尼亚的手脚有许多血管。

正如当时的温莎文件中的一页笔记所表明的那样，他对人体血脉的对称性描述有浓厚的兴趣。

〔附显示血脉的解剖草图〕

这里一般地描述了血脉系统，正如托勒密在他的宇宙志中描写宇宙那样；这里从不同的角度描述每一组成部分的血脉。

从后面，前面和侧面画出血脉系统的支系图，否则，你不可能对血脉的位置，形状和分支给以真实地描述。

人的瞳孔随着被注视物体的明暗而扩大和收缩。因为瞳孔的扩大与收缩需要一定时间，当人从明亮的地方走进黑暗的地方，不能立即看清物体；同样，人从暗处进入亮处，也不能立即看清物体，我深知，这件事在绘画中再次欺骗了我。

1495 年，莱奥纳多开始在米兰古老的多明我教派的圣玛利亚感恩院，回廊静修所的餐厅的墙壁上画《最后的晚餐》，在他的笔记里有教堂的拱点到座石的素描（参看 313 页）在同一本书中，下面的笔记说明他正在寻觅画中基督的模特儿。

基督——与莫塔罗枢机主教在一起的年轻的伯爵。乔万尼娜有童话般的面庞，住在圣卡特琳娜，在医院里。

帕尔玛的亚历山德罗·卡里西谟的手可作为基督的手（的模特儿）。

画中描绘的使徒都是取之于米兰的受宠遇者的画像和米兰人。下面有关莱奥纳多研究方法的叙述是相当有趣的。

乔万巴蒂斯塔·吉拉尔迪的父亲认识莱奥纳多，他写道："当莱奥纳多想画一幅画时，首先想到的是画所代表的社会意义及其性质，是高尚的还是鄙俗的，是欢快的还是严肃的，是烦恼的还是安详的，是苍老的还是年轻的，是激怒的还是冷静的，是善的还是恶的。一旦思想明确，他就深入他所要找的人们聚集的地方，仔细观察他们的面部表情、情态、衣着和体态。当他看到他所需求的情景时，随即记在他随身带着的小本子上，经过多次反复考察，当他积够绘画所需的素材之后，就画出图形，画得极其成功。"

可能是1496年写的一封信稿，寄到当时米兰公国的领土皮亚森查。

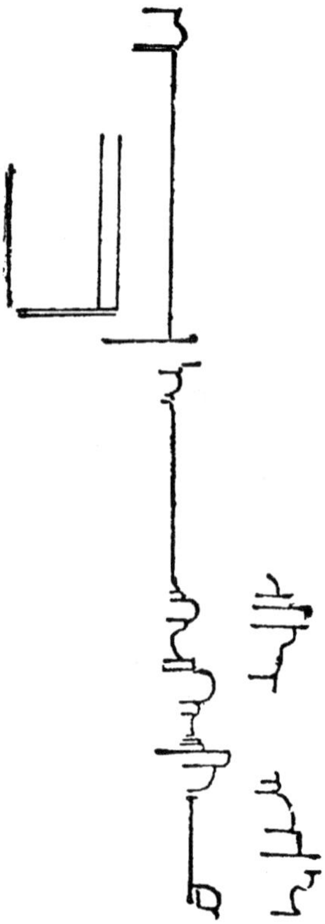

伟大的建设长官！欣闻尊贵的长官决定完成某个宏伟的青铜作品。我想在您的事业上增添微薄之力。首先，您不宜过分匆忙地授予任务，因为过于匆促会使您失掉挑选优良模型和优秀的师傅（意大利大有能人）的机会。被选中的某些人可能由于知识浅薄而给您的后继者提供非难您和您的时代的机会，他们断言，这时代未曾培养出具有强判断能力的人和优秀的能工巧匠；因为，别的城市，尤其是佛罗伦萨城差不多在这同一时间建立了多少美丽和雄伟的青铜作品；其中突出的多数是洗礼厅门……这座佛罗伦萨城，与皮亚森查一样，是国际交往的城市，往来于这座城市的外国人看到如此精美的作品时，留下的印象是这城市的人民是杰出的，作品表现了他们的思想。我认为，倘使他们看到的是耗费巨资造出如此拙劣的金属铸品，一定会得出相反的结论。若只是简单的木制城门，材料损耗少，对技术要求也不高，尚且能说得过去。

现今，人们在城市里寻求的是大教堂，一个人走进城里首先看到的是他要进入教堂的大门。请注意，尊贵的长官，我听说，您已经指示，要迅速委托制作这个伟大的作品。我想，这样做未免操之过急，即使是出于尊奉上帝，尊敬人的理由，也难免给人们对于您的判断和对您的城市留下极不体面的印象。这座城市是众多外宾往来聚集的重要地方，如果由于您的粗枝大叶相信了并且偏袒了使用诡计的吹牛家，您将蒙受耻辱，他们得到您的制作委托，无论对他对您都将是极大的永久的羞愧。

当我得知那些对此项工程一无所知的人要和我讨论承办此事，我不禁异常生气。

一个是制壶者，一个是成衣匠，另一个是制铃人，再者是一个做项圈的，甚至是炮手。在为爵爷服务的许多人当中有一个自夸是安布鲁西奥·菲雷雷[①]先生的亲密朋友。菲雷雷先生有一定的社会影响，还给他作了一些允诺，如果这还不够，他将乘马去找爵爷，把信交给您，您就不能不给他工作。试想，当积极要完成这项工程的可怜的学生们被降低到去与这些人相竞争时，是多么的难堪。

请您睁眼细看，切勿用钱购买羞愧。我能够断定，在这方面，您除了可能从那些平庸粗俗的师傅那儿得到极其平庸的作品外，别的任何东西也得不到。没有谁能够做好这工作——请相信我——除非正在创作弗兰西斯科公爵的青铜马的佛罗伦萨人莱奥纳多，他并不想引人注意，因为他有许多需花费他的毕生精力的工作要做。这些工作是如此繁重，我真不敢相信他能否完成。

不幸的学生……他们盼望得到报酬。在这里是一位由尊贵的爵爷从佛罗伦萨请来完成这项工作的有能力的能工巧匠，但

① 安布鲁西奥·菲雷雷是公爵税务局的包收人。

他没有足够的时间去做，直到完成。当你发现美与丑的物体间的差异时，您作何感想？

引自普林尼。

下面的笔记附有磨针机器的草图，画着齿轮，传送带和砂轮的工程系统，这可能是历史上第一个成批生产的机器。

明天早晨，1496 年 1 月 2 日，我要制板带，并做试验。

一小时 100 次，每次 400 根针，也就是每小时 40000 根针，12 小时 480000 根针，若每 1000 根针 5 索尔多，则 4000000 根针有 20000 索尔多，也就是每个工作日总计 1000 里拉。若每月按 20 个工作日计算，则每年可得益 60000 杜卡。

1496 年 1 月 31 日在康特·迪·卡加佐家里上演巴尔达萨雷·塔科尼创作的戏剧《达那厄》。公爵和米兰人民观看了演出，莱奥纳多设计了各幕舞台布景，其布景底稿和剧中人物表保留在纽约大主教区（首都）博物馆。

艾克雷修斯	吉安·克里斯托法诺	墨丘利
		奥斯马蒂的吉安·巴蒂斯塔
西鲁斯	塔科尼	朱庇特
		吉安　弗兰西斯科　坦蒂奥
达那厄	弗兰西斯科·罗马诺	仆人

演出报幕员　对新星感到惊异的人们跪地崇拜，随着音乐

下跪，闭幕。

狂欢节的服装 用一块质地柔软的棉布，喷洒由松节油和凡立水配制成的香油，染色并插入弄湿的模板，不能粘着布，模板可制成节结模式，往后再填上黑色和白米细粒底。

喜剧中的鸟

莱奥纳多此时忙于米兰宫廷的供水工作。

公爵夫人沐浴的开关。

显示所有管道的开关，画成装配图〔草图〕。

加热公爵夫人所用的锅炉中的水，加热水三份于四份冷水中。

城堡排涝的一种方法〔米兰城堡的规划〕

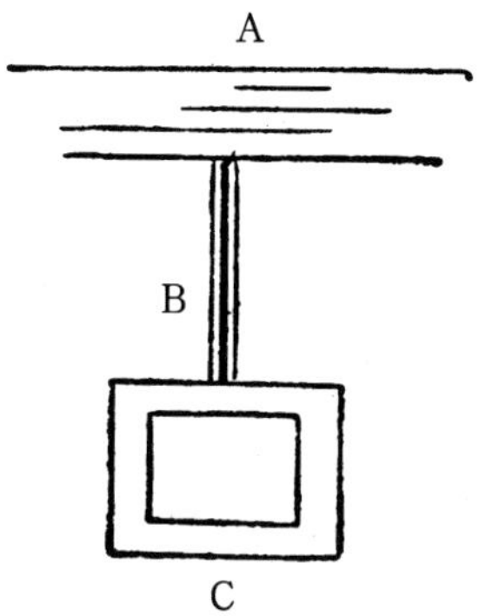

米兰护城河，河宽2意尺。城堡布满壕沟，米兰城堡布满壕沟。

此时，罗督维科公爵赠给他的侄女婿马克西米良皇帝一幅莱奥纳多画的画，“据权威人士断定，这是他所看到的绘画中最优秀罕有的作品。”（马格利亚贝基雅诺抄本）

1496年7月罗督维科公爵带着大队随员去马尔斯对皇帝和皇后进行短暂访问，途经瓦尔特利纳，回来时，在加文纳下车。莱奥纳多可能也在公爵的随员行列中。他可能多次在那些地方旅行。

1497年1月3日，米兰公爵夫人埃斯特的贝特丽采逝世。1497年6月29日，公爵通过他的秘书马切西诺·斯坦加要求莱奥纳多完成《最后的晚餐》并开始由蒙托法诺在餐厅的对面墙上插画公爵的画像和晚期的公爵夫人画像及她的两个儿子跪在十字架的两旁。

下面是小说家马特奥·班德洛的记述。1495年，他十五岁时来到米兰，在圣玛利亚感恩院院长，他的叔父维森佐的照顾下成长，他对莱奥纳多在餐厅工作的情况有如下的记述：“我常常看到莱奥纳多早晨很早就在《最后的晚餐》前面的台架上工作，从太阳升起时一直到天黑，手里总是拿着画笔，不断地画，既不吃也不喝，之后，一连三四天不碰他的作品，每天总花几小时审查他的画。我也看到他，当某种灵感触动他时，他立即丢下正在制作的巨大的泥塑马，离开科特·维基亚，径直去感恩院，爬上台架，手里拿着画笔，在画像的某一处画上几笔，然后就离开那个地方，到别处去。”

两封给公爵的信稿表明莱奥纳多处于经济困境中。

由于我穷困而感到十分抱歉，更使我感到万分抱歉的是贫穷干扰了我为爵爷服务的愿望。我常常为了生计不得不中断爵爷给我的工作而注意生活琐事。我希望不久就能赚得很多，以便专心一意地完成爵爷交给我的任务，使爵爷满意。如果爵爷以为我有钱，那就错了，我将半年的粮食当作三年用，我仅有50杜卡。

也可能爵爷不给盖尔蒂利先生以任何别的命令，相信我有钱……

〔写在垂直撕裂的书页上〕 尊贵的爵爷，我深知，爵爷对我的关怀……关怀着我的小事……我应保持沉默……我现今的沉默将激起爵爷的愤怒……我愿终身为爵爷服务，我总是听从爵爷的……关于马，我没什么可说的，因为我了解时间……我将从爵爷领取两年的年薪……我要支付两位师傅的薪金和膳宿……最后，我发现我已预支了15里拉的工资……关于作品的传闻，我可以告诉要来此地的人，我做了那些……

到处，我却不知道能在什么地方安排我的工作……

我必须为生活而工作着……

未曾有人告诉我这是什么，我发现我自己……

牢记着委托的事是描画房间……

我向爵爷表示的，只是恳求……

为布雷西亚的圣·方济各设计祭坛背后屏风画的计划。莱奥纳多与布雷西亚的圣·方济各修道士纳尼相识，1495年曾经替他画了一张侧面头像的小素描（在S.K.M, II的笔记本里），也许这是他获得设计祭坛背后屏风画任务的原因，可是，他始终没完成这项任务。

在这笔记的第一部分沿着长方形边缘写了两行字，两行字之间写着“我们的女士”字样。两行字的开头写的是布雷西亚的那些保护圣徒的名字。

约维塔		浮士登
圣徒彼德		鲍尔
伊丽莎白		圣徒查拉
贝娜蒂诺	我们的女士	露意丝
波纳文图拉		帕杜阿的安东尼
圣徒弗兰西斯		

安东尼：一朵百合花和书

贝娜蒂诺：持耶稣的花押字

露意丝：胸前挂着二枚法国王室纹章，脚上放着花冠

波纳文图拉：随同撒拉弗

圣徒查拉：安置于圣龛

伊丽莎白：戴着王后花冠

1497 年 4 月 4 日　　萨莱的大氅

银白色布 4 意尺	15 里拉 4 索尔多
装饰用的天鹅绒	9 里拉
缎带	9 索尔多
线环	12 索尔多
制作	1 里拉 5 索尔多

前面缎带　　5 索尔多

缝针

他的身材肥胖 13

　　26 里拉 5 索尔多

萨莱偷索尔多

曾经接受罗督维科·依尔·莫罗的邀请访问过米兰的数学家弗拉·路加·帕西奥利 1497 年写成《神圣的比例》一书，莱奥纳多替这本书设计了插图。1498 年 2 月 9 日，在给罗督维科的献辞中，据说，莱奥纳多已完成了《最后的晚餐》的绘画，并写了《绘画论》和有关人体运动的书，也提到他参加宫廷里举行的科学和艺术代表之间的辩论。在这里，我们应当记得瓦萨里的记述，莱奥纳多以其确凿的论据，超人的智慧进行辩驳，改变人们长期建立的观点，"……他的辩论才能常常使听者的灵魂和他自己融为一体。"

下面的描述是关于画家和石雕家工作室的比较，他这样描述着他自己的工作：

雕刻家在雕刻作品时，必须用体力或臂力，用锤子雕凿大理石或雕像表面多余的石块，——一项极其机械的劳作，常常伴随着汗水，汗水混合着石灰，满身污垢，满面大理石粉，像个面包师。全身灰白，满屋污秽不堪，尽是碎石渣屑。

画家的处境却极其不同——我们只说第一流的画家和雕刻家——画家衣着整洁，心情舒畅地坐在画架前面，手里挥着一支饱含柔和颜色的精巧的画笔。画家穿着称心的衣服，画室窗明几净，周围尽是精美的画幅，聆听悦耳的乐曲和动人的诗句，不受嘈杂的锤击声干扰。

这几年间，莱奥纳多创作圣·安尼、圣母玛丽亚和圣婴的画，这些画现在保存在勃宁顿宫。他给吕克列沙·克利维利画像，吕克列沙是1495年继采西丽亚之后成为罗督维科·依尔·莫罗的情妇。在莱奥纳多笔记里发现了一首由宫廷诗人为赞美此画像而写的拉丁文讽刺小诗。

名师的艺术与自然比美。达·芬奇像赋予别的艺术品那样，毫无保留地赋予这画像以纯洁的灵魂。但他未能使画更像真的，实体的灵魂为她的宠爱者莫罗所占有。夫人的芳名叫吕克列沙。上帝慷慨地赐给她一切。莱奥纳多画出了上帝给她的优美的体态。依尔·莫罗钟爱她，前者是最伟大的画家，后者是君主。画家以这逼真的肖像画激起妒忌的天性，使绝世佳人无比荣光。上帝叹息人手万能，绝世佳人获得的优美体态难免枯萎。莱奥纳多给莫罗以无私的奉献，莫罗保护着莱奥纳多，人与神同样恐怕伤害莫罗。

大教堂里，十字架上钉的滑车。

这笔记画着滑车的附图。深信十字架上的钉子仍然是保存在米兰大教堂拱顶的一个最珍贵的遗物。莱奥纳多提供了一个在特殊场合下降下此物的设备。里特·阿诺德在1499年访问米兰时说明钉子挂在高高的祭坛上。

1498年3月17日莱奥纳多在热那亚随同罗督维科·依尔·莫罗巡视被洪水毁坏的防波堤。下面的笔记提到此次巡视的情况，写在轧制金属机器草图旁，这种机器包含着某些近代辊式粉碎机的原理。

铁梁被拉成圆棍状。热那亚防波堤被水冲毁部分的铁梁被拉成圆棍状的力量小一些。

此次旅行他深入地研究自然。几年后，他在佛罗伦萨写的笔记，记述着他旅行的回忆。

地中海潮的涨落并未引起这么大的变化，因为热那亚海湾毕竟没变化……

在伦巴第的亚历山德里亚·德拉·帕格里亚没有烧石灰的石头。但其中混杂着许许多多各种杂质，沉淀到海里，现在差不多延伸了200英里远。

在伦巴第的亚历山德里亚·德拉·帕格里亚附近的坎迪亚地区，为盖尔蒂利先生挖井时，发现一条很大的船骨架，约在地下10意尺深处。船的木料细而发黑，若将船头掀开，这对扩大盖尔蒂利先生要挖的井口有利。

在维罗纳山区，发现红色大理石嵌着海扇壳化石，有的开口处填充着石质水泥；有的与周围岩石块保持着一定间距，因为其间嵌着贝壳外层，把它们与周围岩石块隔开。在其他地方水泥使贝壳石化，并损坏了它的外层。

7月的一个晴朗天，他登上罗莎峰。

任何人登上法国和意大利的分水岭阿尔卑斯山脉的顶峰蒙

博索〔罗莎峰〕都能看到和我所看到的一样情景。四条河流发源于山脚，河水流向四方灌溉着整个欧洲；没有任何一个山麓的海拔像它那么高，山峰高耸入云，此处难得下雪，只在夏天，云团升得很高时，才有冰雹形成。如果不是云团难得升得这么高，并形成冰雹（一生难见一、二回），山上必定积满由冰雹堆成的大量冰层。我在七月中旬仍然见到相当厚的冰层。

他穿过萨伏伊，看到河谷泛滥。

突发性的地震或其他自然灾害，使萨伏伊地区的山崩，树倒，地裂，山洪暴发，在长达四里的山地裂成极深的隙口，山地变成深渊，地下水大量冒出，泛滥成灾，洪水冲刷着整个河谷，耕地，葡萄园和房舍。洪水流到哪里，哪里就遭受极大毁坏。

在萨伏伊地区，距日内瓦约四分之一英里的阿纳河畔的圣·热尔韦村举行仲夏集市。

有一次，在米兰上空，朝拉戈·马乔雷的方向，我看到一个形状像高山的云团充满火红的空隙，因为落日以其本身的色彩染红了地平线上的东西，这个云团吸引着周围所有的小云块，大的云团停住没动，它的顶峰在太阳下山后一个半小时仍然保留着太阳的光芒，亮度很高，夜幕降临二小时后，刮起前所没有的狂风。

这是因为云团凝聚，压迫云内的空气，使云从最薄弱的部位喷出，冲击空气，形成激流。就像用手挤压含水的海绵那样，海绵里的水受压而从手指缝中射出。云团的情况也如此，受周围冷气的压迫，云团以其自身的冲量驱使一部分空气穿过其他部分的空气，直达云团的潮热区，接近相当的高度，回扫云团中心，冷气则反向逸出。热气在云团中心越聚越强，达到一定强度就开始着火，并喷出潮湿的气流，随着周围蒸气流压力的增高，而形成猛烈的风，风中伴随着烈火……这就是闪电，闪电瞬息即逝。在闪电掠过的地方，任何东西都将被粉碎。

1498年4月21日，盖尔蒂利向罗督维科·依尔·莫罗报告有关由莱奥纳多装饰的在米兰城堡里的两个房间——萨尔塔·尼格拉和萨拉·德勒·阿西——的情况。

1498年4月26日，埃斯特的伊萨贝拉写信给采西丽亚·加勒拉尼·伯加米尼，请她将莱奥纳多替她画的肖像送到曼土亚审查。(参阅248页)。

4月29日采西丽亚回信说明肖像画已送出，她很抱歉，因为这画是在她很年轻时画的，所以显得特别小，而她的美丽并没变化。当然，师傅并没受指责，因为他的技能是高超的。

1498年8月

由多拉河引水至伊里亚运河；伊里亚山区地域广大，有一块肥沃的土地向南延伸。

沉重的驳船通过河中的桥洞时，并没增加桥的负荷，因为驳船的重量等于船所排开的水的重量。

1498 年 10 月 2 日，罗督维科·依尔·莫罗将在维塞利纳门外的一座十六标杆的葡萄园赐赠莱奥纳多。莱奥纳多提到这个葡萄园的大小，并对邻近土地的区分作了规划（在 M. S. I）。

1499 年 8 月 1 日，我写了论运动和重量的文章。

什么是碰撞，碰撞的原因是什么？什么是反弹？

亚里士多德，第三物理，大阿尔伯图斯和托马斯〔阿奎那斯〕及其他人论第七物理中的反弹。

〔附图〕

我要研究，物体作曲线运动，是什么原因使物体偏离运动方向。

与皮特罗·蒙蒂讨论掷标枪的一些方法。

莱奥纳多离开米兰之前的藏书一览表。

算术书〔阿巴科〕

美德之花〔中古动物寓言〕

普林尼〔自然历史〕

哲学家的生活〔狄奥吉尼斯·拉尔图斯著〕

圣经

玉石工艺

论战争〔罗伯图斯·瓦尔图利乌斯著〕

菲莱弗书信体诗文〔弗兰西斯科·菲莱弗，人文主义者〕

第一、第三、第四年代〔李维著〕

论保健〔锡耶拿的乌戈·本佐著〕

切科·德·阿斯科利〔阿西尔巴，14世纪诗文百科全书〕

阿尔伯图斯·马格努斯〔论亚里士多德的哲学和科学〕

圭多。修辞学新论〔可能是圭多托·达·博洛格纳著的新修辞学〕

皮罗·克利斯森蒂奥〔论农业〕

西巴尔多尼〔米西拉尼亚，保健论，译自阿拉伯医生拉切斯的著作〕

夸德雷里吉奥〔多明我会修道士菲德雷戈·弗雷泽的四王国，宗教科学诗〕

伊索〔寓言〕

多那图斯〔拉丁措词法短篇〕

赞美诗，圣歌

贾斯蒂努斯〔历史学〕

论灵魂不变性〔弗兰西斯科·菲莱弗的对话〕

圭多〔圭多·波纳蒂的天文理论?〕

伯奇洛〔十四行诗〕

教条主义〔盖伊·德·罗伊的意大利译著 Doctrinal de Sapience〕

德顿阿德奥〔卢加·普尔奇〕

海市蜃楼〔卢吉·普尔奇著〕

佩脱拉克

捷汉·德·曼德维里〔旅游〕

论最诚实的再创造〔比·斯·普拉蒂纳著〕

曼盖尼洛〔关于妇女的讽刺诗〕

艾西多雷编年史〔塞菲利的艾西多雷编的从创世到公元

615 年的历史〕

奥维德的书信体诗文

天体〔戈罗·达蒂著〕

波吉奥的笑话

手相术

天牍〔米尼亚托雷·巴托洛米奥著〕

在此期间，事实已证明，罗督维科·依尔·莫罗的政策是引起灾难的。在 1499 年 10 月间法国国王侵入米兰时，他逃走了。路易十二对待他的敌人是残酷无情的。但这里的艺术作品深深地吸引着他，当他看到莱奥纳多的绘画《最后的晚餐》时，他垂涎千尺，急切的询问旁人，谁能从墙上摘下此画，运回法国，尽管这样做意味着著名餐厅的毁坏。

在法国侵略者中，有一个叫做康特·李格尼的想利用自己的特殊条件谋取私利，占有那不勒斯的现成财产，他的前妻，那不勒斯公主的财产。他的代理人希望得到威尼斯的财政支持。莱奥纳多被请去帮助制订计划，他离开米兰去那不勒斯，这可以从下面的笔记看出，他希望顺路回乡探亲。

找李格尼，告诉他你在罗马等他①和他一道去那不勒斯。付了赠款，带维托洛尼的书和有关公共建筑物测绘的书。为赶骡者做的两个盖好的箱子，床单最好有三条，一条留在芬奇

① 应从反面理解这句话，可能是为了保密的缘故。

镇。从格拉齐取火炉。由乔万尼·伦巴多到达维罗纳戏院。

买手帕和毛巾、帽和鞋，四双袜，一件羚羊皮茄克，做一件新皮袄。亚历山德罗的车床。卖掉不能带走的东西，由巴黎的琼①处得到阿尔塞科着色法，如何准备双褶皱染色纸和颜料盒。学习用蛋黄调和颜料的蛋黄彩画法，学习溶解树虫胶……

下面的笔记不是莱奥纳多的笔迹，可能涉及一些谋私利者。他报告在1498年萨伏那罗拉死后佛罗伦萨要塞的情况。

关于迅速获得莱奥纳多大师有关佛罗伦萨情况的信息的备忘录。在什么情况下，尊敬的修道院院长命季罗拉谟修士守卫要塞、每个指挥系统的人员编制和武器装备细目、用什么方式配备、目前情况是否相同。

康特·德·李格尼图谋私利终成泡影。1499年12月14日莱奥纳多把他的储蓄金总共600弗罗林存入佛罗伦萨的圣玛利亚教堂，然后，在路加·帕西奥利的陪同下离开米兰去威尼斯，途中在曼土亚停留，受到公爵夫人埃斯特的伊萨贝拉的欢迎，她为了她的侧面像而向莱奥纳多表示感谢。那幅侧面像现在保存在卢浮宫。虽然她同情她的失败的妹夫罗督维科，她却急切渴望安抚胜利者，拯救她的丈夫的小国，她邀请与她的家庭有关系的康特·德·李格

① 法国画家琼·佩雷尔随法国国王到意大利，佩雷尔所画的康特·德·李格尼的肖像画在钱蒂莱。

尼去曼土亚。

1500年2月1日罗督维科越过阿尔卑斯山，返回米兰。他的朋友欢欣鼓舞。但斗争仍未结束。莱奥纳多期待着在威尼斯的成果。

三、威尼斯　佛罗伦萨　罗曼雅　1500—1506

1500年3月15日，洛伦佐·达·巴维亚，依尔·古斯纳斯科，古琵琶演奏者，从威尼斯写信给埃斯特的伊萨贝拉说，他已看到莱奥纳多替她画的肖像画稿，画得特别好，真是无与伦比。

莱奥纳多来到威尼斯时，乔尔乔尼才二十三岁。两位艺术家可能相会。根据瓦萨里的记载，乔尔乔尼受到莱奥纳多的某些作品的影响，特别赞赏画面周围的明暗处理。

在乔万尼·伊·保罗SS广场，莱奥纳多看到巴托洛米奥·科里奥尼的骑马青铜塑像，这是他的师父维罗启奥在他离开佛罗伦萨后设计塑造的，1493年由艾尔·列奥帕迪铸成青铜像。

威尼斯的参政院从其自身的利害考虑，邀请莱奥纳多列席，以便得到他关于保卫弗里利河和艾森佐河的意见。1499年8月在列潘托击溃威尼斯舰队的土耳其人目前正威胁着前线。在下列的草案中，莱奥纳多提出一个淹没农村的方案。在同一页上有道路和河流的交通路稿，同时写着这样的文字：

哥利吉亚桥，威帕赫 尊敬的阁下——我仔细视察了艾森佐河的具体地形，并从农村群众那里获悉，土耳其人为了迫近意大利这个地区，不管在陆地上可能走什么路线，他们最终必将到达这条河流。因此，我的意见是，即使不可能依河防御，最终也不至于被洪水毁灭……

稍后，他回忆起此时在弗里利造水闸的工程。

将水闸造成可动的，像我在弗里利设计的那一个水闸一样。当闸门打开时，水就全部流出。

在罗马

在蒂优利，哈德里安乡村别墅。

劳斯·德奥。1500 年 3 月…日

若上面的笔记是同一时期写在同一页上的，则可设想莱奥纳多去过罗马作短暂访问。

1500 年 4 月 10 日，罗督维科·依尔·莫罗最终被打败，被法国人监禁在诺瓦拉。

莱奥纳多在米兰评论此事件：

城堡的统治者变成阶下囚。

维斯康蒂被带走，儿子被杀害。

乔万尼·德拉·罗莎的财产被剥夺……

公爵失去他的国土、产业和自由；他的任何宏图都成泡影了。

1500年4月24日，从佛罗伦萨圣玛利亚教堂的存款中取出50金弗洛林，从这一天起，他再定居在阔别十八年的城市。莱奥纳多离开佛罗伦萨期间，梅迪奇被流放，佛罗伦萨成为共和国。他的父亲现在是侍从兄弟会修道院的代理人。瓦萨里提到，在莱奥纳多表示愿意承担绘制圣安伦齐亚塔修道院的祭坛上彩色屏风画时，菲利皮诺·李皮自愿地把这项任务让给同行。修士们邀请莱奥纳多住到他们的院里并负责他一家的日常开支。他绘圣母马利亚、圣安妮和基督的画，获得艺术界的普遍赞赏。展览两天，参观的人像赴盛大节日一样，极其热闹。

1500年8月11日，曼土亚侯爵收到他的代理人寄给他的设计稿，这是莱奥纳多替商人安格洛·德尔·托瓦格利亚制定的小宫殿设计稿。

1501年4月卡迈尔派代理主教皮特罗·迪·诺维拉拉从佛罗伦萨写给埃斯特的伊萨贝拉的一封信，是回答她关于能否请莱奥纳多替她的“画室”画一张主题画或一幅“圣母和圣婴”画的问题，从这封信可看出同时代人对莱奥纳多活动的评价。信里写道：“就我所知，莱奥纳多的生活是那么的无规则和变化无常，可以说他是天天如此的。他来到佛罗伦萨后只画了一幅画，把基督画成一个大约一岁的婴孩，差不多挣脱了他母亲的怀抱，抱着一只柔顺的羔羊，他的母亲像是从圣安妮的膝上站起，手拉着圣婴，要将他和羔羊（代表基督受难）分开。圣安妮似乎要从她的座位站起，想阻止她的女儿将圣婴与羔羊分开，可能表示神父不让免除基督受难。尺寸与生活实际一样大，但只是一张小画稿，因为人物或是坐的或是倾身的，其中一个是在左边另一个前面一点点。画还没画好。他没画别的画。”这幅画与保存在卢浮宫的那一幅相似，但已经遗失了。在瓦萨里时代，画稿的展览引起鼓舞和热情的传统仍然保留着，他给生活以生动的描绘。

一星期后，在殉教周的星期三，皮特罗在拜访莱奥纳多之后，又写了信，他们得到如下的印象：倘若莱奥纳多能摆脱法国的约束，他会比世界上任何人优先受伊萨贝拉侯爵夫人任用。他已替法国皇帝的宠臣弗洛里蒙德·德·罗伯特画完小画，画圣母马利亚正想把线圈从圣婴手中拿开，而圣婴正凝视线圈的十字结构，还要留着玩。这幅画现已遗失，其复制品是在布克勒卓公爵和里福德先生全集里。

1501年9月19日，费拉拉的厄尔科勒·伊萨贝拉的父亲，写信给他的代理人询问在米兰的法国统治者是否愿意出让由莱奥纳多为司伏萨纪念像塑造的高头大马。这个大马模型被遗置在城堡中任风吹雨打日晒。法国统治者的答复是，没有国王的同意，这模型是不能出让的。

1502年3月12日，莱奥纳多为埃斯特的伊萨贝拉做了一些小事，替她检验和汇报了在佛罗伦萨的宝石花瓶，这些花瓶本是洛伦佐·依尔·马格尼菲科的财产。

1502年夏，莱奥纳多为凯撒·波尔查服务。凯撒·波尔查在教皇和法国皇帝的宽容之下，夺取了罗曼雅地方专制者的统治。莱奥纳多亲眼看到了他坎坷一生最鼎盛的时期。那年夏秋，他随身带着笔以极大的兴趣记载着那些残酷和奸诈事件的可怕的背景。

皮奥姆比诺的海浪。

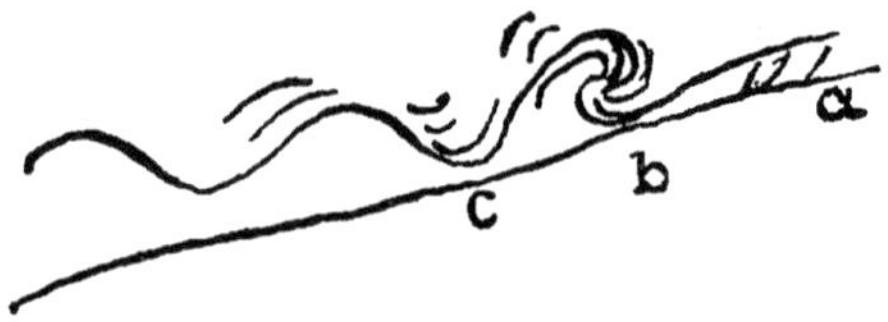

许多年后，莱奥纳多描述洪水时，回忆起在海边看到的海浪。

皮奥姆比诺的海浪都化成水泡；
　激起浪花的地点受到猛烈的冲击；
　皮奥姆比诺的风，
将积在舟中的雨水出空。

在皮奥姆比诺逗留期间，他打算排干该处沼泽地。

排干皮奥姆比诺沼泽水的方法〔附草图〕。

他在往返于大陆和埃尔巴岛山之间的帆船上研究空气透视。

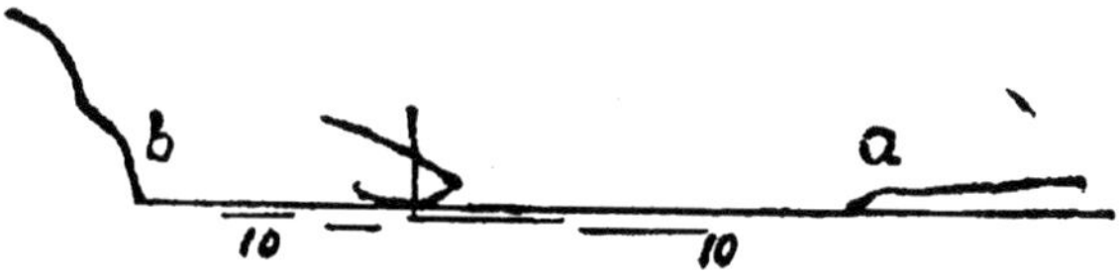

当我处于与海岸和岛山等距离的地方，看起来似乎离海岸比离岛山远得多。

他经过锡耶纳时，参观了帕布利科官楼上著名的钟，钟旁立着一个身涂黄铜层的木质雕像，用锤敲钟报时。

锡耶纳钟的运动方式及其钟舌固定的位置。

六月间，莱奥纳多在凯撒·波尔查的雇佣兵队长正在战斗的阿里佐地方。他渴望得到他的帮助，获得阿基米德的一本书。

博格斯替你从帕杜亚主教处借一本阿基米德书，维特洛佐从博哥·圣·塞波里罗处借一本。

谁发现了各种大炮中威力如此巨大的大炮，并把这机密给了罗马人，罗马人依靠这种武器多么迅速地占领了各个国家，击溃各支军队，作出如此巨大贡献者能得到什么报酬！虽然在罗马人围攻叙拉古时，阿基米德曾经给罗马人以沉重的打击，罗马人仍然给阿基米德以极高的赞誉。叙拉古被攻陷后，罗马人到处寻找阿基米德，当他们发现他被打死时，在元老院里举行了很大的追悼仪式。罗马人甚至觉得比他们全军覆没还要沉痛；他们的首领马塞路斯以极高的荣誉给他送葬立碑；叙拉古第二次遭劫后，加图在庙宇的废墟上找到了阿基米德的坟墓，他重修庙宇和坟墓以表敬仰……后来，加图在追忆此事时说，他所做的事情中再没有比对阿基米德的尊重更光荣。

在此期间，他研究地形学，画了军用地区图。

从邦空文托到卡萨诺瓦10英里，从卡萨诺瓦到奇乌西9英里，从奇乌西到佩鲁基亚12英里；从佩鲁基亚到圣玛丽亚·德格利·安格利，然后到弗利格诺。

从R. plate CXIII可看到瓦尔·迪·加纳彩色地图复制品。莱奥那多绘制地图的方法是先画出河流系统，再确定城镇位置，然后围绕着流域添上山脉。这结果对自然地理极有参考价值。下面的笔记是关于地图的绘制。

从山顶按透视法缩小绘制山脚形状及其各部分，并按朝着你的一面的原来形状画出来。

在研究加纳流域及阿诺河上游时，他寻找贝壳，为了确证在前期时代这些地区是否淹没在海底。

在未淹过咸海水的山谷永远找不到贝壳；正如平常在贡弗利纳上面的阿诺河谷看到的那样，巨岩联着阿尔巴诺山，构成极高的河堤，河水入海前被拦蓄在巨岩下，形成两个大湖，第一个大湖在我们现在看到的，和普拉托及皮斯托亚联在一起的繁荣的佛罗伦萨城……在阿诺河谷上游直到阿雷佐，构成第二个大湖，这个湖水流入上面提到的那个湖里。这个湖围着现在的吉罗尼，蓄积在方圆四十英里的所有山谷里。污水带来的泥沙淤积在谷底，在普拉托山麓仍可看到它的最大高度，因为河水未曾将其磨损。

此地对过可看到普拉托高山飞落的瀑布冲刷着山崖，留下深刻的痕迹，在这些痕迹里看不到任何贝壳或海底土壤。此湖与皮斯托亚湖相联。

1502年7月30日在乌尔比诺的皮金宫。

莱奥纳多经过乌尔比诺时，看到为雇佣兵队长费德里戈·迪·蒙特菲尔托洛建造的文艺复兴时期的巨大城堡。这曾经是有名的文艺中心。现在，费德里戈的儿子和继承人，年轻的圭多巴尔多已从他的家逃走了。

乌尔比诺的要塞。

在同一笔记里下面的寓言可能是看到官殿的掠夺物，有所感触而写的。凯撒·波尔查已将掠夺的官殿财宝送到西塞拿去。

骡马驮着贵重的金银，无数的财宝压在四脚兽身上，转运到各地。

莱奥纳多在登上遭掠夺的官殿楼梯时，画下了楼梯登台上圆柱形拱门的一张速写图。

另一张柱基草图显得不成比例，显得比墙还窄。

乌尔比诺的台阶。

墙基必须与墙一样厚。

1502年8月1日在佩萨罗图书馆。

正如1502年8月8日你在里弥尼喷泉看到的，各种落水间是谐和的。

亚平宁山麓的罗曼雅牧羊人们，在山上挖了一个独特的大山洞，形状像号角，他们在洞的一旁挂着一个小号角，这个小号角与山洞成为一体，且形状完全相同，在洞里吹着小号角，引起山洞共鸣，发出更响的声音。

罗曼雅，蠢汉们的王国，他们用的四轮车，前面两个小轮，后面两个大轮，这样的装置大大地限制了车子的运动，因为加在前面轮子的重量远大于加在后面轮子的重量，如我所证明的。

……前面的小轮比后面的大轮难动，由于前轮加重，运动能力削弱，难度加倍。

〔附草图〕 此处大轮的杠杆作用比小轮大三倍，小轮受到的阻力也比大轮大三倍，若大轮受到一百磅，小轮所受的阻力将大于二百磅。

〔附城堡草图〕 1502年8月中旬，圣母玛丽亚日，在西塞拿。

〔附挂在吊钩上的两串葡萄草图〕

显然，葡萄是西塞拿带来的。

萨布利米·波特代表团对凯撒·波尔查的访问引起了

莱奥纳多对东方的兴趣。苏丹正计划在佩拉和君士坦丁堡之间架设一座桥以替代横跨金海角的沉重驳船上的木质建筑。

莱奥纳多在他的笔记本里画了建桥计划。

从佩拉到君士坦丁堡的桥。

桥宽40厄尔，高出水面70厄尔，长600厄尔，跨越水面400厄尔，陆地上引桥长200厄尔，引桥建在桥墩上。

1502年8月18日，凯撒·波尔查在巴维亚同法国国王进行商谈时，推荐莱奥纳多担任总工程师。由他经管占领的各省份要塞并掌握军需权。

〔附草图〕 1502年9月6日下午三点在西塞拿蒂诺港。在城墙外面如何建设防御工事，以保卫外围，免受大炮攻击。

在回罗曼雅途中，凯撒·波尔查发觉他自己在伊莫拉被孤立，他的将领们阴谋反对他。乌尔比诺在反叛中。记有日子的莱奥纳多的伊莫拉彩色地图注明到邻近各地的距离（R. plate CXI）。佛罗伦萨拥护凯撒的主张，派遣尼古罗·马基雅维里去帮助，他与莱奥纳多相遇并成为朋友。他们目睹当时事件的全过程，也就是凯撒屠杀他的叛逆将领们达到高潮时，他们于1502年12月12日企图进行调解。维特洛佐·维特格利是这些牺牲者中的一个。运动过后，1503年2月凯撒动身赴罗马。

马基雅维里在《君王论》中把瓦伦廷诺当作他的理想

的政治家形象，就是凯撒·波尔查，瓦伦廷诺公爵。

在下面的笔记里，莱奥纳多也提到他的名字。

瓦伦廷诺在何处？

长筒靴，海关的柜子，卡米尼的僧侣（修道士），方形广场。

皮罗·马特里

沙尔维·波格西尼

归还钱包

眼镜架

圣加罗裸体画

大鳖……

莱奥纳多回佛罗伦萨时，可能寄宿在他存钱的圣玛利亚教会的基督医院里。

备忘录。1503 年 4 月 8 日，我，莱奥纳多·达·芬奇借给彩饰画家范特 4 个金杜卡，萨莱带给他，他亲手接并且说四十天内奉还。

备忘录。在同一天，我支付三个金杜卡给萨莱，他说，他需要裁制一双玫瑰色长筒袜，只留 9 杜卡在那里给他——除了他欠我的 20 杜卡，其中我在米兰借给他 17 杜卡，在威尼斯借给他 3 杜卡。

一位老人在他死以前几小时告诉我，他活了一百岁，除了感到衰弱外没有任何肉体上的小毛病。他静静地坐在佛罗伦萨圣玛利亚教堂医院的床上，没有任何不称心的征兆，安然地死了。我对他进行了解剖检查，想了解这样安详的死的原因，发现他的死确实是由于血液的衰竭和供养心脏和其他器官的动脉的萎缩、枯竭。我非常仔细地把这次检查的结果记下来……另外，我对两岁的小孩也进行同样的生理解剖，发现的所有情况都与老人的情况完全相反……

〔附草图〕 这是舌的背面。许多动物的舌面都是粗糙的，狮子一类的动物更是粗糙。例如，狮子，黑豹，美洲豹，山猫，猫等一类，它们的舌面粗糙得像盖着一层柔韧的小刺一样，它们舔皮肤时，这些尖刺穿到毛根，像梳子一样把寄生在身上的小动物梳出来。

有一次，在我们的佛罗伦萨城里，我亲眼看到一头狮子舔着羊羔，在那里常有25到30只狮子，并且它们养育幼狮。狮子用舌头剥羔羊的羊毛，剥光后，就吃掉。

1503年7月24日，他参观了聚集在比萨周围的佛罗军营。治河计划的被批准，使比萨得不到水，使佛罗伦萨直接与海相通。这计划得到他的朋友马基雅维里的支持。若此计划行得通，就可能结束已进行了几年的佛罗伦萨和比萨之间的战争。来自军营的报告说："昨天，在一位年轻的长官亚历山德罗·德格利·阿尔比齐的陪同下，莱奥纳多和另外一些人来到这里，审阅了计划，进行了讨论，对于这计划能达到预期目的表示怀疑……"此次参观的费用由国家支付，包括用车和六匹马的支出。

莱奥纳多画了阿诺河的下游图。工作是在1504年8月开始做的，他早已掌握了阿雷佐河上游河道的全部情况，因而能够洞察其历史情况，他把他的工程与地质学结合起来。

在地下，在建筑物地基下面，发现作梁用的原木已发黑。近时，在卡斯特尔·菲奥伦蒂诺矿区也发现了这类原木。早在阿诺河把泥沙带入海中之前，这地方的原木已长得很高；也就是在阿诺河不断地将泥土带走，使卡森蒂诺平原地面降得很低之前。

他们不知道，为什么阿诺河经常改道。这是因为河水的冲刷，使河道弯曲，把泥土冲积到河岸的另一边……

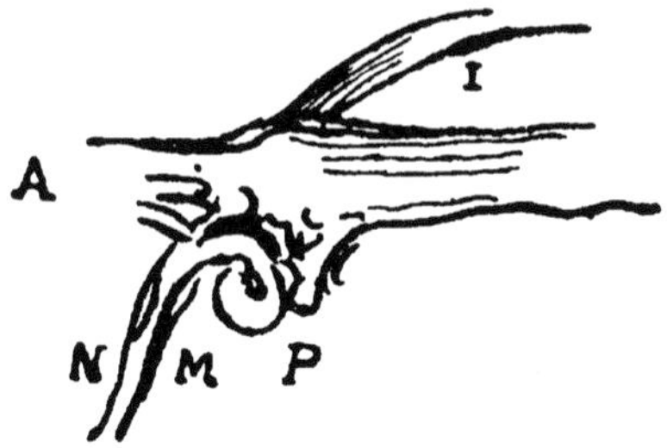

当阿诺河水降低，孟苏拉河上涨时，在孟苏拉河出现的涡流。

1504 年 8 月开始的工作，10 月就放弃了。莱奥纳多思想上却仍在思考着问题。一年后，在与佛罗伦萨雕刻师和奖章雕刻家尼古罗·迪·福佐雷·斯皮尼利会见时，他记下了在佛兰德采用的开凿运河方法的理由。

疏导河水必须细心巧妙，不能粗心急躁，要达到目的，应在河里筑起闸坝，使一边水位降低，以同样的方式筑起第二个，第三个，第四个，第五个闸坝，使河水自动地流入受水的河道，或者，也可以按照尼古罗·迪·福佐雷告诉我的在佛兰德使用的方法，把河水从损害的地方引开。

如何保护和整修像可可米雷岛下面被河水冲坏的河岸……

1503 年 10 月，莱奥纳多再参加佛罗伦萨画家同业公会。10 月 18 日执政长官委托他在旧宫里的新建的执政会议厅的一堵墙上画一幅大的壁画。绘画是纪念早先比萨的胜利，共和国的将军们在 1440 年战胜尼古罗·皮西尼诺。莱奥纳多选取发生在第伯尔上游河谷安加里地方桥上的一场恶战的情节，敌对双方为了争夺一面战旗进行了残酷的斗争。在他的原稿中可找到他关于这场战争的草图和描述。

安加里之战概要

佛罗伦萨人

尼里·迪·吉诺·卡波尼

贝尔纳德托·德·梅迪奇

尼古罗·达·比萨

弗兰西斯科伯爵

米切列托

皮特罗·吉安·保罗

古尔福·奥尔西诺

里纳尔多·德格利·阿尔比齐先生

以尼古罗·皮西尼诺向士兵们和被充军的佛罗伦萨人演说开始，听演说人中也有里纳尔多·德格利·阿尔比齐先生。接着显示第一个全身披甲的人如何纵身上马，紧跟在他后面的全军有：40 中队骑兵，2000 步兵。

〔阿奎列贾〕大主教黎明时分登上山顶视察周围丘陵、田野及河谷等地形。他看到尼古罗·皮西尼诺带着大队人马从博哥·圣·西波尔克罗迫近，激起满天飞尘。看到这情景之后，他急忙回到自己的阵地，进行战前动员。

说完话，他双手合十，祈求上帝，他看到一朵浮云，圣·彼得从云端显圣，晓谕大主教……

大主教派出 500 骑兵阻击敌人的进攻。在敌阵前是尼古罗·皮西尼诺的儿子，弗兰西斯科。他身先士卒攻击大主教和佛罗伦萨人据守的桥梁。在桥的左远方，他派步兵与我方士兵交战，被我方击败。他们的队长是当天必定成为全军首领的米切列托。在桥这边，正展开一场恶战，我军获胜，敌军被击退。随后，圭多和他的兄弟法恩扎阁下，阿斯托里带着许多士卒重新投入战斗，猛烈地攻击佛罗伦萨人，强占桥梁，并向前推进到帐篷。与此相反，西莫尼托带领 600 骑兵冲向敌军，把他们赶回原处，重新占领了桥梁，在他后面还有更多的士卒和 2000 多骑兵，战争就这样延续了很长一段时间。接着，大主教派遣尼古罗·达·比萨和没有胡须的年轻人拿波里奥尼·奥西诺带领大军冲入敌阵，敌军大乱，刀光剑影混战一场。与此同时，尼古罗·皮西尼诺带着残部冲向我方，迫使我军退却；若非大主教亲临阵地，用言语和行动鼓舞将士，我方将会被赶走的。大主教在山上架设大炮，轰击敌方步兵，使之溃不成军。尼古罗不得不开始召回他的儿子和所有随从，逃回博哥；接着进行一场大屠杀，除了最先逃亡和躲藏起来的，其余无一幸免。战斗一直继续到日落，大主教决定收兵并埋葬死难者。后来，他建立了一座胜利纪念碑。

莱奥纳多于1503年10月24日在圣·玛利亚教堂附近的，让他自由支配使用的教皇的厅堂为这幅战争画了初稿，他在那里一直工作到1505年10月此画完成时为止。与此同时，他还替弗兰西斯科·乔空多夫人，画蒙娜·丽莎肖像。此画现藏在巴黎的卢浮宫。每当她坐在他面前时，他请了音乐家为她奏乐，唱歌，讲故事，以便画像时驱散她的忧郁，把音乐、故事等在她的心里引起的思想感情表现在画上。按照瓦萨里的记述，这幅画他画了四年，仍没完成，而另一幅佛罗伦萨人吉尼拉·本西的肖像画却完成得很好，“看起来倒很像吉尼拉本人不像是一幅画”。1504年1月25日，莱奥纳多参加了一个会议，商议米开朗基罗创作的大卫大雕像应当放在什么地方的问题。他赞成洛吉亚·戴·兰齐的意见，不赞成多数人的主张。参加此次会议的艺术家名字记在他这时期用的笔记里。

皮罗·迪·科西谟，洛伦佐〔迪·克列狄〕，菲利波〔菲利皮诺·李皮〕，〔安德列亚〕桑苏维诺，米开朗基罗〔达·维维阿诺，金饰工〕，克罗纳卡〔建筑师〕。

1504年5月4日，莱奥纳多收到35金弗洛林，是他的《安加里之战》的画的酬金，他还得到承诺，每月可得

15 弗洛林的工资，计划 1505 年 2 月完成此画。

1504 年 5 月 24 日，埃斯特的伊萨贝拉从曼土亚写信给他，请他画一幅年轻的基督画像，画差不多十二岁的基督在神殿与长者们争论。她还提到她自己的画像，表示愿意支付他所希望得到的任何酬金。她的预支使他高兴，莱奥纳多答应抽空画这幅画。

1504 年 7 月 9 日，星期三，晚上七点钟，我的父亲，执政府的公证人，皮罗·达·芬奇在波德斯塔宫逝世，享年八十岁，遗下十个儿子和两个女儿。

下面的信显然是写于某些时候，表明一个儿子的孝敬心。

最亲爱的父亲，上月底我收到你的信时，既高兴又难过，高兴的是在异乡能得到你安康的消息，真该感谢上帝，但我得知你身体欠安，又感到极其难过……

1504 年 6 月 29 日，圣彼得日早晨，我拿 10 杜卡，给我的佣人托马索 1 杜卡零花钱。

星期一早晨给萨莱 1 弗洛林，付房租。

星期二，我自己拿了一索尔多。

星期三傍晚，晚饭前给托马索 1 弗洛林。

星期六早晨给托马索 1 索尔多。

星期一早晨 1 弗洛林少 10 索尔多。

星期四给萨莱 1 弗洛林差 10 索尔多。

付茄克衫 1 弗洛林。

付一件茄克衫和一顶帽2弗洛林。

付纺织品商人1弗洛林。

给萨莱1弗洛林。

星期五早晨，7月19日，1弗洛林差6索尔多。

我留7弗洛林，有22弗洛林在箱里。

星期二，7月23日，给托马索1弗洛林。

星期日，8月4日，1弗洛林。

星期五，1504年8月9日，我从箱里取出10杜卡。

1504年8月3日星期六早晨，德国人雅各波来和我住在一起，同意每日给他1卡莱诺。

下面的说明是佛罗伦萨画家，莱奥纳多的朋友乔万尼·迪·加维纳发表在马格利亚贝基雅诺译本上的："莱奥纳多陪着乔万尼·迪·加维纳经过圣三一教堂附近的斯皮尼河岸时，一些著名人士聚集在一起讨论但丁著作的某一节内容，当他们看到莱奥纳多时，请他给他们解释。此刻，米开朗基罗也在这里经过，一个群众叫住他，莱奥纳多说'米开朗基罗能给你们解释其中的含义。'米开朗基罗觉得这话使他难堪，就回答：'不，你自己给他们解释吧，你是米兰那座粘土马的塑造者——可是，至今你无力将马铸成青铜的，一切事情都被你可耻地弄糟了。'说完这话，他转身就走，莱奥纳多保持沉默，对这些话感到困窘。"

1504年8月，年轻的米开朗基罗受委托，在莱奥纳多画《安加里之战》的执政会议厅内对面的墙上画一幅战役图。

1504 年 10 月 31 日，埃斯特的伊萨贝拉写信给他，提起他曾经答应替她画年轻基督画像的事。她说："当你为了佛罗伦萨历史而烦恼时，你就把替我作画作为放松的方法吧。"

此时，他已开始思考他的列达与天鹅的画了。这幅画受到年轻的拉斐尔的钦佩和临摹。拉斐尔在佛罗伦萨住到 1504 年底。

1505 年 3 月 14 日，佛罗伦萨执政会议厅为莱奥纳多准备了一堵墙，让他画那幅《安加里之战》。他已完成了这幅画，就是与米开朗基罗的画并列的那一幅。两幅相互竞争的作品像是艺术才能的展示，且可作为学生的典范，包括年轻的拉斐尔。

三月的同一天，莱奥纳多去菲索里，就是他的葡萄园所在地。在路上，他常停下来注视肉食鸟的飞翔。他研究飞行原理，计划建造飞行机，在菲索里山顶上开始飞行。若把这座山名定为"切切里"表示天鹅似更合适些。然而，没有明显的迹象表明试验确实已进行。

在都灵皇家图书馆的小笔记本里，记着此时看到的鸟的飞翔情况。（参看 73 页）

有宽大翅膀和小尾巴的鸟，向上飞时就剧烈地扇动着翅膀和旋转，以接受翅膀下面的风，周围的风迅速地驱使着翅膀，像我在 1505 年 3 月 14 日去菲索里的路上在巴比加上面看到肉食鸟飞行的情况。

从以巨鸟命名的山可知，在世界上负有盛誉的名鸟，都是以其飞行开始的。

天鹅从“切切里”山巅起飞，以其奇迹而誉满整个宇宙；所有的著作都记载着它的荣誉，促使其发源地的永恒的光荣。

下面的日记是记在同一小笔记本里。

4 月 14 日，星期二傍晚，洛伦佐来和我住在一起。他说，他十七岁；4 月 15 日，我从圣玛利亚教堂主管处得到 25 弗洛林。

维斯普西奥要给我一本几何书。

亚美利戈·维斯普西，他报的美洲名，生于佛罗伦萨。莱奥纳多可能知道维斯普西从葡萄牙写给他在佛罗伦萨的朋友的游记，葡萄牙和西班牙的广泛旅游引起他对地理问题的兴趣。

莱奥纳多和乔万尼·本西共同热情地研究宇宙志，乔万尼·本西是吉尼拉·本西的亲属，莱奥纳多曾给后者画过肖像。

从乔万尼·本西处得到世界地图，他有我的书和墨绿色宝石。

潘多尔菲诺的书；亚里士多德的论天体现象；圣·马克图书馆和圣·斯皮利托图书馆藏书有限。

向卢加〔帕西奥利〕先生学根式乘法运算；罗索镜——看他制造此镜；

制飞鸟，制鸟翼的大量材料；

一个制作模型的徒弟；

洛伦佐·德·梅迪奇的手套筒〔洛伦佐·皮罗·迪·弗兰西斯科，商行经理〕

汗衫染色；修大氅；眼镜用的黄铜；红科多瓦皮；向海关官员取衣服。

1505年4月30日，莱奥纳多从长官处得到在执政会议厅工作的工资。海关值班也将从罗马寄来的衣服包裹递给他。他去过罗马吗?

一本《论变换》的书，变换的意义是一个物体变成另一物体，物质不增也不减，由我开始试，1505年7月12日，莱奥纳多·达·芬奇。

这书稿的第一部分包括立体几何。

与此同时，莱奥纳多在执政会议厅的墙上绘制战争画的中心部分，他采用专门的方法上色，他用热力的方法促使颜色渗入石灰内部，但没成功。安东尼奥·比利认为艺术家的失败在于使用亚麻子油不当所致。

1506年4月27日，米兰圣灵受胎说公会同意，为《岩间圣母》在已支付的款项之外增付200里拉给莱奥纳多和安布罗吉奥·德·普雷迪斯。此画送回莱奥纳多作最后润色，然后，再挂回小教堂。莱奥纳多早先知道，《岩间圣母》曾经被拿到法国去。（参看第248页和第320页）

四、第二米兰时期 1506—1513

1506 年春，法国在米兰的总督查理·安布伊斯想要维持司伏萨的文明，特邀请莱奥纳多参加。莱奥纳多只好放下还没完成的《安加里之战》，离开佛罗伦萨，1506 年 3 月 30 日莱奥纳多答应执政长官将在三个月内返回佛罗伦萨。

1506 年 8 月 19 日，在米兰的法国大臣格弗罗意·卡里斯（哥弗里多·卡路里）写信给佛罗伦萨执政府说明查理·安布伊斯要求延长莱奥纳多的逗留时间。皮尔·索德里尼于 1506 年 10 月 9 日从佛罗伦萨写回信称，莱奥纳多已接受过一笔巨款，很难希望他再开始做别的重要工作。尽管如此，他仍可放弃要求，让莱奥纳多留在米兰。

1507 年 1 月 2 日，佛罗伦萨驻法国路易十二的大使弗兰西斯科·潘多尔费尼从布卢瓦写信给佛罗伦萨执政长官，信里说："今天早晨，最虔诚的基督信徒，皇帝陛下，亲自接见我，对我说'你的政府应当为我做些事，你写信告诉他们，我希望他们的画家莱奥纳多先生能为我效劳。设法使你的政府命令他立刻来为我服务，在我去米兰前，请他不要离开米兰。他是一位优秀的画家，我想请他为我做些事。'我接着问皇帝陛下，要他做什么事，皇帝陛下说：'替我们的女士画一些小版画以及合我心意的别的事；也可能我也要他替我画幅肖像画。'"

"皇帝陛下问我〔潘多尔费尼大使〕认得他吗？我说，他是我的亲密朋友。皇帝说：'那么，你就给他写些诗，告诉他别离开米兰，同时，你的政府也从佛罗伦萨写信给他。’因此，我写了诗给莱奥纳多，让他知道皇帝陛下的善良愿望，并用这消息祝贺他。”

1507年4月20日，查理·安布伊斯命令将罗督维科·依尔·莫罗送给莱奥纳多的葡萄园归还莱奥纳多。1507年5月24日，法国皇帝耀武扬威地再进入米兰。在庆祝典礼上，莱奥纳多起到盛大招待会的组织者的作用。客人中有埃斯特的伊萨贝拉和她的兄弟埃斯特的伊波里多红衣主教。

反对司伏萨的一个法国事业的支持者，现在是米兰的强有力的著名人士吉安·吉亚科谟·特利弗利齐，在1504年8月的一个志向表示要在圣·纳查罗教堂里建造一个纪念坟墓，准备的材料值4000杜卡，莱奥纳多为此纪念坟墓作了估算，包括一尊真人大小的骑马青铜塑像和一个石棺上的死者石雕像，石棺要放在一个精巧的八角柱状底基上。这个任务好像是给他提供机会建立某些东西以补偿他的杰作的毁坏——巨大的司伏萨骑马纪念像。在这动荡不定的时代，这项工程虽然经过精心计划和计算，也未能完成。下面我引些项目估算，总共3046杜卡，他的纪念坟墓的图稿仍保存在温莎宫。

乔万尼·贾科谟·特雷武佐先生的纪念坟。

制作马的材料和工钱，骏马和骑马者应和活马、活人一般大小。

材料费　500杜卡。

铸造框架的炉和缸　200杜卡

土模和蜡模　432 杜卡
铸后抛光工人费用　450 杜卡
纪念坟用的大理石费　389 杜卡
雕琢大理石费用　1075 杜卡

每块毛料的大小和作用都说明了，其做工也作了估价。

下面的信是莱奥纳多写给他的继母的，此信说明他将回佛罗伦萨作短暂停留，为了解决他的父亲和叔父的遗产问题同他的兄弟的诉讼。

1507 年 7 月 5 日，愿上帝同在。

我最亲爱的母亲、姊妹和兄弟，在这里，我可以告慰于你们的是我一切顺遂，感谢上帝，但愿你们都好。我想值得提起的是如何处置我留在你们那里的那把剑——请把剑送到斯特罗齐广场维奥尔先生处，请他妥为保存。这是我所关心的。那些衣服送给你们。请代我向狄亚尼拉表示诚挚的问候，我时刻惦念着她。还请代我向兄弟们问好并转告他们，不久我将去那儿。整个九月份住在那儿……我将同皮罗解决一些让他满意的问题。

1507 年 8 月 15 日，他带着查理·安布伊斯和法国皇帝给执政长官的说情信回到佛罗伦萨，表示希望迅速解决他与他的兄弟间的诉讼问题，好让他回米兰做他的工作。下面的信保存在莫德纳图书馆里，信的内容是他请求红衣主教埃斯特的伊波里托帮他解决上述私事。

我唯一的最尊贵的最卓越的主人，伊波里托爵爷，埃斯特的大主教。费拉拉至高无上的主人。最尊贵最杰出的主人。

几天前，我从米兰回来，发现我的一个大兄弟拒绝执行三年前我父亲去世时立下的遗嘱。因为我不能在认为最重要的事情上遭受损失，不得不请求我最尊敬的爵爷，恳请您写封说情信给执政府的重要成员拉斐尔洛·希罗尼谟先生。他对我的事情很了解，更重要的是贡法洛尼尔阁下曾委托拉斐尔洛承办此事。显然，他完全能够在万圣节之前完满地解决。

因此，我最尊敬的主人，我极其迫切地恳求您，以您令人无限敬仰的关怀写信给拉斐尔洛先生，告诉他，您的最谦卑的仆人莱奥纳多·达·芬奇向他致意并恳切地希望能从他那里得到既公正又合情合理的帮助。我深信拉斐尔洛先生对爵爷的无限深挚的感情，我的事情总能顺利地解决。为了最尊敬的主人的信，我由衷地表示万分感谢。

致以最崇高的敬意

佛罗伦萨　1507年9月18日

E. V. R. D.

您的谦卑的仆人

莱奥纳多·达·芬奇

莱奥纳多访问佛罗伦萨期间，住在艺术保护者和学者皮罗·迪·勃拉齐奥·马特里家里。此时，雕塑家吉安·弗兰西斯科·拉斯特西正在同一房间里雕塑立于法利赛人和利米特人之间的青铜浸洗者群像。这群像现在放在洗礼堂北门。瓦萨里记述：吉安·弗兰西斯科做这群像泥模时，不允许任何别的人接近，莱奥纳多则例外，无论是在准备塑像的骨架或在塑像的铸造的每一步骤，莱奥纳多一直和他在一起。因此，有些人深信，莱奥纳多亲自参加了这项工作，或者至少向吉安·弗兰西斯科提出过建议和良好的审视意见。

1508年3月22日开始在佛罗伦萨，在皮罗·迪·勃拉齐奥·马特里家，这是非命令性的聚集。我在这里抄写了许多文章。

下面的说明作为物理学许多笔记的序（参阅序言中第2页）。

如果你固定观察月亮斑点的细微处，总能发现它有很大变化，我自己把这一切画下来，证明了这一点。

下面的信稿是莱奥纳多从佛罗伦萨写给他在米兰的朋友和赞助者的。这些信表明一种愿望，要弄清楚他们的支持中他应承担的及他们承诺的责任。

随着年纪的增大，他渴望能集中精力进行研究，并作出相应的安排。

我担心由于我得到阁下的巨大恩典，没及时报答，引起您对我的不满，也许这是我迟迟收不到阁下的回音的缘故吧，尽管我给阁下写了那么多封信。现在，我请萨莱去向阁下说明，我和我的兄弟间的诉讼已经结束了。我还想在复活节前拜访您，准备带两幅大小不同的圣母画像给您。这些画是替我们最崇高的基督陛下画的，阁下一定会非常喜欢的。当我得知我将要回到曾经住过的地方时，是多么的高兴。我不敢再给阁下增添任何麻烦。还有，我为最崇高的基督陛下效劳，能否继续得到薪金。我还给首席长官写了信，谈起皇帝答应给我供水，我未曾据为已有，因为干旱，运河缺水，而且排水口没整修，然而，他肯定答应过我，当做好这些工作时，我将得到水。因此，我恳请阁下转告首席长官，这些排水口已整修好了，该给我供水了。因为我回去时，想在那里制造机器和别的东西，这些东西会使基督陛下非常高兴。我没有任何别的事，只希望经常得到阁下的信托。

尊贵的首席长官：我经常记住阁下多次对我的关怀和建议，我冒昧地给阁下写信，提出在我上次离开时，您给我的允诺，也就是，崇高的基督陛下同意给我提供12英寸水。阁下知道，我未曾得到水，因为当时运河干涸，还由于大旱及排水口没修好。以后听说运河排水口已修好，我几次写信给阁下和吉罗拉谟·达·库萨诺先生（他对此事是支持的），我也给科利吉罗写了信，都像石沉大海，没有任何回音。现在，我派我的徒弟萨莱送信给阁下，他会亲自向阁下说明事情的全过程。我想复活节到那边去，因为，我已结束了我的诉讼。我将把两幅已开始画的画像画完。没有任何别的事。

下面是给年轻的米兰贵族弗兰西斯科·梅尔齐的信稿。此人是他的挚友，他们的友谊一直保持到莱奥纳多去世。

弗兰西斯科先生，您好，愿上帝与你同在。我给你写了那么多信，为什么总得不到你的复信。上帝呀！到我们再见面时，我一定要你写很多信，到时候你会感到遗憾的。

亲爱的弗兰西斯科先生，我现在派我的徒弟萨莱到你那边去，了解首席长官阁下对治水的事有什么说法……

你能不能发发慈悲，给我复信，谈谈究竟发生了什么事，除非治水的事已经解决了。为了我，能否请你稍微催促一下首席长官和吉罗拉谟·库萨诺先生，请代我向他致意，特向阁下问候。

下面笔记是莱奥纳多的感慨：

圣职第一，工作第二，再次是忘恩负义，侮辱的言行和悲叹……

1508年夏，莱奥纳多回到米兰，随后几年，在保护人查理·安布伊斯底下工作。他不仅是宫廷画师，而且是建筑师和工程师。

钱的备忘录，我收到皇帝给我的薪金，是自1508年7月至1509年4月的薪金，第一次100司库迪，第二次100司库迪，以后逐次为70，50，20司库迪和200法郎及48索尔多法郎。

名为MS·F笔记本是他到米兰后开始使用的，把这叫做《水的世界》，包括水论方案，这是建立在他自己的实验和观察的基础上的。这本笔记一直用到1513年。

1508年9月12日开始在米兰。

首先写水及其各种运动；其次描述河床及其中的物质，经常引证有关水的命题，顺序安排好，否则工作会混乱。

描述巨浪和微波的各种形式及其成因。

我曾经看到过猛烈的空气运动，猛烈到气流将森林中的大树拔起，卷走宫殿的巨大屋顶，我也看到狂暴的旋风将坟墓、沙水卷上高空，吹到1英里以外的地方。

莱奥纳多设计了一个挖河方案，挖好的阿达河可通航，在米兰和科摩湖地区间有水路连通。

开凿马特萨纳运河，使阿达河水大量减少，流入许多地区，灌溉田野……

下面的笔记是由维罗纳建筑师乔空多对在布卢瓦城堡建设的著名渠道的残存记述，建设这条渠道的目的是引水到高地的花园里，乔空多1506年离开法国，他承担了为威尼斯共和国建设特雷维苏要塞的任务，这个要塞于1509年建成。

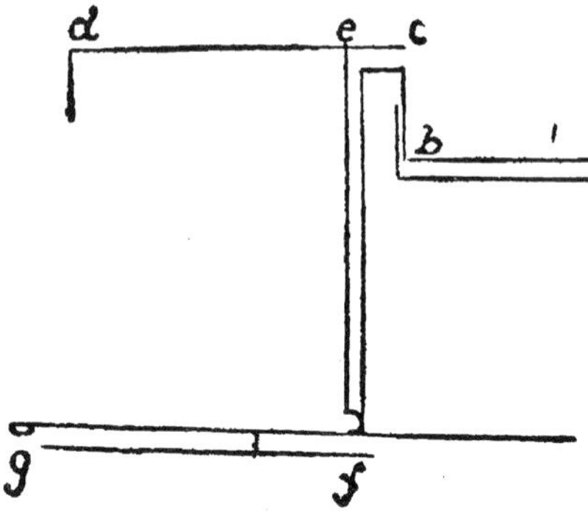

cd 是布卢瓦花园，ab 是乔空多在法国制造的暗管道，bc 是需要提高的水位，cd 是布卢瓦的花园高地。ef 是虹吸管道，bc、ef、fg 是虹吸管道排水入河的地方。

下面的笔记莱奥纳多提到坎姆布拉伊联盟，这是 1508 年反对威尼斯的欧洲巨大的联合力量。米兰公国准备在东部边境进行抵抗。

威尼斯人为十年战争中耗费 3 亿 6 千万金钱而自豪，反对帝政、教会、西班牙国王和法国国王的战争每月耗费 300000 杜卡。

现在保存在温莎宫的莱奥纳多画的布雷西亚版图可能是为了防御的目的画的，也可能是为了开凿运河的。

1508 年 10 月 1 日，我有 30 司库迪，借 13 司库迪给萨莱，为他的姐姐买嫁妆，我留 17 司库迪。

不能借钱！如果你借钱不还，或还钱不及时，或虽及时还钱，还的却是劣币，或虽及时还银币，却不友善，都不能借钱。

1508 年 10 月 23 日，莱奥纳多·达·芬奇和安布罗吉奥·德·普雷迪斯表示收到圣灵受胎说公会支付《岩间圣母》的最后一笔款项 100 里拉。莱奥纳多关于墙和拱顶的断裂的长篇论文可能是此时记的。

首先论墙和拱顶破裂的原因，再论补救办法……

下面的笔记进一步显示莱奥纳多此时的兴趣。

威尼斯图书
凹镜
亚里士多德的哲学，气象学〔月下的变化〕
阿基米德论重心。
奥塔维亚诺·帕拉维西诺先生有关维特鲁维乌斯的著作。
尼古罗·德拉·克罗斯的但丁。
阿尔伯图西奥〔萨克森哲学家阿尔伯特〕。
马利亚诺计算论〔速度的比例〕
大阿尔伯图斯　贝尔纳迪诺修士的论天与地。
亚历山德罗·本尼德蒂的解剖。
每星期六去洗热水澡，在澡堂你能看到裸体的人。
观察猪肺充气，观察其长与宽的胀大，或宽度增大长度缩短。

他怀念往事，怀念失去的朋友费拉拉的吉亚科莫·安德列亚和罗督维科·依尔·莫罗的以前的拥护者阿利普兰多。

维辛佐·阿利普兰多先生住在熊馆附近，他有吉亚科莫·安德列亚的维特鲁维乌斯的著作。

1509 年，莱奥纳多设计了图稿的路加·帕西奥利的《神奇的比例》一书在威尼斯出版了。

1509年4月28日，经过长期探索，两曲线边所成的角，也就是说，由二个圆弧相同的曲边所成的角的问题，已在1509年5月朔日前夕解决了，在星期日晚上10点解出这主题。

1509年5月3日建设米兰圣克利斯朵伏罗运河。

这笔记记在细心描绘的水闸图稿上，为了对运河工程的管理，法国皇帝答应让步，给莱奥纳多供水。

供水权利的授予，是由错综复杂的事情引起的。

一般认为，若从圣·克利斯朵伏罗运河取水，国王损失72杜卡。

陛下知道，不管他给我什么东西，他将剥夺他自己。但当前情况，国王并没失去任何东西，他只剥夺了那些偷水者，只改变了被小偷扩大了的所谓出水口……如果认为，这将对许多人不利，那只不过是从小偷那里夺回他们所要恢复的东西。司法长官出于私利，经常取500盎司水，只同意给我12盎司。

如果认为，我的这份水价值高，那么，由于运河水位这么低，每盎司水每年只需付7杜卡4里拉。如果他们说，这有碍通航，这种说法也不符合实际，供应这部分水的出口是在航道之上。

下面的记载是在他的叫做MS. G的笔记本里。这里面给我们提供了他研究植物生态的大约日期。

1510年9月26日，安东尼奥（博尔特拉菲奥）跌断腿，需休息40天。

阳光给植物以生命和灵魂，土地则以水分滋养植物。关于这情况，我对葫芦的一条剩余小根做实验，保持其水分营养，葫芦仍能完整地维持其生长的60个长形葫芦果实。我仔细研究这个生命力，发现晚上的露水通过植物大的叶片的着生点提供丰富的水分，给植物及其幼苗提供营养，或给产生幼苗的种子提供营养。

他非常欣赏科摩湖南岸的巨大栗子树。

布里安查山的罗瓦格纳特河谷的圣·玛利亚·伊特里的栗子树枝粗9意尺，100枝中有一枝粗达14意尺。

1510年10月21日，莱奥纳多参加了在米兰大教堂唱诗间的评议会。

莱奥纳多继续研究解剖学。下面的笔记记在画有肌肉解剖图的大页纸上。

脚的肌肉数是脚趾数的一倍。我至今仍没完成这方面的论述，只得暂时搁下，指望今年即1510年冬能完成全部解剖。

根据瓦萨里的记载，著名的解剖学家，德拉·托勒世家出身的马可·安东尼奥在解剖学的研究方面帮助过莱奥纳多。1511年，马可·安东尼奥在巴维亚大学教书，莱奥纳多在下面笔记中提到的可能是他。

《论水》的书给马可·安东尼奥先生。

〔附子宫内婴儿的草图〕 婴儿的心不跳，也不呼吸，因为婴儿一直淹在水中，如果婴儿呼吸必将淹死，婴儿无需呼吸，因为婴儿从母体得到营养和生命。

另外的笔记可能提到解剖班上学生的行为：

应当批评学生，他们在解剖实习中设置障碍，研究时粗枝大叶。

这时期，他的笔记多处提到胚胎学研究。

研究鸟类如何营养鸟蛋。

在母体内婴儿会不会哭，或发出任何声音？答案是不会哭也不发声，因为他不呼吸，也没有任何呼吸运动，不呼吸就不会有声音。

询问比亚吉诺·克利维利的妻子，有关阉鸡的饲养和在交配季节母鸡是怎样孵小鸡的。

孵小鸡必须用热烘箱。

圆形鸡蛋孵出的是小公鸡，长形鸡蛋孵出的是小母鸡。

阉小鸡的方法是将躯体下部剖开，用荨麻刺并放入阻碍物。小鸡受荨麻刺激，有温热和欢快的感觉。此后，鸡好斗，一旦看到猫就凶猛地高高跳起进行战斗。

距切尔托萨 1 英里远的萨路佐上面的蒙布拉科山区的维索山麓有一个成岩石矿，矿石白得像卡拉拉大理石，无瑕疵，硬得像斑岩，甚至更硬些。我的朋友，雕刻家本尼德托答应送给我一块调颜色用的小石板。1511 年 1 月 2 日。

1511 年 3 月 10 日，莱奥纳多的庇护人查理·安布伊斯逝世。

1511 年 12 月 10 日 15 点钟，火被点燃。1511 年 12 月 18 日 15 点钟，第二把火被在米兰的瑞士卫兵在 DCXC 地方点燃。

这两段笔记是莱奥纳多记在大火灾画稿上，但并不是他的笔迹。

法国一被打败，罗督维科·依尔·莫罗的儿子在瑞士士兵的帮助下恢复米兰公国。斗争在继续，莱奥纳多留在家里等待结果。

我看到一个人在敌人面前逃走，他的心被刺破，全身是血，衣服染满鲜血。

抽象的理论家呀！你对我们的这架机器一无所知，但愿别人的死亡能使你对这架机器有所了解，而不会使你感到悲伤，造物主赋予智者以如此卓越的感受能力，是值得高兴的。

莱奥纳多继续进行他的解剖研究。笔记中的某一页上画着横膈膜底图和各种建筑图稿，包括炮台的平面和突出部分，他记着日期和下面内容。

1513年1月9日
瓦尼里塔的房间。
检查死狗的腰椎区，隔膜和肋骨的运动。

从同一手稿的备忘录可知道莱奥纳多极其广泛的兴趣及其高超的业务能力，他在他的年轻的朋友梅尔齐的，座落于瓦普里奥的阿达河边的别墅里度过一些时间。

备忘录 去整理花园。
吉奥尔达诺，庞德雷布斯的数学著作。
调解者，海潮的涨落——
再做两个行李鞍箱。
检查博尔特拉菲奥的车床，取走石块。
把书留给安德列亚·特德斯科先生。
制造一架有指针的天平并称量物质，热时称一次，然后，冷时再称一次。
卢吉师傅的镜。
油，石油；

〔附草图〕 a. b. 水的涨落，在瓦普里奥工场证明，力量较大的水施加力于较小部分。

这结论是普遍的，用它证明海潮的涨落，太阳或月亮对水的作用，在水浅时较大，因此，沼泽地的浅水比海洋深水受到的涨落效果大。

论真空的作用是瞬时形成的。

我在米兰看到闪电袭击克里登查塔的北侧，电闪慢慢地降落到这一侧，突然，从塔台分开，随之，将墙撕裂了宽 3 意尺厚 2 意尺的一个缺口，此墙有 4 意尺厚，是用薄且小的老砖砌成的。

他热爱动物，深信植物给人类提供了足够的食品，促使人类放弃动物食品。

是的，像你所描述的，人类是“动物之王”，我宁愿说是“禽兽之王”。你最伟大，因为你只能使它们将子孙给你填满肚肠，你的肚肠成为一切动物的坟墓。

自然不是已经给你提供了足够简单的食品〔素食〕吗？如果你还嫌不够，你就自己配制许多复合食品吧！像普拉蒂纳和其他作家论述的粮食那样。

五、罗马　安布伊斯　1513—1519

1512 年佛罗伦萨不流血革命允许梅迪奇回去，通常被称为共和国的依尔贵族朱良诺被推举为国家主席。次年 3 月，他的兄弟乔万尼被罗马人拥立为罗马教皇列奥第十。朱良诺成为教皇势力的旗手。梅迪奇家族的得势导致莱奥纳多离开米兰去罗马，希望能在洛伦佐·依尔贵族的两个热爱艺术的、依恋佛罗伦萨祖先和声望的儿子庇护下，找到一个更能出成果的地方。莱奥纳多是在筋疲力尽的法国警备队于1513年9月19日撤出米兰城堡时才作出这个决定的。早回法国的可能性似乎不大，尽管在那里有他的支持者。

1513年9月24日，我同乔万尼，弗兰西斯科·梅尔齐，萨莱，洛伦佐和依尔·范福伊亚离开米兰去罗马。

在越过亚平宁山脉时，路经维尼亚之石。这是但丁描述的“阿诺河与第伯尔河源头间的皱眉岩”。在旅途中他寻找化石。

我在亚平宁高山上的岩石中发现了贝壳，多数在维尼亚的岩石中。

古代的海底变成山脊。

在罗马，莱奥纳多住在贝尔维德里宫，这是建筑在梵蒂冈山上的豪华避暑宫。他的庇护人，朱良诺·德·梅迪奇对艺术和科学有浓厚的兴趣，但很微弱且不稳定。

1514年7月7日23点钟，大人给我的贝尔维德里宫的研究室竣工。

他在此时做了哪些工作是不清楚的。此时，罗马教皇发现了拉斐尔，认为拉斐尔是一位完全符合他的审美观点的艺术家。瓦萨里说了一个故事，说明教皇对莱奥纳多的态度。他曾委托莱奥纳多画一幅画，当他知道，莱奥纳多已着手进行他提出的表面光泽实验时，教皇就说："哎呀！此人从来没做完任何一件事，他总在开始做以前想着的结果。"莱奥纳多雇用的两个德国人给他带来许多苦恼，在他给依尔贵族的信里流露了这种心情。他提到的别的烦恼中有他在圣·斯皮雷托医院进行的解剖研究被人误解了。这些笔记显示了莱奥纳多在罗马生活的悲伤情景。这是实现工作计划的希望落空以及神经受到徒弟的不轨行为的刺激的时期。

我听到最尊贵的大人玉体康复的消息时是多么的高兴，连我自己的毛病也好了。我感到十分内疚的是不能完全实现大人的期望，这是因为两个德国骗子的恶劣行为。为了让他们快活，我没叫他们做什么事。起初，我请他们和我住在一起，以便随时了解他们的情况，及时纠正他们的错误，更重要的是让他们学习意大利文，可不用翻译直接交谈。

开始时，他们的钱总是预支的，以后，他们要求像完成木模那样去完成铁模，还要求让他们经常回他们自己的国家。我拒绝了，并告诉他们，我只在图中标明长、宽、高以及他们要做出的东西的形状，这就使我们彼此合不来。第二件事是他们在居住的房间里单独建立工作室，配备钳子和工具，私自替别人工作。后来，他们要请瑞士门卫，他们是懒鬼，经常吵闹打骂，三五成群地带着枪打鸟，直到晚上……

据我所知，他们经常不在工作室工作，且非常浪费，我告诉他们，如果愿意，我可以同他们订立合同，无论他们做了什么东西，我都将给他作出合理的评估。他们去找邻居商量，让出房间，卖掉一切东西并且去找……

此外，他们常在教皇面前和医院里对我的解剖散布流言飞语，造谣诽谤；他们在整个贝尔维德雷宫里到处设立镜子工场，招收工人，在乔尔乔先生的房间里也做同样事情。

他们每天没同乔万尼讨论，任何工作不做，还无事生非，到处宣传，自称是这门艺术的大师；对自己不懂的东西，则推托说不知道应该做什么，把他们的无知转嫁到我身上。我再也不能秘密地做任何事，因他们日常总难免和别的人频繁往来，各个房间彼此相通，他们的全部意图是为了制镜，要占据所有房间。如果他们在场，我做我的曲面模型，他们之中定会有人泄露出去的。

显然，莱奥纳多希望独自进行实验，不相信他的工人。上面提到的有关曲面玻璃模型，与做望远镜用的透镜装配方案有关。但人们怀疑，这仪器的发明是否可归功于他，因为，直到一世纪后，仪器还没应用。然而，他的笔记包含磨透镜的机器图稿是事实。

正如我建议研究月亮的性质那样，自然，我会首先研究镜的透视，研究平面镜、凹面镜或凸面镜的透视。

研制玻璃透镜观察月亮的放大像。

〔附计划〕 大人的马厩……长 110 意尺，宽 40 意尺……为了收容马匹，低的部分分成34排，各排分成32空间，叫做柱间。每个柱间可容纳两只马，其间插着一支摆动棒。因此，这个马厩可容纳128只马。

下面笔记附有用手操作的造币机图，为罗马教皇辖地造币，机器一边切割金属圆片，一边冲压印记。

罗马铸造钱币 边缘不完整的一切硬币就不能认为是好的硬币。为了确保边缘的完整性，首要的是要保证币圆，并且重量、大小和厚度应完全一致。

因此，宽度和厚度相同的一些金属板都成条状地通过量器测定，这样的金属条用来冲制硬币很圆，像筛选栗子一样地经过筛选的这些硬币，可按上述方法冲压印记。

这样切割的硬币很圆，而且重量和厚度也都相同，节省了切割和量度的人员，修圆的人工也减少，因此，只要经过量器手和冲压机，硬币就很完美。

1514年秋，莱奥纳多到伦巴第旅行，可能去看他的葡萄园，他住在帕马旅馆。

1514年9月25日，在康帕纳的帕马旅馆。
1514年9月27日，在靠近圣·安吉洛的波河岸边。

年终，莱奥纳多回到罗马。1514年12月14日，他的妹妹亚历山德拉在写给她的丈夫朱良诺·达·芬奇的信里向莱奥纳多致意，说他是“一位非常杰出的极其孤独的人”。在笔记的反面，莱奥纳多写明，他的《声论》一书，放在吉安·巴蒂斯塔·布兰科尼，他是罗马教皇宫廷的宠臣，是拉斐尔的朋友，这本书可能呈送给罗马教皇审查，证明他的解剖研究没有任何异端邪说或丑闻。其内容包括嘴和咽喉的构造以及人类说话的机理。

巴蒂斯塔·德尔·阿奎拉处有我的一本《声论》书。

在这一时期莱奥纳多所用的笔记本里，他再次提到相同的专题。

《声论》——为什么快速的气流通过管子会发出刺耳的声音。

莱奥纳多在罗马期间，常到邻近地区游览，从事地质研究。

让他们给你指明在马利奥山上有贝壳的地方。

他的庞蒂尼沼泽地排水方案可能注明是这时写的，他画出这地区的详细地图，此图现在保存在温莎宫。

1515年1月9日凌晨，朱良诺·德·梅迪奇大人带着他在萨伏伊的夫人离开罗马；同一天，得到法国国王逝世的消息。

莱奥纳多在这里得到他以前的庇护人路易十二逝世的消息，路易十二的继承人弗朗索瓦一世立即出兵收复米兰公国，并于同年9月赢得马利那诺战争。

1515年12月14日，罗马教皇列奥十世在博罗格纳与弗朗索瓦国王举行了秘密会议。莱奥纳多可能第一次见到弗朗索瓦国王，几个月后，国王介绍他去法国，梵蒂冈公布莱奥纳多在博罗格纳的开支记录为他自己支出33杜卡，德国人乔尔乔支出7杜卡，合计40杜卡。

罗马教皇到维亚·西维塔维加港旅行，莱奥纳多关于古代海港的毁灭的记载可能是在此次旅行中记的。他利用此次访问对古代罗马建筑方法进行更深入地调查。

〔附图〕 像这一样，巨石耸立在西维塔维亚港口的防波堤前……巨大的岩石块有10意尺宽，12意尺长，半意尺深的凹坑，岩石由粘性石灰华海绵层和硬石块构成，牢牢地粘着，石块表面贴着完整的砂石。上面提到的半意尺深的凹坑填着大而硬的砾石，上面覆盖着一层石料和细碎石块，有三分之一意尺厚，在细碎石块上面还铺着各种形状的马赛克和五光十色的石堆。这是帝国的房间地面，建在港口的防波堤上，房间前面有高大圆柱的门廊，这圆柱现在系着船只，门廊往下九个台阶到达水面；有3意尺高。

注明1515年的一封信，是安德列亚·科萨利写给朱良诺·德·梅迪奇的。信里谈到一个名叫古查蒂的仁慈的人，不愿吃有血腥味的饮食，不愿伤害任何有生命的东西，像我们的莱奥纳多·达·芬奇那样。

1516年3月17日，朱良诺·德·梅迪奇逝世，莱奥纳多失掉了庇护人，他想在罗马寻找一个可活动的丰富多彩的地方的理想终成泡影。下面的笔记反映出他的失望心境。当年，洛伦佐·依尔大人派他去找罗督维科·依尔·莫罗时，他对生活满怀着光明的希望，但是，如今面对着的却是教皇和他的儿子的不关心和不理解。

梅迪奇培养我，也毁了我。

他在罗马最后写的笔记，表明他对一个长方形大教堂的量度有兴趣。

罗马的圣保罗教堂有五个中殿，80支圆柱，中殿跨度为130意尺，从圣坛高台阶到门长为155意尺，从台阶至高祭坛背后远墙为70意尺，门廊长130意尺，宽17意尺，1516年8月测量。

1516年底，莱奥纳多接受弗朗索瓦一世的邀请，住在洛亚河畔安布伊斯地方的克劳克斯小城堡的皇家住宅里。法国国王酷爱书法和艺术，在他和他的祖先统治时期，宫廷里聚集了有名的意大利艺术家和名匠，他非常敬佩莱奥纳多。二十年后，贝尼维努托·切利尼说："他深信，世界上没有任何人能在雕塑、绘画和建筑各方面的造诣胜过莱奥纳多的，他还是一个伟大的哲学家。"听说，他非常喜欢天天和莱奥纳多交谈。

下面的笔记说明莱奥纳多对待听者的态度。

不能愉悦听者耳朵的言语，使人厌倦和烦恼，你常常会发现听话者张着大嘴（或打呵欠）的现象。因此，如果你在好意的人面前说话，发现这种疲倦的表情时，就应说得简短或换个话题，否则，你得到的将是反感和敌意，而不是善意。如果你想知道什么东西能使人感兴趣，使人聚精会神，不妨改变谈论的主题，倘若发现听者专心致志，不打呵欠也不皱眉，可以肯定，你说的内容打动了听者的心弦。

1517 年 5 月，在安布伊斯的克劳克斯过耶稣升天节。

1517 年 10 月 1 日，里纳尔多·阿里奥斯托写信给吉安·弗兰西斯科·贡察加侯爵描述在阿根坦举行的节日庆典，莱奥纳多为弗朗索瓦一世筹备了这个活动，庆典上一只灵活的机械狮子的表演引起人们的极大兴趣，大家赞叹不已。

1917 年 10 月 10 日，阿拉贡的卢吉大主教在秘书安东尼奥·德·贝阿蒂斯的陪同下，参观了莱奥纳多的工作室。安东尼奥对此事作了如下的评述：“在安布伊斯郊外，主教阁下和我们一行人，拜访了佛罗伦萨人莱奥纳多先生，他大约七十岁左右，是当代杰出的画家，他给我们展示了三幅著名的画，一幅是佛罗伦萨某女士的肖像画（蒙娜·丽莎），这是为已去世的朱良诺·德·梅迪奇大人画的①，另一幅是年轻的施洗约翰，第三幅是坐在圣安尼怀抱里的圣母和圣婴。三幅画都很完

① 有传说，法国国王以 1000 金克朗向艺术家买了《蒙娜·丽莎》画像。

美，再也不能希望他画得比这更好了。因为，他的右手受了中风的袭扰。一个受他教育的米兰人和他生活在一起，画得也很出色。虽然，莱奥纳多再也不能画得像以前那么完美无缺，他仍能指导别人。这位先生有详尽的解剖论著，用图示法画出肢体、神经、舌、肠以及男女身体各个细小的未被人注意的各个部位。我们亲眼看到这些图表。他说，他曾经解剖了三十具年龄不同的男女尸体。此外，他也有关于水的性质，各种机械以及其他事物的论著，用通俗易懂的笔调写了大量笔记，这些笔记如果正式出版将会非常有用且令人无限欣慰的。

这份写给莱奥纳多的笔记，他取的题目为《Peintre du Roy!》，有些地方模糊不清。

致达·芬奇先生……国王侍从的马……
继续付款给莱奥纳多先生，国王的画家，安布伊斯。

位于罗莫兰庭附近的皇家猎场的活动房屋的建设方案。

关于活动房屋 使房屋可移动，按顺序安装，要轻便，这样的房子应在宽阔地方预先部分安装好，然后，再搬到建房处组装。

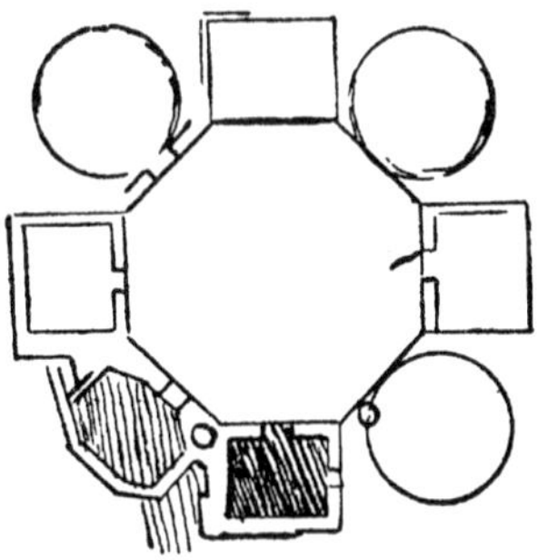

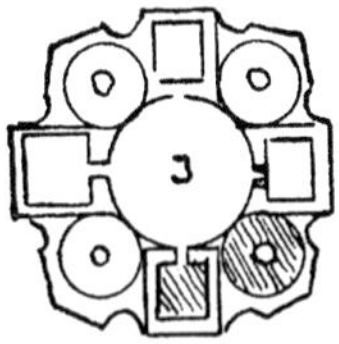

宫廷的人离开时，应让出一部分给乡村人住。

主要地道不能进污水，水应在城外沟道流通，进出口应各安装四台机器，可在罗莫兰庭上面将水闸住，这是完全可办到的。

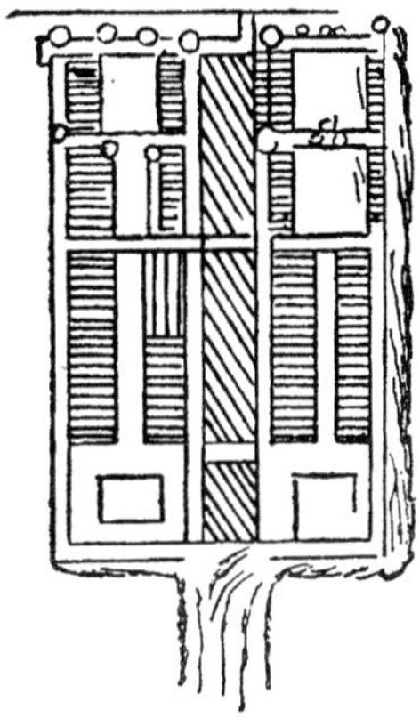

每个广场应有喷泉。

法国开凿运河计划。

洛亚河的支流 mn 的浑浊河水流入罗莫兰庭河，灌溉农地，给农村居民提供丰富的粮食，又有利于商业通运……

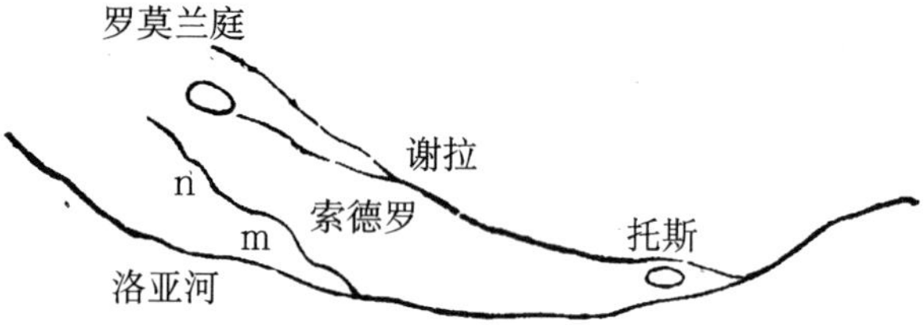

在圣·安东尼节前夕（1518 年 1 月 13 日）我从罗莫兰庭回到安布伊斯，国王两天前就离开了罗莫兰庭。

1518 年 5 月，法国宫廷在安布伊斯庆祝法国王太子的洗礼和罗马教皇的侄子洛伦佐·德·梅迪奇与法国公主的婚礼。庆祝盛会持续了一周，包括马上比武。1518 年 6 月 9 日傍晚，国王带着宾客来到克劳克斯莱奥纳多的工场。宫廷已将此地变为优良的棒球房，顶上有深绿色的圆顶建筑物，点缀着太阳、月亮和星星，映照着底下的宾客。克劳克斯神奇的夜晚，让安布伊斯的盛会降下帷幕。

1518 年 6 月 24 日，圣·约翰日，我在安布伊斯的克劳克斯宫。

这是莱奥纳多亲手记下的最后日记。

莱奥纳多的遗嘱

1519 年 4 月 23 日

让现在和将来的人都知道，在安布伊斯，我们伟大国王陛下的宫廷，在我们面前的人是莱奥纳多·达·芬奇先生，国王的画家。目前，正停留在安布伊斯附近的克劳克斯地方。应充分地想到死的必然性及其时代的偶然性。在上述的宫廷里，在我们面前，感激地宣称，根据目前的情况，作最后的宣告并立遗嘱如下：

首先，他将自己的灵魂交托给我们的主，万能的上帝，交托给光荣的圣母玛利亚，交托给圣弥迦勒，交托给所有神圣的天使和天堂的圣男圣女。

第一条 立遗嘱人希望被葬在安布伊斯的圣·佛罗伦廷教堂，灵柩由教堂教士护送到那里。

第二条 躯体由圣·佛罗伦廷教堂的长老会，也就是由教区长或修道院院长，或由安布伊斯的圣·丹尼斯教堂的教士和教皇代理以及该处的小圣职人员，从该处移到圣·佛罗伦廷教堂，立遗嘱人希望在躯体运到教堂时，能由执事和副执事主持做三场大弥撒，同时在圣·格雷戈里教堂也做三十场小弥撒。

第三条 在圣·丹尼斯教堂也要做上面所做的事。

第四条 教堂修士和小圣职人员也做相同的事。

第五条 为了报答往日的厚爱和照顾，该立遗嘱人愿将属于自己的所有藏书，仪器设备以及与作为画家的艺术有关的画作遗留给米兰的知名人士弗兰西斯科·达·梅尔佐先生。

第六条 同一立遗嘱人愿将在米兰城外的葡萄园的一半永远赠给巴蒂斯塔·德·维尔兰斯，同一葡萄园的另一半送给徒弟萨莱。萨莱在这个葡萄园里所建的房屋今后将永久归萨莱及其继承人所有，我这样做是为了酬报巴蒂斯塔·德·维尔兰斯和萨莱在以往的岁月里直到现在给予我的良好的周到的照顾。

第七条 立遗嘱人为了酬劳侍女马土玲娜过去的殷勤服侍，特赠送她一件上等布面毛皮衬里的衣服、布料和2杜卡现金。

第八条 他希望他的送葬行列由六十个贫民拿着六十支蜡烛陪送，应该给拿蜡烛的人以酬金，付多少酬金由梅尔佐自行决定，这些蜡烛分别送到上述四个教堂。

第九条 立遗嘱人送给上述每个教堂十磅蜡烛，作为送终弥撒用。

第十条 给医院的贫民和安布伊斯的圣·拉扎雷的贫民以施舍，为此目的，应从同一共济会的财产中支付七十个图尔斯索尔多。

第十一条 立遗嘱人给上述弗兰西斯科·梅尔佐先生的遗赠，指的是他的剩余养老金及总司库约翰·萨平先生该付给他的库藏积欠薪金和立遗嘱人已从萨平先生处领取的全部养老金，当然这里所说的只在他死得比梅尔佐先生早才有效。正如他所说的，这些款项目前放在克劳克斯处属立遗嘱人的财产。此外，他还要赠给该梅尔佐先生目前仍保存在克劳克斯的所有衣服。梅尔佐先生的长期精心照顾所得到的全部酬金和困难补助金，足够他承担现在合约的执行，毫无疑问，这将耗费立遗嘱人的全部积蓄。

他还嘱咐，将他的财产中的四百斯卡特存款送给他的生活在佛罗伦萨城的兄弟们，这笔款项存在佛罗伦萨城里的圣·玛利亚教堂的司库。应包括直到现在增长的全部利息。因为该立遗嘱人在司库处存四百斯卡特，该司库应付给立遗嘱人利息。

第十二条 他指定，弗兰西斯科·德·梅尔佐先生为唯一的立遗嘱人的遗嘱执行人。规定的合约必须全部完满如实地执行。按照这里所说的含义和见解，严格遵守执行。莱奥纳多·达·芬奇先生是立遗嘱人，他将所有的动产和不动产作为礼物送给他的继承人，无论是现在或将来，谁违背立遗嘱人的意愿，谁就得不到这些礼物。

在克劳克斯出席公证会的人有安布伊斯的圣·丹尼斯教堂主教斯皮雷托·弗勒里，古格尔莫·克罗伊桑特主教，教士，西普里安尼·富尔钦主教，弗兰西斯科·德·科通兄弟和弗兰西斯科·达·米拉诺兄弟，安布伊斯的方济各会的女修道院的一个兄弟。证人们召唤并要求在弗兰西斯科·德·梅尔佐先生在场的情况下，由宫廷公证结束。弗兰西斯科·德·梅尔佐先生接受并表明他的忠诚和誓言，宣誓永远不做不说也不采取任何与誓言相违背的行动，他要求在安布伊斯用黑漆把法律合同密封起来。

1518 年 4 月 23 日复活节前（签订）。①

1518 年 4 月 23 日，安布伊斯管辖范围内的宫廷皇家公证人古格利尔莫·博里安先生到场，承认莱奥纳多·达·芬奇先

---

① 按法国日历，1518 年复活节在 4 月 4 日，而 1519 年复活节在 4 月 24 日，因此，这里写 1519 年 4 月 23 日，在莱奥纳多逝世前九天。

生以遗嘱形式赠送巴蒂斯塔·德·维尔兰斯先生的供水权，根据对新近去世的路易十二国王的虔诚回忆，将提供达·芬奇先生的米兰公国圣·克里斯托弗罗运河水权永远归巴蒂斯塔·德·维尔兰斯先生所有。上述人士在米兰绅士弗兰西斯科·达·梅尔佐先生在场的情况下，办妥此事。

在1518年4月的同一天，莱奥纳多·达·芬奇先生立遗嘱将在克劳克斯堡的家具和物品，赠给巴蒂斯塔·德·维尔兰斯先生。这件大事是还活着的莱奥纳多·达·芬奇先生在弗兰西斯科·达·梅尔佐先生和我作为博里安公证人一起参与的情况下与巴蒂斯塔·德·维尔兰尼斯订立的。

1519年5月2日，莱奥纳多在克劳克斯堡逝世。

1519年6月1日，弗兰西斯科·达·梅尔齐从安布伊斯写信给莱奥纳多的弟弟们，告知莱奥纳多逝世的消息。经皇家公证有效的遗嘱将请忠实可靠的人立即送去。同时告诉他们，莱奥纳多留给他们的在菲索尔的财产和存在佛罗伦萨圣·玛利亚教堂司库的400斯卡特。

“对于我，他像慈祥的父亲，”他写道，“我无法用语言表达对他逝世的悲伤；只要我还活着，我总会为他无限悲痛的，为他祈祷。因为他时刻以温馨伟大的爱抚育我，失去这样一个人对任何人都是巨大的损失，自然界再也不能产生像他这样的巨人。”

1519年8月12日，安布伊斯的圣·佛罗伦廷教堂的登记册上有这样的记载：“在教堂的回廊安葬着莱奥纳多·达·芬奇先生，知名的米兰绘画大师，国王的工程师和建筑师，国家的机械师，米兰公国绘画的领袖。”